I0567779

DISCLAIMER

The author and publisher are providing this book and its contents on an "as is" basis and make no representations or warranties of any kind with respect to this book or its contents. The author and publisher disclaim all such representations and warranties, including but not limited to warranties of merchantability. In addition, the author and publisher do not represent or warrant that the information accessible via this book is accurate, complete, or current.

Except as specifically stated in this book, neither the author nor publisher, nor any authors, contributors, or other representatives will be liable for damages arising out of or in connection with the use of this book. This is a comprehensive limitation of liability that applies to all damages of any kind, including (without limitation) compensatory; direct, indirect, or consequential damages; loss of data, income, or profit; loss of or damage to property; and claims of third parties.

BESTACTIVITYBOOKS.COM

FIRST EDITION - Published 2021

This Book Offers Free Bonus Puzzles

Available Here:

BestActivityBooks.com/WSBONUS20

5 TIPS TO START!

1) HOW TO SOLVE

The Puzzles are in a Classic Format:

- Words are hidden without breaks (no spaces, dashes, ...)
- Orientation: Forward & Backward, Up & Down or in Diagonal (can be in both directions)
- Words can overlap or cross each other

2) LEVEL UP THE GAME!

A space is provided next to each word to write new ones, translations or notes. We also offer a convenient **NOTEBOOK** at the end of this edition. It can help you organize your annotations, new words and/or observations.

3) TAG YOUR WORDS

Have you tried using a tag system? For example, you could mark the words which have been difficult to find with a cross, the ones you loved with a star, new words with a triangle, rare words with a diamond and so on...

4) EASY TO CUT!

The Puzzles come with an Extra Large margin to easily cut the page out of the book. Some people may feel it more convenient to solve them this way.

5) FINISHED?

Go to the bonus section: **MONSTER CHALLENGE** to find a free game offered at the end of this edition!

Want **more fun** and activities to **relax? It's Fast and Simple!** An entire Game Book Collection **just one click away!**

Find your next challenge at:

BestActivityBooks.com/MyNextWordSearch

Ready, Set... Go!

Did you know there are around 7,000 different languages in the world? Words are precious.

We love languages and have been working hard to make the highest quality books for you. Our ingredients?

One part easy-to-read print, three parts entertainment, then we add some challenging words and a pinch of rare ones. We brew them with care to serve you lots of fun and an opportunity to solve the best puzzles.

Your feedback is essential. You can be an active participant in the success of this book by leaving us a review. Tell us what you liked most in this edition!

Here is a short link which will take you to your Amazon orders review page.

BestBooksActivity.com/Review50

Thanks for your fidelity and enjoy the Game!

Delta Classics Team

Puzzle 1

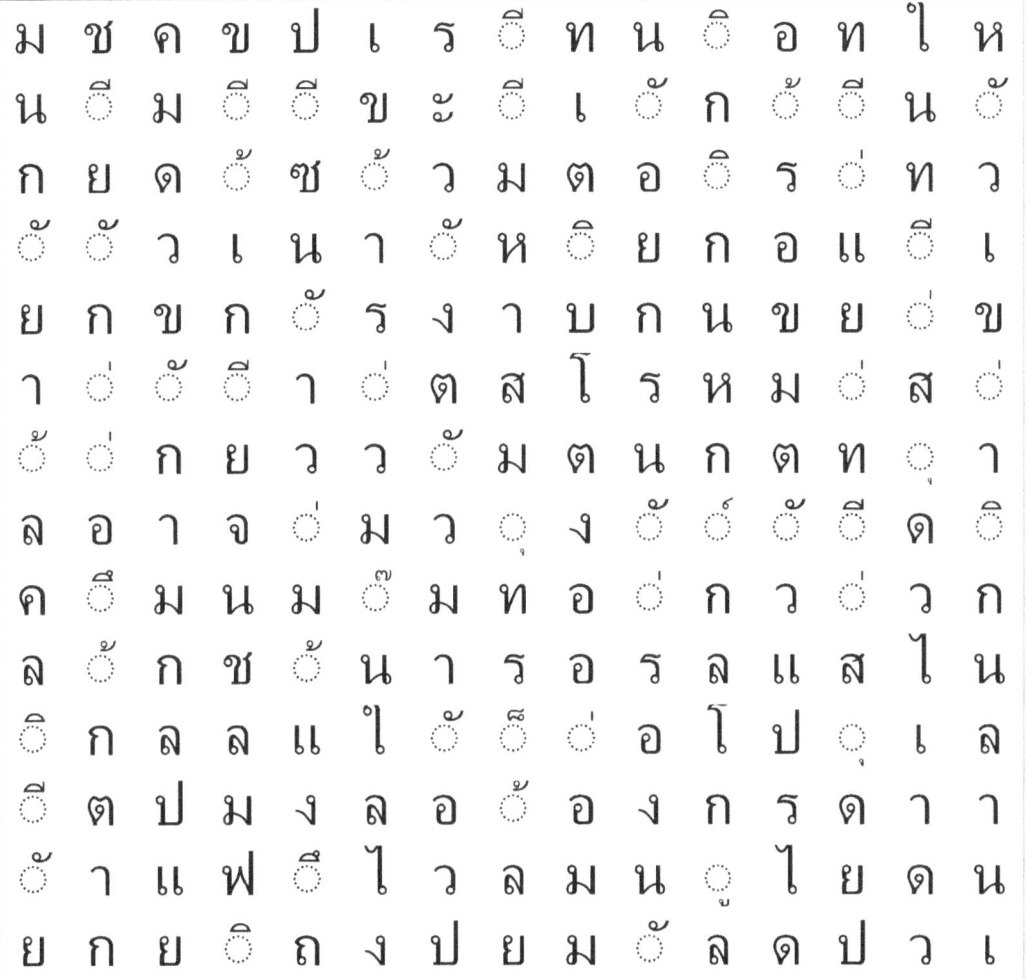

ม	ช	ค	ข	ป	เ	ร	◌ี	ท	น	◌ิ	อ	ท	ไ	ห
น	◌ี	ม	◌ี	◌ี	ข	ะ	◌ี	เ	◌ั	ก	◌้	◌ี	น	◌ั
ก	ย	ด	◌้	ซ	◌้	ว	ม	ต	อ	◌ิ	ร	◌่	ท	ว
◌ั	◌ั	ว	เ	น	า	◌ั	ห	◌ิ	ย	ก	อ	แ	◌ี	เ
ย	ก	ข	ก	◌ั	ร	ง	า	บ	ก	น	ข	ย	◌่	ข
า	◌่	◌ั	◌ี	า	◌่	ต	ส	โ	ร	ห	ม	◌่	ส	◌่
◌้	◌่	ก	ย	ว	ว	◌ั	ม	ต	น	ก	ต	ท	◌ุ	า
ล	อ	า	จ	◌่	ม	ว	◌ุ	ง	◌ั	◌์	◌ั	◌ี	ด	◌ิ
ค	◌ึ	ม	น	ม	◌๊	ม	ท	อ	◌่	ก	ว	◌่	ว	ก
ล	◌้	ก	ช	◌้	น	า	ร	อ	ร	ล	แ	ส	ไ	น
◌ิ	ก	ล	ล	แ	ไ	◌ั	◌็	◌่	อ	โ	ป	◌ุ	เ	ล
◌ี	ต	ป	ม	ง	ล	อ	◌้	อ	ง	ก	ร	ด	า	า
◌ั	า	แ	ฟ	◌ึ	ไ	ว	ล	ม	น	◌ู	ไ	ย	ด	น
ย	ก	ย	◌ิ	ถ	ง	ป	ย	ม	◌ั	ล	ด	ป	ว	เ

ในที่สุด
อินทรี
คล้ายกัน
ลึกลงไป
ขี้เกียจ
ขวด
ถึงแม้ว่า
ระวังตัวมา
ขอร้อ
เติบโต

เข้าร่วม
มหาสมุทร
หัวเข่า
ลูกโลก
มีด
ตัวแปร
แปลกมาก
ที่แย่ที่สุด
อัน
ออกไป

Puzzle 2

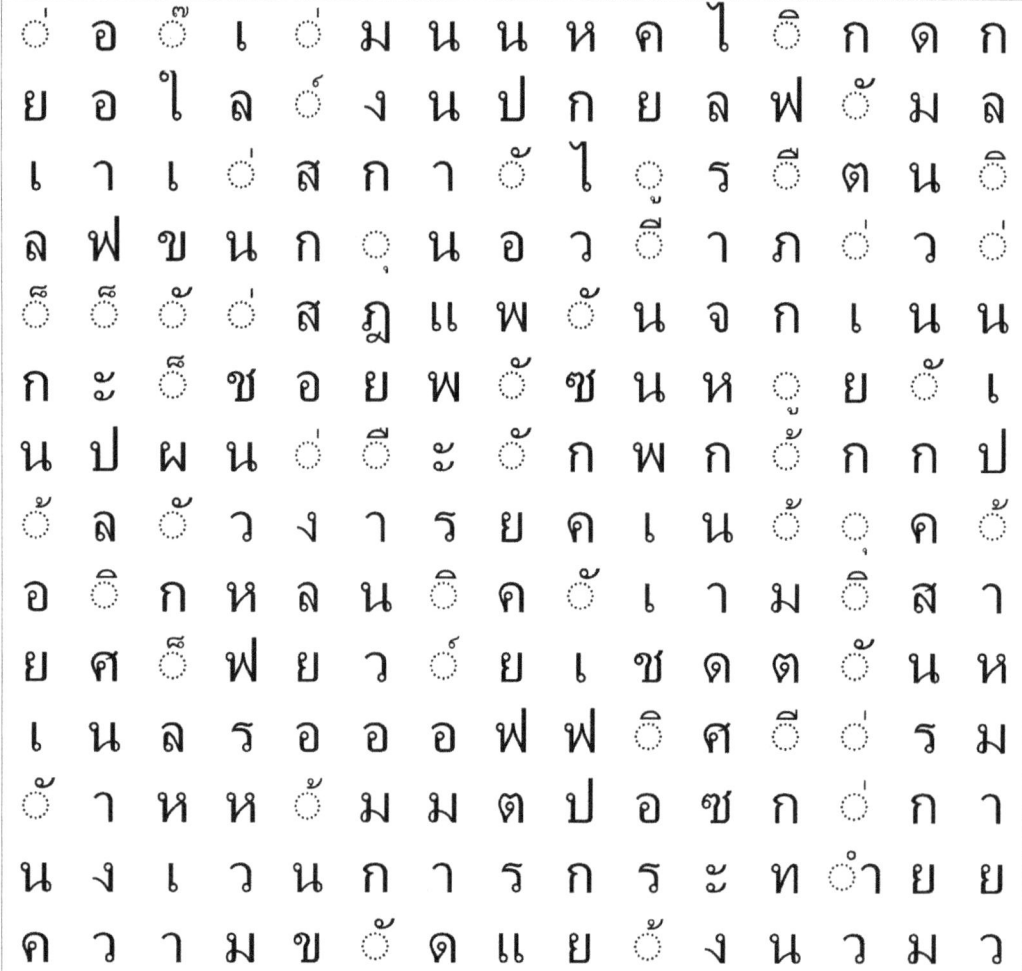

◌่	อ	◌๊	เ	◌่	ม	น	น	ห	ค	ไ	◌ิ	ก	ด	ก
ย	อ	ไ	ล	◌์	ง	น	ป	ก	ย	ล	ฟ	◌ั	ม	ล
เ	า	เ	◌่	ส	ก	า	◌ั	ไ	◌ู	ร	◌ี	ต	น	◌ิ
ล	ฟ	ข	น	ก	◌ุ	น	อ	ว	◌ี	า	ภ	◌่	ว	◌่
◌็	◌็	◌ั	◌่	ส	ฎ	แ	พ	◌ั	น	จ	ก	เ	น	น
ก	ะ	◌็	ช	อ	ย	พ	◌ั	ซ	น	ห	◌ู	ย	◌ั	เ
น	ป	ผ	น	◌่	◌ี	ะ	◌ั	ก	พ	ก	◌้	ก	ก	ป
◌้	ล	◌ั	ว	ง	า	ร	ย	ค	เ	น	◌้	◌ุ	ค	◌้
อ	◌ิ	ก	ห	ล	น	◌ิ	ค	◌ั	เ	า	ม	◌ิ	ส	า
ย	ศ	◌็	ฟ	ย	ว	◌์	ย	เ	ช	ด	ต	◌ั	น	ห
เ	น	ล	ร	อ	อ	อ	ฟ	ฟ	◌ิ	ศ	◌ี	◌่	ร	ม
◌้	า	ห	ห	◌้	ม	ม	ต	ป	อ	ซ	ก	◌่	ก	า
น	ง	เ	ว	น	ก	า	ร	ก	ร	ะ	ท	◌ำ	ย	ย
ค	ว	า	ม	ข	◌ั	ด	แ	ย	◌้	ง	น	ว	ม	ว

มงกุฎ
งานศิลปะ
เล่น
เป้าหมาย
เหล็ก
แพะ
คลื่น
คุ้นเคย
เดี่ยว
การกระทำ
กลิ่น
เพนนี
ผัก
พัน
เล็กน้อย
น้อยลง
รางวัล
ความขัดแย้ง
เครือข่าย
ออฟฟิศ

Puzzle 3

บ	ร	เ	ป	◌ี	ย	โ	น	อ	ก	◌ี	น	ว	ด	ง
น	ะ	ป	ร	◌ิ	ญ	ญ	า	◌ิ	จ	◌ั	ย	ซ	อ	า
เ	ห	น	ม	ก	◌้	ว	ก	◌่	◌ั	น	น	ม	ก	ล
ค	ว	ล	า	บ	า	ย	พ	ง	ร	โ	ง	ก	ง	ก
ร	◌่	ส	ข	ม	ภ	น	◌ั	◌์	◌ู	อ	ย	น	◌่	น
◌ี	า	น	อ	น	ต	◌ิ	◌่	อ	◌้	ก	น	ห	◌ึ	◌ั
◌่	ง	◌ุ	ง	น	ช	ล	ไ	จ	◌้	แ	ล	ฟ	พ	ก
อ	ป	ก	ช	เ	ป	ห	◌ำ	ก	ห	ห	เ	◌ุ	ไ	เ
ง	ร	ก	◌ิ	า	ไ	จ	ก	ล	ไ	◌้	น	ด	◌่	ร
บ	ะ	◌ั	◌้	ช	น	◌ี	◌ั	◌่	◌ำ	ง	◌้	เ	◌ี	◌ี
◌ิ	เ	บ	น	อ	า	ช	ก	า	น	ก	◌ู	ด	ท	ย
น	ท	ว	◌ี	ป	◌่	ต	◌์	ว	ะ	ร	◌ิ	◌็	น	น
น	ศ	ร	ก	า	ผ	ง	ว	ห	น	◌ั	ม	ก	อ	◌่
เ	เ	จ	◌ิ	ต	ย	◌ั	◌้	า	แ	ง	ไ	ๆ	ต	า

แนะนำให้รู้จัก
บนเครื่องบิน
ตอนที่
ผ่านไป
จ้องมอง
เด็กๆ
จิต
สนุกกับ
โรงพยาบาล
กลุ่

กลาง
ระหว่างประเทศ
แห้งกรัง
เปียโน
พึ่งกอด
เรือนจำ
ของชิ้น
นักเรียน
กล่าวหา
ปริญญา

Puzzle 4

ล	ก	◌ู	อ	◌่	ก	ว	◌ิ	ซ	◌้	◌ิ	ม	◌ั	น	ว
ง	อ	ง	ค	◌์	ก	ร	◌ู	เ	ล	ร	เ	ล	◌้	◌่
ค	อ	◌ั	◌้	◌ิ	ย	◌ิ	จ	ผ	ก	◌ั	ม	น	ห	◌ั
ะ	ด	ด	ส	◌้	ฟ	◌้	◌้	◌ั	ก	ฐ	◌ี	ป	◌ุ	า
แ	◌ิ	ถ	◌้	ว	ย	ม	า	◌ั	น	ต	◌่	น	ย	เ
น	บ	า	ม	ภ	ไ	◌่	◌้	า	ก	อ	อ	ง	า	ท
น	เ	ม	◌้	บ	ว	ร	ญ	ณ	น	ต	เ	น	พ	า
ต	ะ	น	ใ	ด	เ	◌ิ	ห	ร	◌่	ท	ร	อ	น	น
า	ร	◌ู	◌ู	ไ	ฟ	ฟ	◌้	า	ม	◌ี	◌็	◌ั	ว	ร
ง	ด	พ	เ	ม	น	◌ั	น	จ	ก	◌่	ว	ด	ว	ต
ฤ	ข	◌ั	ด	ข	ว	า	ง	◌ิ	ซ	อ	ๆ	ม	◌่	ว
ย	ม	ใ	า	ช	ส	ย	เ	พ	ว	ย	น	◌้	◌ั	ง
◌ั	ช	ย	◌ิ	◌ั	ม	◌่	◌์	ธ	จ	◌ู	◌ี	อ	◌้	ก
ย	ท	◌ี	ม	ค	ว	ร	◌์	ย	อ	◌่	◌้	ว	ร	า

ขัดขวาง
ฤดูใบไม้ผลิ
องค์กร
เธอ
หญ้า
ควร
งั้น
พิจารณา
พูดว่า
ระเบิดออก
ลงคะแนน
ถ้วย
ดัง
เมื่อเร็วๆนี้
ทีม
ไฟฟ้า
รัฐ
พายุ
ทางออก
ที่อยู่

Puzzle 5

ย	ต	ก	ะ	ว	ไ	ว	◌่	ไ	ว	ร	เ	ล	อ	◌ิ
ณ	า	ย	ว	◌ั	ต	ถ	◌ุ	น	ง	บ	ส	ท	า	ค
◌์	ะ	จ	◌่	น	ร	ก	ห	ห	ก	ก	◌้	เ	ก	ก
ร	ไ	ภ	◌่	อ	น	ต	อ	ม	ล	ว	น	ก	า	ซ
า	น	ย	ภ	น	ว	ย	◌่	◌ู	ม	น	ข	อ	ศ	◌ั
ก	ห	ม	อ	เ	ไ	ก	ต	◌่	ป	น	อ	◌็	ห	ข
◌ุ	บ	ร	ร	เ	ท	า	ส	ง	ไ	ล	บ	ค	น	อ
ต	ก	ก	น	◌ี	ล	◌้	า	ส	ว	◌ั	ก	ว	า	ง
ห	◌่	◌ั	◌่	ข	น	แ	ก	ะ	◌ั	ต	อ	า	ว	เ
เ	◌๊	ไ	ซ	น	เ	ย	น	ก	ต	◌่	อ	ม	เ	ห
◌ั	ห	า	◌้	ซ	ฟ	ซ	ว	จ	ย	า	ง	ด	ย	ย
น	◌ั	ว	◌้	ล	แ	ป	ไ	ย	า	ห	ด	◌ั	◌็	◌ี
เ	ร	ซ	◌ิ	เ	ด	น	ท	◌์	ห	ล	ส	น	น	◌่
ฮ	◌ิ	ป	โ	ป	ร	า	ค	า	ว	◌ั	แ	ร	า	อ

ระยะ
หายตัวไป
ฮิปโปราคา
รบกวน
สั่ง
เหตุการณ์
อากาศหนาวเย็น
ในหมู่
วัตถุ
ของเหยื่อ
หายไปแล้ว
ที่ไหน
เส้นขอบ
บรรเทา
วงกลม
ขนแกะ
ค็อกเทล
แสดงออก
เรซิเดนท์
ความดัน

Puzzle 6

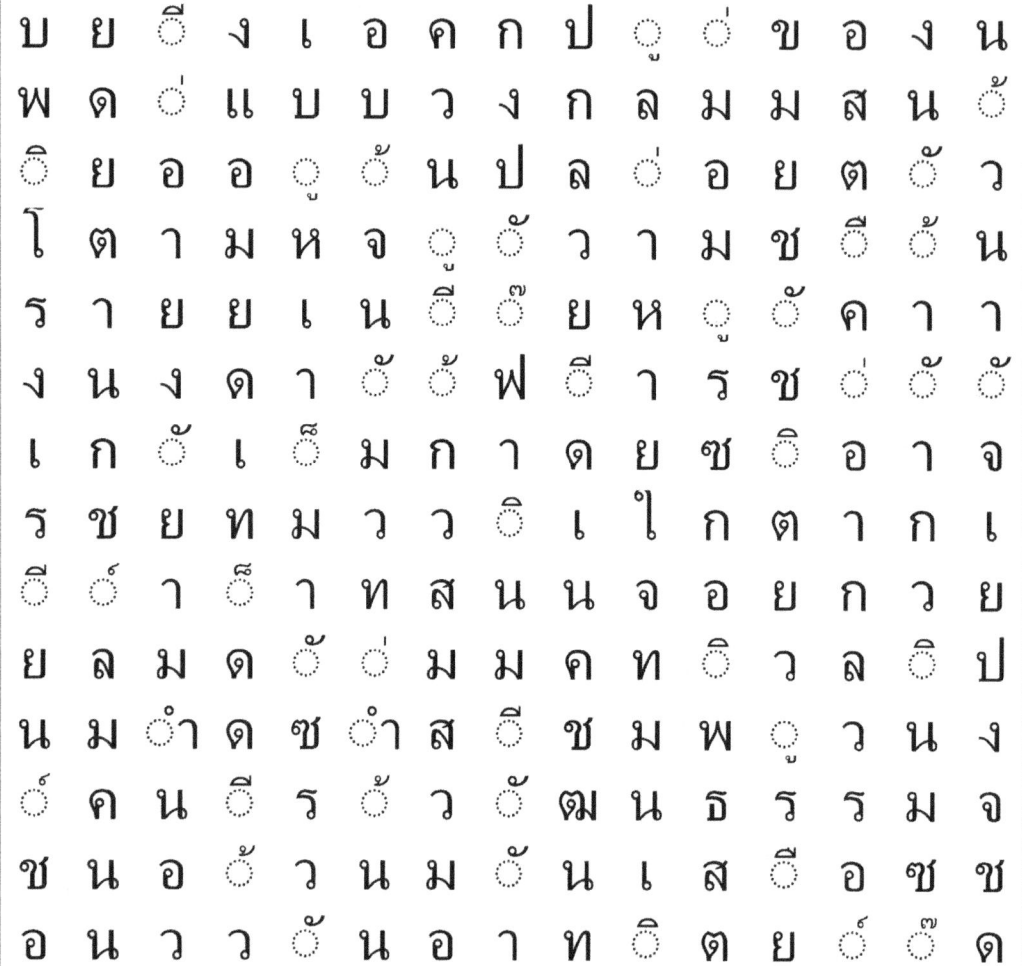

บ	ย	◌ี	ง	เ	อ	ค	ก	ป	◌ู	◌่	ข	อ	ง	น
พ	ด	◌่	แ	บ	บ	ว	ง	ก	ล	ม	ม	ส	น	◌้
◌ิ	ย	อ	อ	◌ู	◌้	น	ป	ล	◌่	อ	ย	ต	◌ั	ว
โ	ต	า	ม	ห	จ	◌ู	◌ั	ว	า	ม	ช	◌ี	◌้	น
ร	า	ย	ย	เ	น	◌ี	◌๊	ย	ห	◌ู	◌ั	ค	า	า
ง	น	ง	ด	า	◌ั	◌้	ฟ	◌ี	า	ร	ช	◌่	◌ั	◌ั
เ	ก	◌ั	เ	◌็	ม	ก	า	ด	ย	ซ	◌ิ	อ	า	จ
ร	ช	ย	ท	ม	ว	ว	◌ิ	เ	ไ	ก	ต	า	ก	เ
◌ี	◌์	า	◌็	า	ท	ส	น	น	จ	อ	ย	ก	ว	ย
ย	ล	ม	ด	◌ั	◌่	ม	ม	ค	ท	◌ิ	ว	ล	◌ิ	ป
น	ม	◌ำ	ด	ซ	◌ำ	ส	◌ี	ช	ม	พ	◌ู	ว	น	ง
◌์	ค	น	◌ี	ร	◌้	ว	◌ั	ฒ	น	ธ	ร	ร	ม	จ
ช	น	อ	◌้	ว	น	ม	◌ั	น	เ	ส	◌ี	อ	ซ	ช
อ	น	ว	ว	◌ั	น	อ	า	ท	◌ิ	ต	ย	◌์	◌๊	ด

หายใจ
ทิวลิป
วามชื้น
เสือ
สีชมพู
น้ำท่วม
ย่อหน้า
โรงเรียน
ปล่อยตัว
วัฒนธรรม
เงียบ
เท็ดดี้
แบบวงกลม
นำมายัง
มัน
วันอาทิตย์
พยายาม
คนเดียว
ชัดเจน
ปู่ของ

Puzzle 7

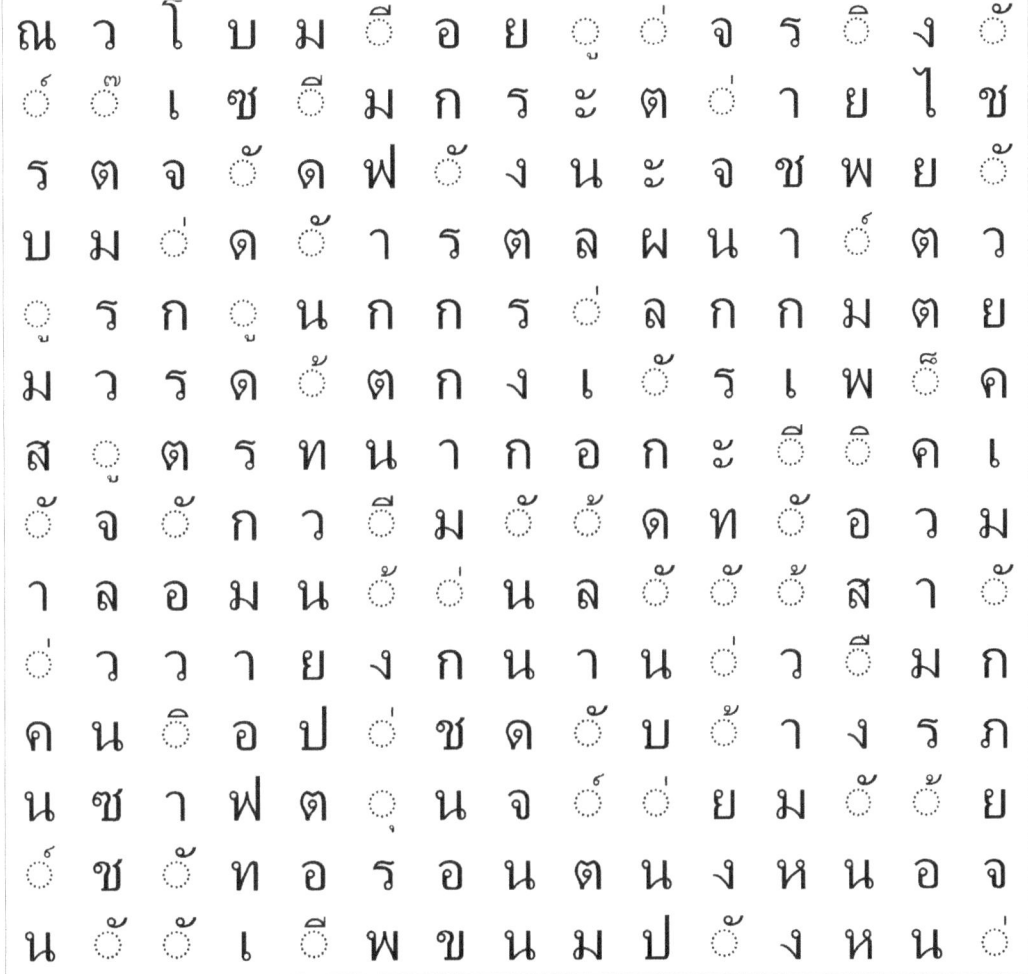

ณ	ว	โ	บ	ม	◌ี	อ	ย	◌ู	◌่	จ	ร	◌ิ	ง	◌ั
◌์	◌๊	เ	ซ	◌ี	ม	ก	ร	ะ	ต	◌่	า	ย	ไ	ช
ร	ต	จ	◌ั	ด	ฟ	◌ั	ง	น	ะ	จ	ช	พ	ย	◌ั
บ	ม	◌่	ด	◌้	า	ร	ต	ล	ผ	น	า	◌์	ต	ว
◌ู	ร	ก	◌ู	น	ก	ก	ร	◌่	ล	ก	ก	ม	ต	ย
ม	ว	ร	ด	◌้	ต	ก	ง	เ	◌ั	ร	เ	พ	◌็	ค
ส	◌ู	ต	ร	ท	น	า	ก	อ	ก	ะ	◌ี	◌ิ	ค	เ
◌ั	จ	◌ั	ก	ว	◌ี	ม	◌ั	◌้	ด	ท	◌ั	อ	ว	ม
า	ล	อ	ม	น	◌้	◌่	น	ล	◌ั	◌ั	◌้	ส	า	◌ั
◌่	ว	ว	า	ย	ง	ก	น	า	น	◌่	ว	◌ี	ม	ก
ค	น	◌ิ	อ	ป	◌่	ช	ด	◌ั	บ	◌้	า	ง	ร	ภ
น	ซ	า	ฟ	ต	◌ุ	น	จ	◌์	◌่	ย	ม	◌ั	◌้	ย
◌์	ช	◌ั	ท	อ	ร	อ	น	ต	น	ง	ห	น	อ	จ
น	◌ั	◌ั	เ	◌ี	พ	ข	น	ม	ป	◌ั	ง	ห	น	◌่

ฟังนะ
กระต่าย
เพ็ค
ขนมปัง
มีอยู่จริง
ค่าสัมบูรณ์
เคย
จนกระทั่
สูตร
ดูดซับ
ความร้อน
ผลักดัน
พรุ่งนี้
หนังสือพิมพ์
ล้อเล่น
นาที
ตรงกัน
โซดา
บ้า
ที่นั่ง

Puzzle 8

ช	ก	ม	ย	ว	◌้	ล	ก	◌้	เ	ย	◌ุ	ท	◌ิ	ว
น	จ	อ	ค	ว	บ	ค	◌ุ	ม	ย	ห	ว	ก	ไ	ม
◌็	◌้	ก	ม	◌ั	ค	า	น	◌ี	ง	◌ู	ต	อ	◌ั	แ
ร	◌ั	ก	ว	ง	◌่	◌้	ท	อ	ว	น	เ	◌ุ	ล	ก
ต	◌่	◌ำ	◌ู	ว	ก	า	ร	ฝ	◌ึ	ก	ส	ก	ผ	◌ู
◌่	ส	น	◌้	ห	า	อ	◌ั	◌่	◌็	ต	◌ี	า	ม	ล
อ	◌่	◌้	ด	◌่	◌ิ	◌ั	◌่	ก	น	ว	◌่	ร	◌ั	ร
ส	น	ย	ม	น	ธ	น	า	ค	า	ร	ย	ข	◌ิ	น
◌ู	ซ	า	ซ	◌็	ส	◌ู	ญ	เ	ส	◌ี	ย	◌ื	ซ	◌ั
◌้	ร	◌่	จ	ป	ล	อ	ว	จ	น	◌ั	ส	◌้	อ	า
ด	ส	ว	ห	เ	น	ว	ม	เ	น	เ	ก	น	ค	น
ช	ม	ะ	เ	ฉ	ล	◌ี	◌่	ย	◌ั	ย	ก	ศ	ช	อ
ไ	ก	ร	ต	◌ู	◌ั	ห	◌่	ย	บ	ค	ช	า	◌ิ	น
ค	ว	ส	ศ	◌ู	น	ย	◌์	ก	ล	า	ง	ล	◌้	◌ั

วู้ด
เสี่
กล้วย
ต่อสู้
ธนาคาร
ดราม่า
ร้อย
การขึ้นศาล
เหตุผล
ควบคุม
นับ
ทั่ง
การฝึก
เฉลี่ย
ลูกแมว
เป็นห่วง
วิทยุ
สระว่ายน้ำ
ศูนย์กลาง
สูญเสีย

Puzzle 9

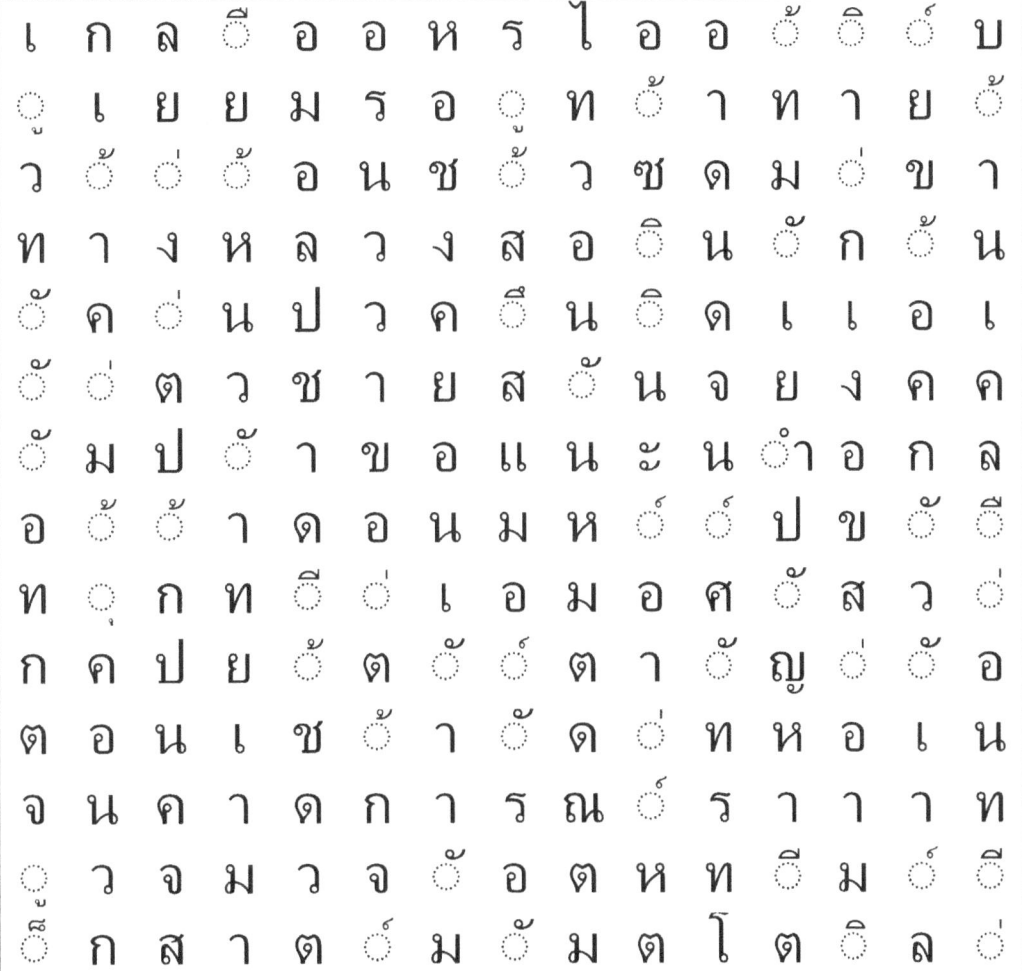

เ	ก	ล	ี	อ	อ	ห	ร	ไ	อ	อ	้	ิ	์	บ
ู	เ	ย	ย	ม	ร	อ	ู	ท	้	า	ท	า	ย	้
ว	้	่	้	อ	น	ช	้	ว	ซ	ด	ม	่	ข	า
ท	า	ง	ห	ล	ว	ง	ส	อ	ิ	น	ั	ก	้	น
ั	ค	่	น	ป	ว	ค	ื	น	ิ	ด	เ	เ	อ	เ
ั	่	ต	ว	ช	า	ย	ส	ั	น	จ	ย	ง	ค	ค
ั	ม	ป	ั	า	ข	อ	แ	น	ะ	น	ำ	อ	ก	ล
อ	้	้	า	ด	อ	น	ม	ห	์	์	ป	ข	ั	ี
ท	ุ	ก	ท	ี	่	เ	อ	ม	อ	ศ	ั	ส	ว	่
ก	ค	ป	ย	้	ต	ั	์	ต	า	ั	ญ	่	ั	อ
ต	อ	น	เ	ช	้	า	ั	ด	่	ท	ห	อ	เ	น
จ	น	ค	า	ด	ก	า	ร	ณ	์	ร	า	า	า	ท
ู	ว	จ	ม	ว	จ	ั	อ	ต	ห	ท	ี	ม	์	ี
็	ก	ส	า	ต	์	ม	ั	ม	ต	โ	ต	ิ	ล	่

รู้สึ
โทรทัศน์
คาดการณ์
บ้านเคลื่อนที่
ปัญหา
ปลอม
ท้าทาย
ขอแนะนำ
ทางหลวง
ทุกที่
ชาย
ข้อค
คุ้มค่า
ตัด
ดินสอ
เกลือ
ตอนเช้า
เอาว่าว
ของเก่า
เดิน

Puzzle 10

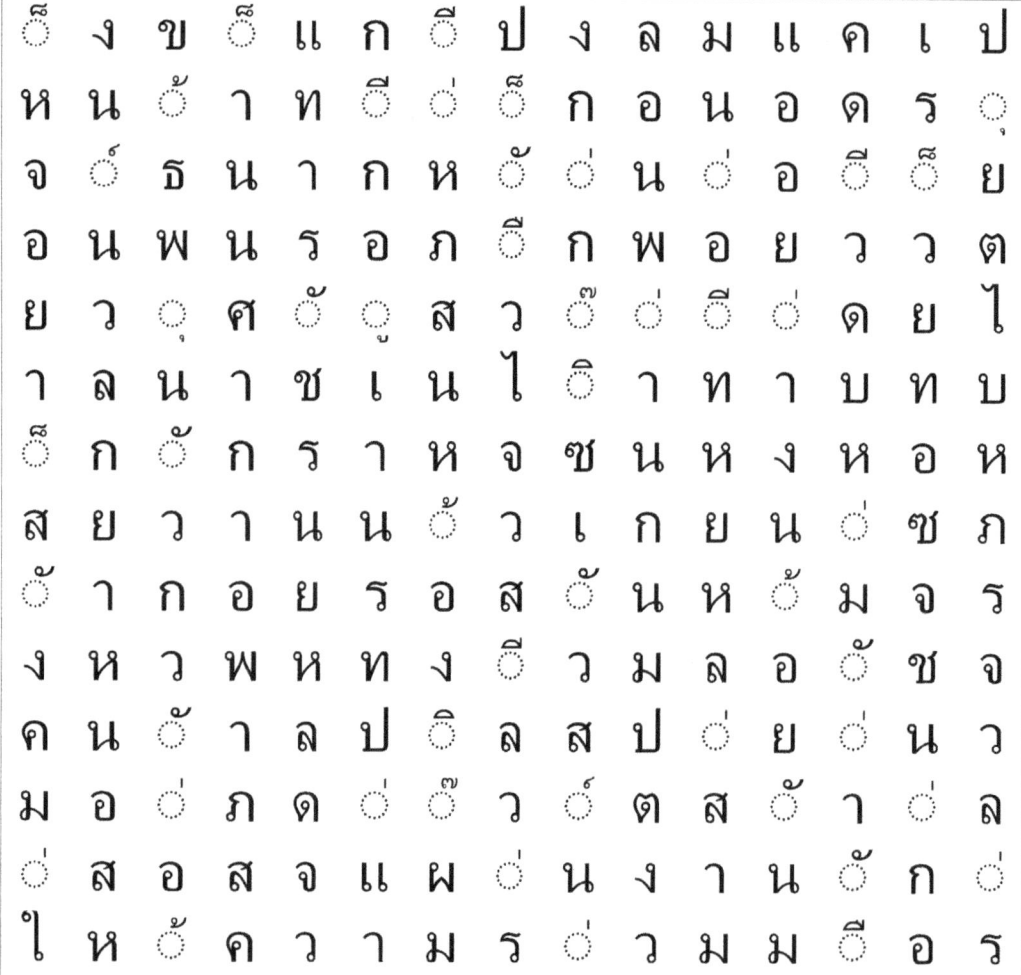

◌็	ง	ข	◌็	แ	ก	◌ี	ป	ง	ล	ม	แ	ค	เ	ป
ห	น	◌ั	า	ท	◌ี	◌่	◌็	ก	อ	น	อ	ด	ร	◌ุ
จ	◌์	ธ	น	า	ก	ห	◌ั	◌่	น	◌่	อ	◌ี	◌็	ย
อ	น	พ	น	ร	อ	ภ	◌ี	ก	พ	อ	ย	ว	ว	ต
ย	ว	◌ุ	ศ	◌ั	◌ู	ส	ว	◌๊	◌่	◌ี	◌่	ด	ย	ไ
า	ล	น	า	ช	เ	น	ไ	◌ิ	า	ท	า	บ	ท	บ
◌็	ก	◌ั	ก	ร	า	ห	จ	ซ	น	ห	ง	ห	อ	ห
ส	ย	ว	า	น	น	◌้	ว	เ	ก	ย	น	◌่	ซ	ภ
◌ั	า	ก	อ	ย	ร	อ	ส	◌ั	น	ห	◌้	ม	จ	ร
ง	ห	ว	พ	ห	ท	ง	◌ี	ว	ม	ล	อ	◌ั	ช	จ
ค	น	◌ั	า	ล	ป	◌ิ	ล	ส	ป	◌่	ย	◌่	น	ว
ม	อ	◌่	ภ	ด	◌่	◌๊	ว	◌์	ต	ส	◌ั	า	◌่	ล
◌่	ส	อ	ส	จ	แ	ผ	◌่	น	ง	า	น	◌ั	ก	◌่
ไ	ห	◌้	ค	ว	า	ม	ร	◌่	ว	ม	ม	◌ี	อ	ร

บทบาท
สังคม
แมลงปีกแข็ง
เร็ว
ห้อง
ยกเว้น
สลิป
ให้ความร่วมมือ
ล่าสัตว์
แผ่นงาน

คดี
วันพุธ
วิทยาลัย
สภาพอากาศ
การเสื่อม
ปุ๋ย
พ่อ
รัช
หน้าที่
อย่างน้อย

Puzzle 11

ก	เ	ซ	ภ	ม	ค	ม	อ	น	ภ	◌ั	น	◌้	ห	ค
า	ด	ก	น	เ	◌ั	ง	◌ั	ศ	ฟ	ๆ	◌ี	ด	◌ั	ว
ร	◌ิ	า	ย	ล	ม	ง	า	◌้	ส	ต	ไ	พ	ว	า
ว	น	ร	◌ั	ช	ด	ก	อ	า	◌์	ย	ต	◌่	ห	ม
◌ิ	ไ	ซ	◌๊	ว	ะ	◌ิ	ว	ร	ร	ร	โ	อ	น	ฉ
เ	ป	◌ี	ไ	ร	ย	น	า	ว	อ	◌ั	บ	แ	◌้	ล
ค	ท	◌้	ป	ซ	ก	ป	◌ั	ไ	ย	◌่	◌ิ	ม	า	า
ร	า	อ	◌์	◌่	น	า	◌้	ร	เ	อ	ต	◌่	ภ	ด
า	ง	ข	ก	า	เ	พ	ล	ง	ล	ไ	เ	ค	น	◌ั
ะ	◌่	า	ง	า	ส	ม	น	ไ	เ	◌ั	ร	น	◌ั	◌่
ห	ภ	ย	ก	◌้	า	ว	ร	◌้	า	ว	า	ว	◌ิ	ย
◌์	ม	ก	ห	ด	น	ต	ร	◌ี	น	◌้	ก	จ	ว	ม
เ	อ	า	เ	ช	◌ี	◌้	อ	พ	ร	ะ	ว	ง	ศ	◌์
ท	◌้	อ	ง	แ	ป	ร	ง	ส	◌ี	ฟ	◌ั	น	ง	ก

เพลง
ท้อง
เดินไปทาง
ความฉลาด
เลเยอร์
เอา
ต่อรอง
การซื้อขาย
แปรงสีฟัน
การวิเคราะห์
งานปาร์ตี้
ร้าน
ก้าวร้าว
ดีๆ
การเติบโต
เชื้อพระวงศ์
หัวหน้า
ดนตรี
พ่อแม่คน
ประกาศ

Puzzle 12

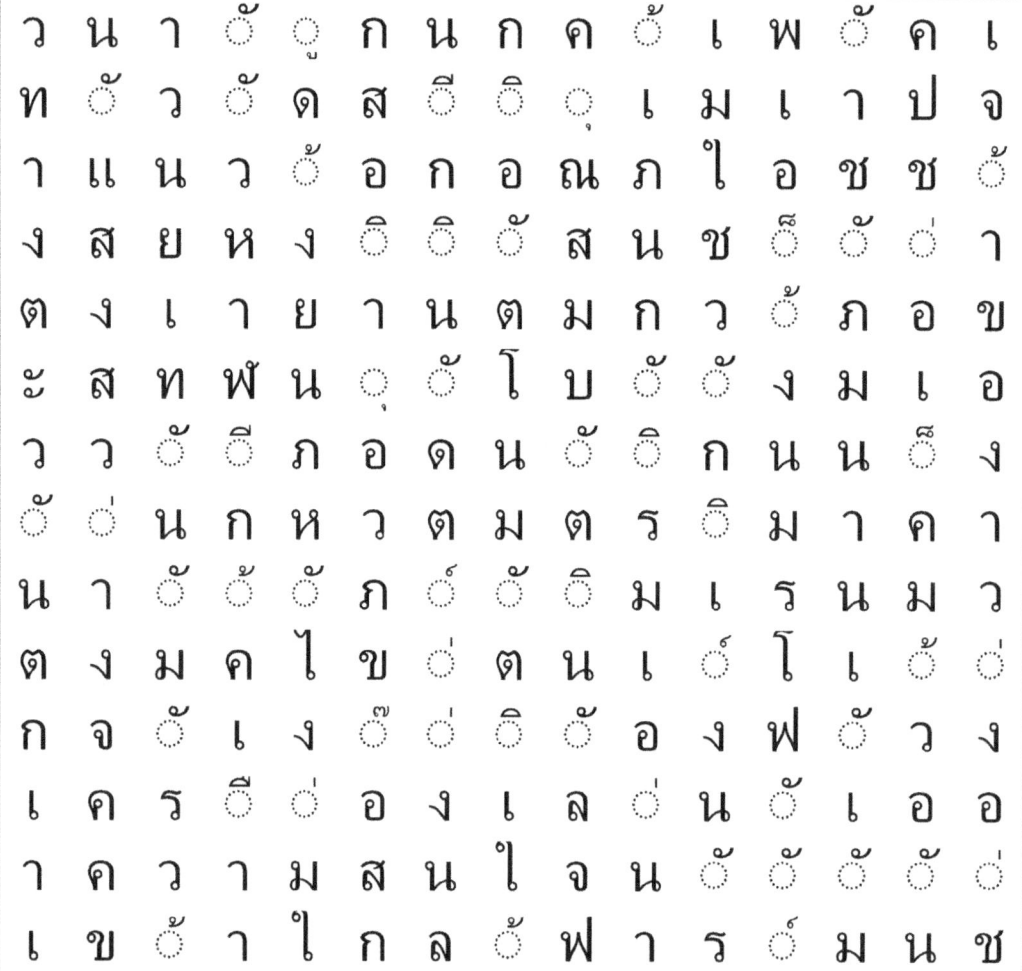

ว	น	า	◌ั	◌ู	ก	น	ก	ค	◌้	เ	พ	◌ั	ค	เ
ท	◌ั	ว	◌ั	ด	ส	◌ี	◌ิ	◌ุ	เ	ม	เ	า	ป	จ
า	แ	น	ว	◌้	อ	ก	อ	ณ	ภ	ไ	อ	ช	ช	◌้
ง	ส	ย	ห	ง	◌ิ	◌ิ	◌ั	ส	น	ช	◌็	◌ั	◌่	า
ต	ง	เ	า	ย	า	น	ต	ม	ก	ว	◌้	ภ	อ	ข
ะ	ส	ท	ฟ	น	◌ุ	◌ั	โ	บ	◌ั	◌ั	ง	ม	เ	อ
ว	ว	◌ั	◌ี	ภ	อ	ด	น	◌ั	◌ิ	ก	น	น	◌็	ง
◌ั	◌่	น	ก	ห	ว	ต	ม	ต	ร	◌ิ	ม	า	ค	า
น	า	◌ั	◌้	◌ั	ภ	◌์	◌ั	◌ิ	ม	เ	ร	น	ม	ว
ต	ง	ม	ค	ไ	ข	◌่	ต	น	เ	◌์	โ	เ	◌้	◌่
ก	จ	◌ั	เ	ง	◌๊	◌่	◌ิ	◌ั	อ	ง	ฟ	◌ั	ว	ง
เ	ค	ร	◌ี	◌่	อ	ง	เ	ล	◌่	น	◌ั	เ	อ	อ
า	ค	ว	า	ม	ส	น	ไ	จ	น	◌ั	◌ั	◌ั	◌ั	◌่
เ	ข	◌้	า	ไ	ก	ล	◌ั	ฟ	า	ร	◌์	ม	น	ช

แสงสว่าง
วันหยุด
เครื่องเล่น
อ้วน
ความสนใจ
ช่องว่าง
ริมา
ทางตะวันตก
เจ้าของ
คัพเค้ก

ไข่
ฟาร์ม
คุณสมบัติ
คนโง่
เค้ก
ทาง
กีฬา
อเมริกัน
เข้าใกล้
อัตโนมัติ

Puzzle 13

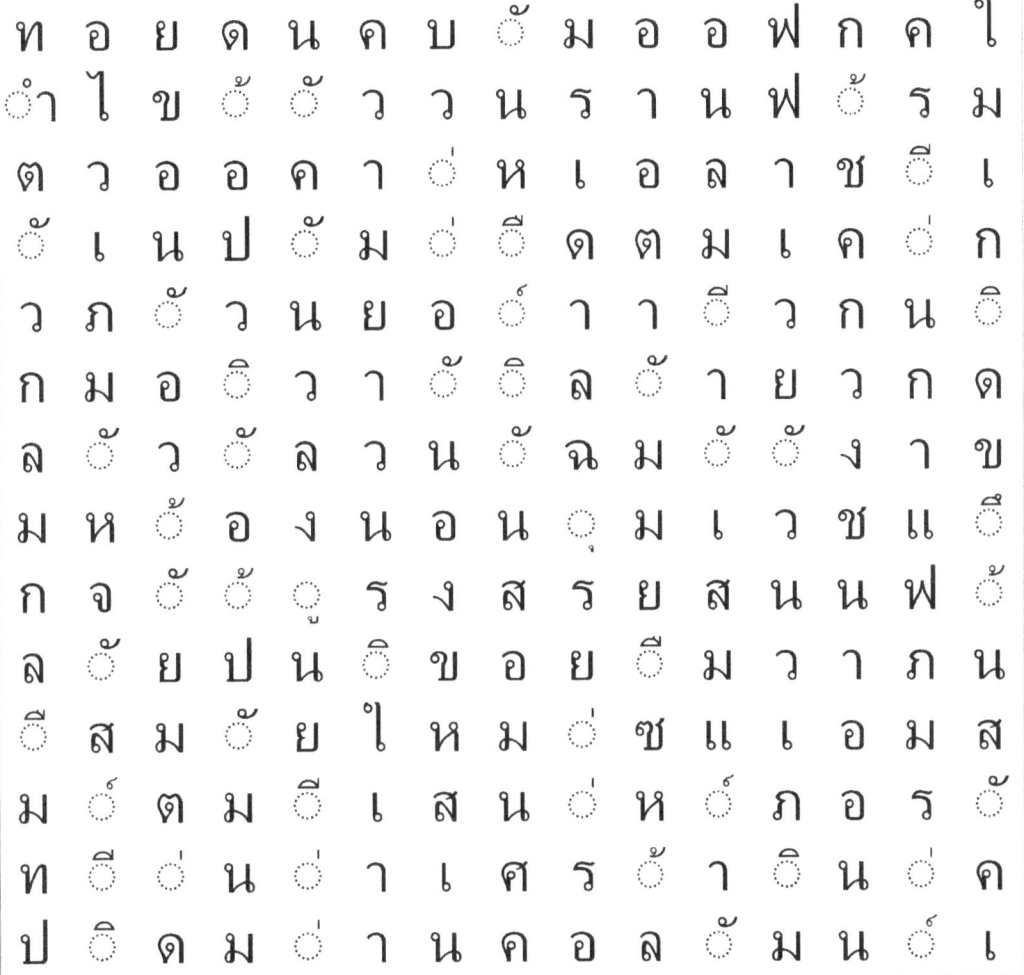

ท	อ	ย	ด	น	ค	บ	◌ั	ม	อ	อ	ฟ	ก	ค	ไ
◌ำ	ไ	ข	◌้	◌ั	ว	ว	น	ร	า	น	ฟ	◌้	ร	ม
ต	ว	อ	อ	ค	า	◌่	ห	เ	อ	ล	า	ช	◌ี	เ
◌ั	เ	น	ป	◌ั	ม	◌่	◌ี	ด	ต	ม	เ	ค	◌่	ก
ว	ภ	◌ั	ว	น	ย	อ	◌์	า	า	◌ี	ว	ก	น	◌ิ
ก	ม	อ	◌ิ	ว	า	◌ั	◌ิ	ล	◌ั	า	ย	ว	ก	ด
ล	◌ั	ว	◌ั	ล	ว	น	◌ั	ฉ	ม	◌ั	◌ั	ง	า	ข
ม	ห	◌้	อ	ง	น	อ	น	◌ุ	ม	เ	ว	ช	แ	◌ื
ก	จ	◌ั	◌้	◌ู	ร	ง	ส	ร	ย	ส	น	น	ฟ	◌้
ล	◌ั	ย	ป	น	◌ิ	ข	อ	ย	◌ี	ม	ว	า	ภ	น
◌ี	ส	ม	◌ั	ย	ไ	ห	ม	◌่	ซ	แ	เ	อ	ม	ส
ม	◌์	ต	ม	◌ี	เ	ส	น	◌่	ห	◌์	ภ	อ	ร	◌ั
ท	◌ี	◌่	น	◌่	า	เ	ศ	ร	◌้	า	◌ิ	น	◌่	ค
ป	◌ิ	ด	ม	◌่	า	น	ค	อ	ล	◌ั	ม	น	◌์	เ

ที่น่าเศร้า
เกิดขึ้น
ฉลาด
เห่า
แวน
ไข้
กวี
ดื่ม
ขอยืม
สมัยใหม่
รู้จัก
ความยาว
คอลัมน์
ห้องนอน
กาแฟ
ปิดม่าน
มีความสุข
มีเสน่ห์
ทำตัวกลมกลืน
บนเตียง

Puzzle 14

ก	◌ั	ก	◌์	ฟ	ห	ค	ส	พ	◌ิ	ย	◌ั	เ	อ	เ
ล	ไ	ก	น	น	เ	ว	◌ี	◌ู	ภ	ง	◌๊	า	ว	ก
อ	◌็	า	ว	อ	ป	เ	เ	ด	ย	ว	ว	ย	ก	ม
ผ	อ	ช	โ	น	◌ี	◌ั	ห	ถ	ม	ไ	ว	อ	า	ส
◌่	ล	ว	◌ั	ไ	ส	อ	ล	◌ื	◌็	◌่	◌ั	◌้	ศ	◌์
อ	ก	ร	ก	อ	◌ุ	ต	◌ี	ง	น	◌ั	จ	น	ว	ฮ
อ	ย	ด	ว	า	ด	◌้	อ	ห	ม	ล	ก	◌์	ส	อ
ว	◌้	า	ง	ม	ท	ย	ง	ย	อ	จ	า	ม	น	ก
◌ั	ก	น	ว	น	◌้	น	◌ิ	◌้	ว	า	◌ั	◌ิ	◌ุ	ก
ว	อ	ข	◌่	ม	า	ส	ม	บ	◌ู	ร	ณ	◌์	ก	◌ี
ป	า	ม	ช	◌่	ย	◌๊	ภ	ว	น	ว	ก	อ	ก	◌้
ว	◌ั	น	เ	◌ี	เ	ร	◌ี	◌่	อ	ง	ง	◌่	า	ย
อ	◌่	ล	ล	ด	ข	◌ั	ม	◌็	ข	เ	เ	น	า	ร
ม	◌ี	ค	ว	า	ม	ผ	◌ิ	ด	เ	ก	ร	ย	◌์	ม

ปีสุดท้าย
เกมส์ฮอกกี้
ช่วง
โอเค
หน่วย
เรื่องง่าย
ว้าง
สีเหลือง
เข็มขัด
สมบูรณ์
มีความผิด
เกรย์
ดื่มนม
พูดถึง
นิ้ว
ผลรวม
อวกาศ
ขนาด
น้อย
สนุก

Puzzle 15

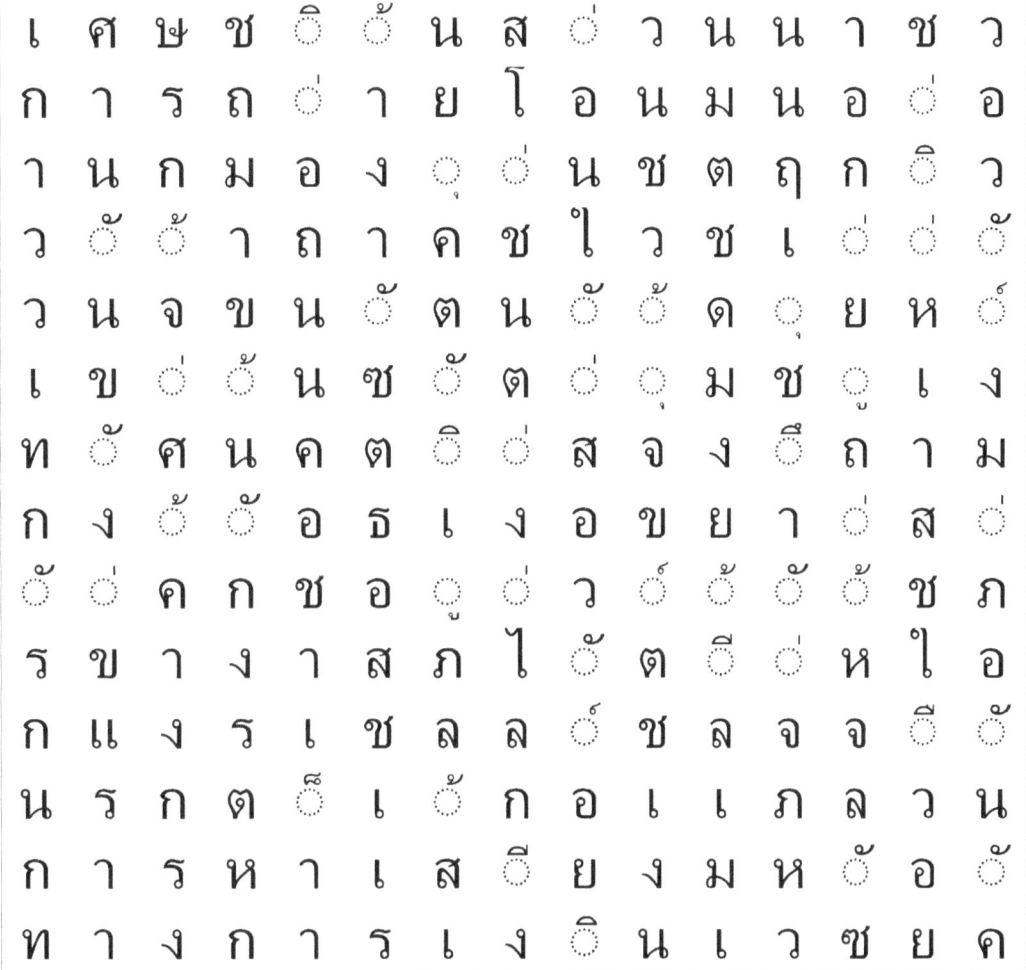

เ	ศ	ษ	ช	◌ิ	◌้	น	ส	◌่	ว	น	น	า	ช	ว
ก	า	ร	ถ	◌่	า	ย	โ	อ	น	ม	น	อ	◌่	อ
า	น	ก	ม	อ	ง	◌ุ	◌่	น	ช	ต	ฤ	ก	◌ิ	ว
ว	◌ั	◌้	า	ถ	า	ค	ช	ไ	ว	ช	เ	◌่	◌่	◌ั
ว	น	จ	ข	น	◌ั	ต	น	◌ั	◌้	ด	◌ุ	ย	ห	◌์
เ	ข	◌่	◌้	น	ซ	◌ั	ต	◌่	◌ุ	ม	ช	◌ู	เ	ง
ท	◌ั	ศ	น	ค	ต	◌ิ	◌่	ส	จ	ง	◌ึ	ถ	า	ม
ก	ง	◌้	◌ั	อ	ธ	เ	ง	อ	ข	ย	า	◌่	ส	◌่
◌ั	◌่	ค	ก	ช	อ	◌ู	◌่	ว	◌์	◌้	◌ั	◌้	ช	ภ
ร	ข	า	ง	า	ส	ภ	ไ	◌ั	ต	◌ี	◌่	ห	ไ	อ
ก	แ	ง	ร	เ	ช	ล	ล	◌์	ช	ล	จ	จ	◌ื	◌ั
น	ร	ก	ต	◌็	เ	◌้	ก	อ	เ	เ	ภ	ล	ว	น
ก	า	ร	ห	า	เ	ส	◌ี	ย	ง	ม	ห	◌ั	อ	◌ั
ท	า	ง	ก	า	ร	เ	ง	◌ิ	น	เ	ว	ซ	ย	ค

วิกฤต
อ่อน
คาถา
สูงสุด
มเลี้ยงมด
เศษชิ้นส่วน
เหลือ
เชลล์
มาถึง
ตรงกันข้าม
ทางการเงิน
องุ่น
ของเธอ
การถ่ายโอน
หยุด
ตัวตน
ส่าย
การหาเสียง
ทัศนคติ
รแข่งขัน

Puzzle 16

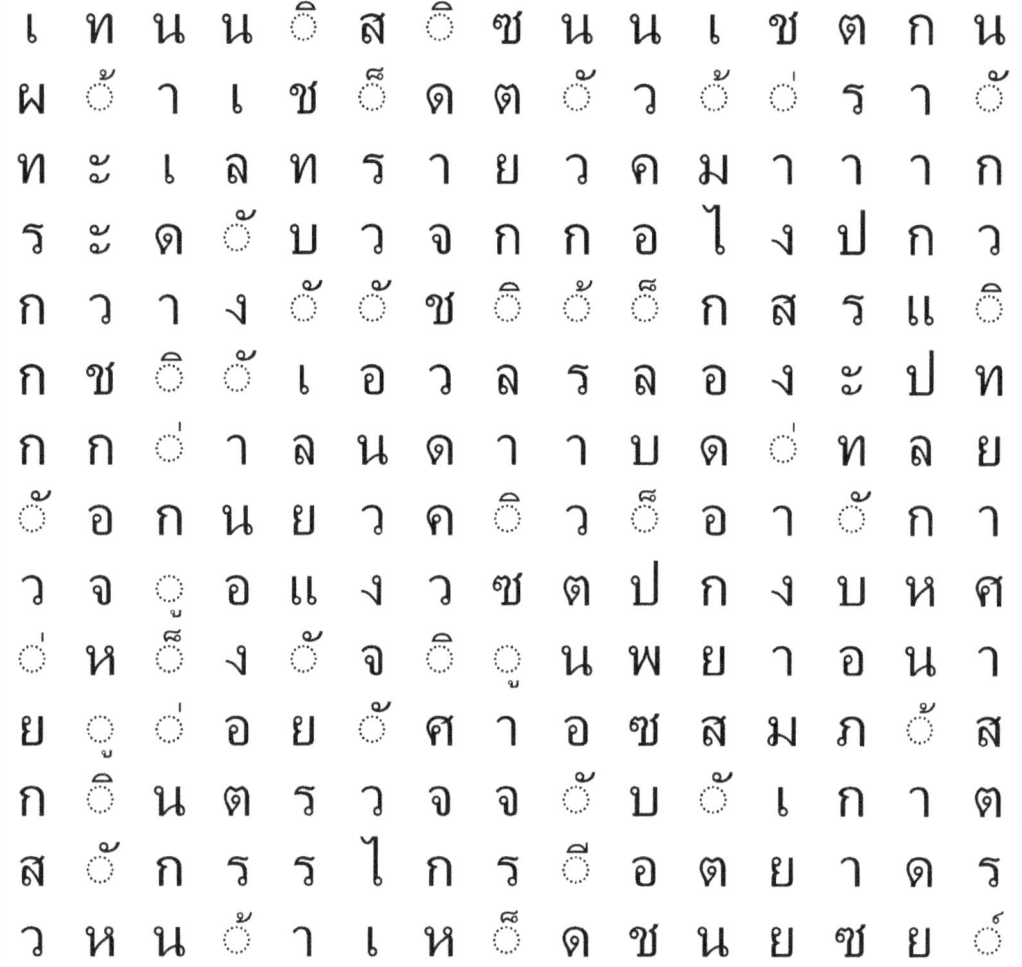

เ	ท	น	น	◌ิ	ส	◌ิ	ซ	น	น	เ	ช	ต	ก	น
ผ	◌้	า	เ	ช	◌็	ด	ต	◌ั	ว	◌้	◌่	ร	า	◌ั
ท	ะ	เ	ล	ท	ร	า	ย	ว	ค	ม	า	า	า	ก
ร	ะ	ด	◌ั	บ	ว	จ	ก	ก	อ	ไ	ง	ป	ก	ว
ก	ว	า	ง	◌ั	◌ั	ช	◌ิ	◌้	◌็	ก	ส	ร	แ	◌ิ
ก	ช	◌ิ	◌ั	เ	อ	ว	ล	ร	ล	อ	ง	ะ	ป	ท
ก	ก	◌่	า	ล	น	ด	า	า	บ	ด	◌่	ท	ล	ย
◌ั	อ	ก	น	ย	ว	ค	◌ิ	ว	◌็	อ	า	◌ั	ก	า
ว	จ	◌ู	อ	แ	ง	ว	ซ	ต	ป	ก	ง	บ	ห	ศ
◌่	ห	◌็	ง	◌ั	จ	◌ิ	◌ู	น	พ	ย	า	อ	น	า
ย	◌ู	◌่	อ	ย	◌ั	ศ	า	อ	ซ	ส	ม	ภ	◌้	ส
ก	◌ิ	น	ต	ร	ว	จ	จ	◌ั	บ	◌ั	เ	ก	า	ต
ส	◌ั	ก	ร	ร	ไ	ก	ร	◌ี	อ	ต	ย	า	ด	ร
ว	ห	น	◌้	า	เ	ห	◌็	ด	ช	น	ย	ซ	ย	◌์

ดอกไม้
บล็อค
ระดับ
ตราประทับ
ผ้าเช็ดตัว
แปลกหน้า
เลย
เทนนิส
วันอังคาร
อาศัยอยู่
ตรวจจับ
ชอบ
กรรไกร
กวาง
ยาเสพติด
หน้าเห็ด
นักวิทยาศาสตร์
ทะเลทราย
ช่างสง่างาม
สิ่งแวดล้อม

Puzzle 17

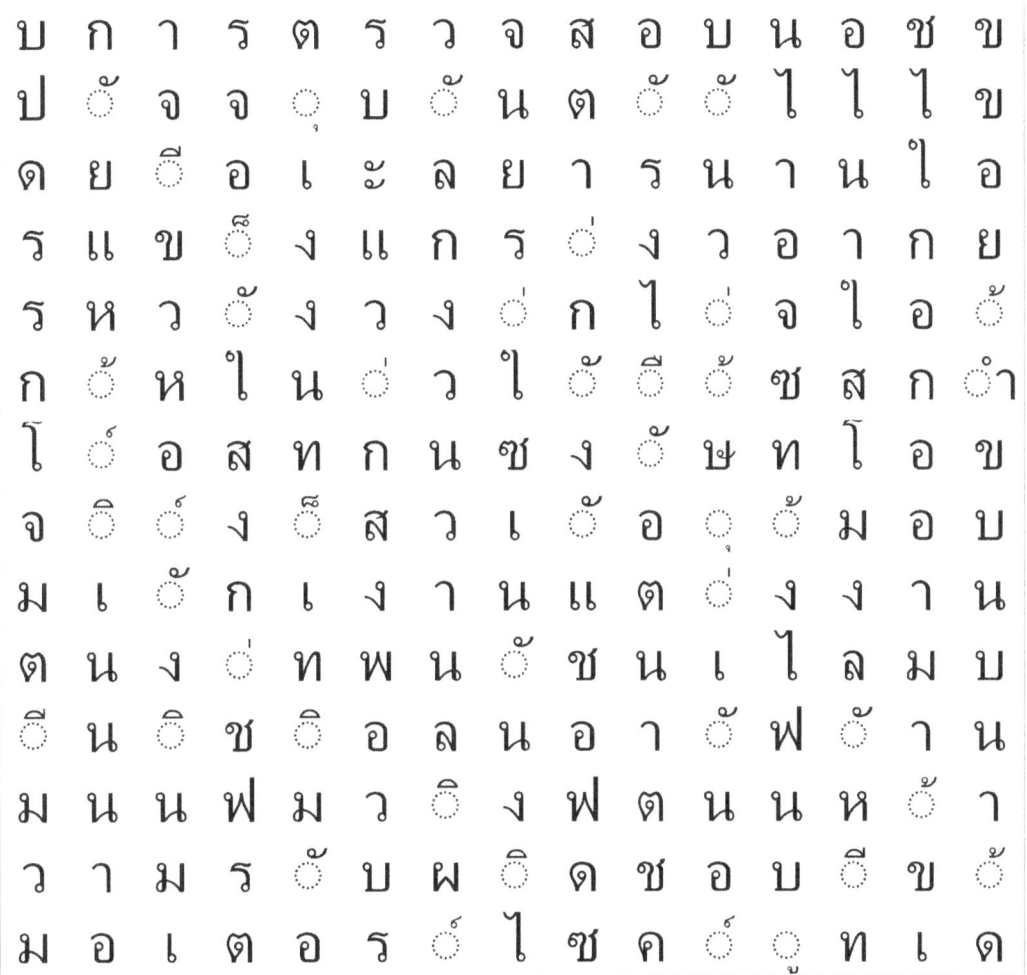

บ	ก	า	ร	ต	ร	ว	จ	ส	อ	บ	น	อ	ช	ข
ป	◌ั	จ	จ	◌ุ	บ	◌ั	น	ต	◌ั	◌ั	ไ	ไ	ไ	ข
ด	ย	◌ี	อ	เ	ะ	ล	ย	า	ร	น	า	น	ไ	อ
ร	แ	ข	◌็	ง	แ	ก	ร	◌่	ง	ว	อ	า	ก	ย
ร	ห	ว	◌ั	ง	ว	ง	◌่	ก	ไ	◌่	จ	ไ	อ	◌้
ก	◌้	ห	ไ	น	◌่	ว	ไ	◌ั	◌ี	◌้	ซ	ส	ก	◌ำ
โ	◌์	อ	ส	ท	ก	น	ซ	ง	◌ั	ษ	ท	โ	อ	ข
จ	◌ิ	◌์	ง	◌็	ส	ว	เ	◌ั	อ	◌ุ	◌้	ม	อ	บ
ม	เ	◌ั	ก	เ	ง	า	น	แ	ต	◌่	ง	ง	า	น
ต	น	ง	◌่	ท	พ	น	◌ั	ช	น	เ	ไ	ล	ม	บ
◌ี	น	◌ิ	ช	◌ิ	อ	ล	น	อ	า	◌ั	ฟ	◌ั	า	น
ม	น	น	ฟ	ม	ว	◌ิ	ง	ฟ	ต	น	น	ห	◌้	า
ว	า	ม	ร	◌ั	บ	ผ	◌ิ	ด	ช	อ	บ	◌ี	ข	◌้
ม	อ	เ	ต	อ	ร	◌์	ไ	ซ	ค	◌์	◌ู	ท	เ	ด

งานแต่งงาน
ด้านบน
รายละเอียด
ร้องเพลง
ทีหลัง
แข็งแกร่ง
โจมตี
ขอย้ำ
มิทเท็น
ไก่งวง
เข้ามา
มอเตอร์ไซค์
บการตรวจสอบ
หวัง
เงื่อนไข
วามรับผิดชอบ
อุ้ม
ปัจจุบัน
ขอโทษ
ตรวจสอบ

Puzzle 18

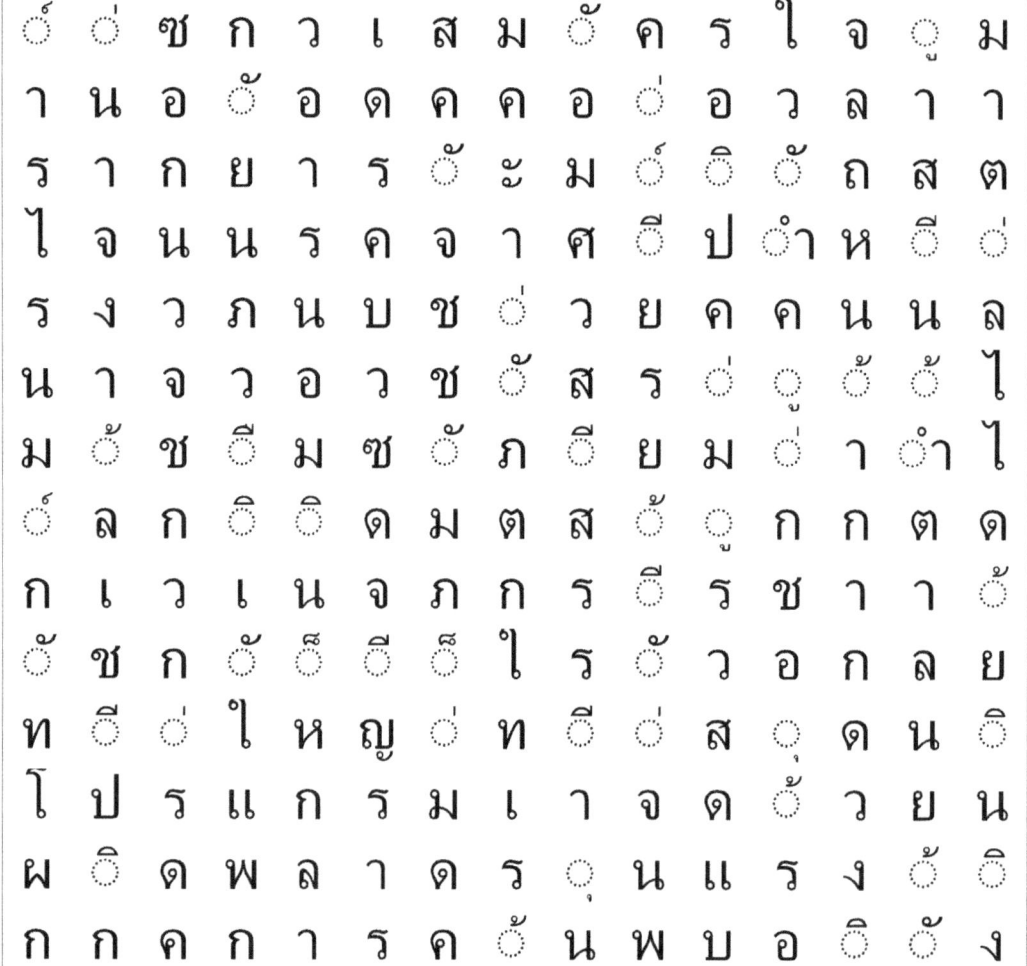

◌์	◌่	ซ	ก	ว	เ	ส	ม	◌ั	ค	ร	ใ	จ	◌ู	ม
า	น	อ	◌ั	อ	ด	ค	ค	อ	◌่	อ	ว	ล	า	า
ร	า	ก	ย	า	ร	◌ั	ะ	ม	◌์	◌ิ	◌ั	ถ	ส	ต
ไ	จ	น	น	ร	ค	จ	า	ศ	◌ี	ป	◌ำ	ห	◌ี	◌่
ร	ง	ว	ภ	น	บ	ช	◌่	ว	ย	ค	ค	น	น	ล
น	า	จ	ว	อ	ว	ช	◌ั	ส	ร	◌่	◌ู	◌้	◌้	ไ
ม	◌้	ช	◌ี	ม	ซ	◌ั	ภ	◌ี	ย	ม	◌่	า	◌ำ	ไ
◌์	ล	ก	◌ิ	◌ิ	ด	ม	ต	ส	◌้	◌ู	ก	ก	ต	ด
ก	เ	ว	เ	น	จ	ภ	ก	ร	◌ี	ร	ช	า	า	◌้
◌ั	ช	ก	◌ั	◌็	◌ี	◌็	ไ	ร	◌ั	ว	อ	ก	ล	ย
ท	◌ี	◌่	ไ	ห	ญ	◌่	ท	◌ี	◌่	ส	◌ุ	ด	น	◌ิ
โ	ป	ร	แ	ก	ร	ม	เ	า	จ	ด	◌้	ว	ย	น
ผ	◌ิ	ด	พ	ล	า	ด	ร	◌ุ	น	แ	ร	ง	◌้	◌ิ
ก	ก	ค	ก	า	ร	ค	◌้	น	พ	บ	อ	◌ิ	◌ั	ง

ช่วย
ไล่ตาม
รายการ
ผิดพลาดรุนแรง
ราชินี
หน้ากาก
ที่ใหญ่ที่สุด
สมัครใจ
คู่
ล้างจาน
ได้ยิน
ปีศาจ
โปรแกรม
ด้วย
คำถาม
สีน้ำตาล
การค้นพบ
เกือบจะ
เดรค
สีสรร

Puzzle 19

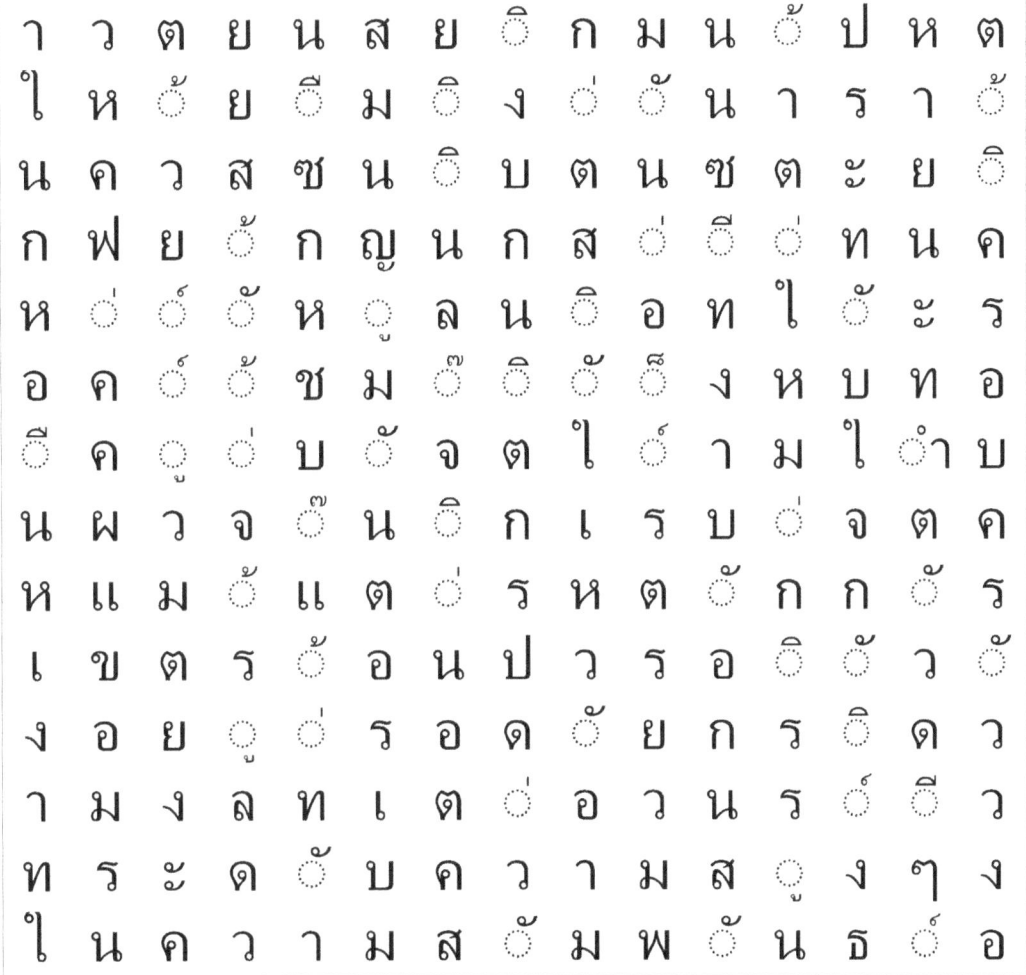

า	ว	ต	ย	น	ส	ย	◌ิ	ก	ม	น	◌ั	ป	ห	ต
ไ	ห	◌้	ย	◌ี	ม	◌ิ	ง	◌่	◌ั	น	า	ร	า	◌้
น	ค	ว	ส	ซ	น	◌ิ	บ	ต	น	ซ	ต	ะ	ย	◌ิ
ก	ฟ	ย	◌ั	ก	ญ	น	ก	ส	◌่	◌ี	◌่	ท	น	ค
ห	◌่	◌์	◌ั	ห	◌ู	ล	น	◌ิ	อ	ท	ไ	◌ั	ะ	ร
อ	ค	◌์	◌้	ช	ม	◌๊	◌ิ	◌ั	◌็	ง	ห	บ	ท	อ
◌ี	ค	◌ู	◌่	บ	◌ั	จ	ต	ไ	◌์	า	ม	ไ	◌ำ	บ
น	ผ	ว	จ	◌๊	น	◌ิ	ก	เ	ร	บ	◌่	จ	ต	ค
ห	แ	ม	◌้	แ	ต	◌่	ร	ห	ต	◌ั	ก	ก	◌ั	ร
เ	ข	ต	ร	◌้	อ	น	ป	ว	ร	อ	◌ิ	◌ั	ว	◌ั
ง	อ	ย	◌ู	◌่	ร	อ	ด	◌ั	ย	ก	ร	◌ิ	ด	ว
า	ม	ง	ล	ท	เ	ต	◌่	อ	ว	น	ร	◌์	◌ี	ว
ท	ร	ะ	ด	◌ั	บ	ค	ว	า	ม	ส	◌ู	ง	ๆ	ง
ไ	น	ค	ว	า	ม	ส	◌ั	ม	พ	◌ั	น	ธ	◌์	อ

บางที
ทางเหนือ
ประทับใจ
สกู๊ตเตอร์
ปรกติ
แม้แต่
ความสัมพันธ์
ครอบครัว
เทลงมา
หายนะ
ผู้หญิง
นั่ง
ใหม่
อยู่รอด
จับคู่
เขตร้อน
ทำตัวดีๆ
ให้ยืม
ระดับความสูง
สิบสอง

Puzzle 20

ซ	า	◌่	น	◌้	า	ญ	เ	ก	โ	จ	ห	า	เ	ค
ภ	ย	◌็	ช	◌ู	ส	◌่	ร	เ	ป	◌ิ	ล	◌ิ	ก	ว
น	ไ	ก	ฟ	◌ิ	อ	ห	◌ี	◌ิ	ร	ง	◌ั	◌๊	◌ิ	า
ร	ถ	ไ	ฟ	ต	น	ไ	ย	ต	◌่	โ	ก	โ	ด	ม
เ	ม	า	ส	◌์	◌ี	น	น	า	ง	จ	ฐ	ท	ข	ป
น	◌้	อ	เ	ย	◌้	ว	า	ช	ไ	◌้	า	ร	◌้	ร
◌๊	◌ั	ฟ	ว	เ	ง	◌่	น	ม	ส	◌ั	น	ศ	อ	า
เ	ล	◌ื	อ	ด	อ	ส	ฒ	ร	อ	ต	ช	◌ั	ผ	ร
ถ	ช	เ	แ	◌ั	◌ื	◌ู	◌ั	ร	ล	น	เ	พ	◌ิ	ถ
◌้	◌ั	อ	ก	◌ั	ม	◌ิ	พ	ธ	ง	◌ี	ส	ท	ด	น
◌ำ	ต	◌ี	ะ	◌ู	เ	า	ร	ง	◌ิ	ว	◌ี	◌์	พ	า
◌ั	ต	ล	◌ิ	เ	◌ั	จ	า	จ	อ	ซ	◌้	า	ล	า
ก	◌่	ห	◌ั	น	◌ิ	น	ก	◌ี	◌้	ม	อ	อ	า	◌ั
ว	◌่	เ	ส	◌ุ	ภ	า	พ	บ	◌ุ	ร	◌ุ	ษ	ด	า

โปร่งใส
เกิดข้อผิดพลาด
หลักฐาน
จิงโจ้
การพัฒนา
แกะ
เสื้อ
ถ้ำ
ส่วนใหญ่
โทรศัพท์

รถไฟ
เมืองนี้
เลือด
เมาส์
ชินนามอน
สุภาพบุรุษ
เรียน
ความปรารถนา
ธรรมชาติ
เหลือเฟือ

Puzzle 21

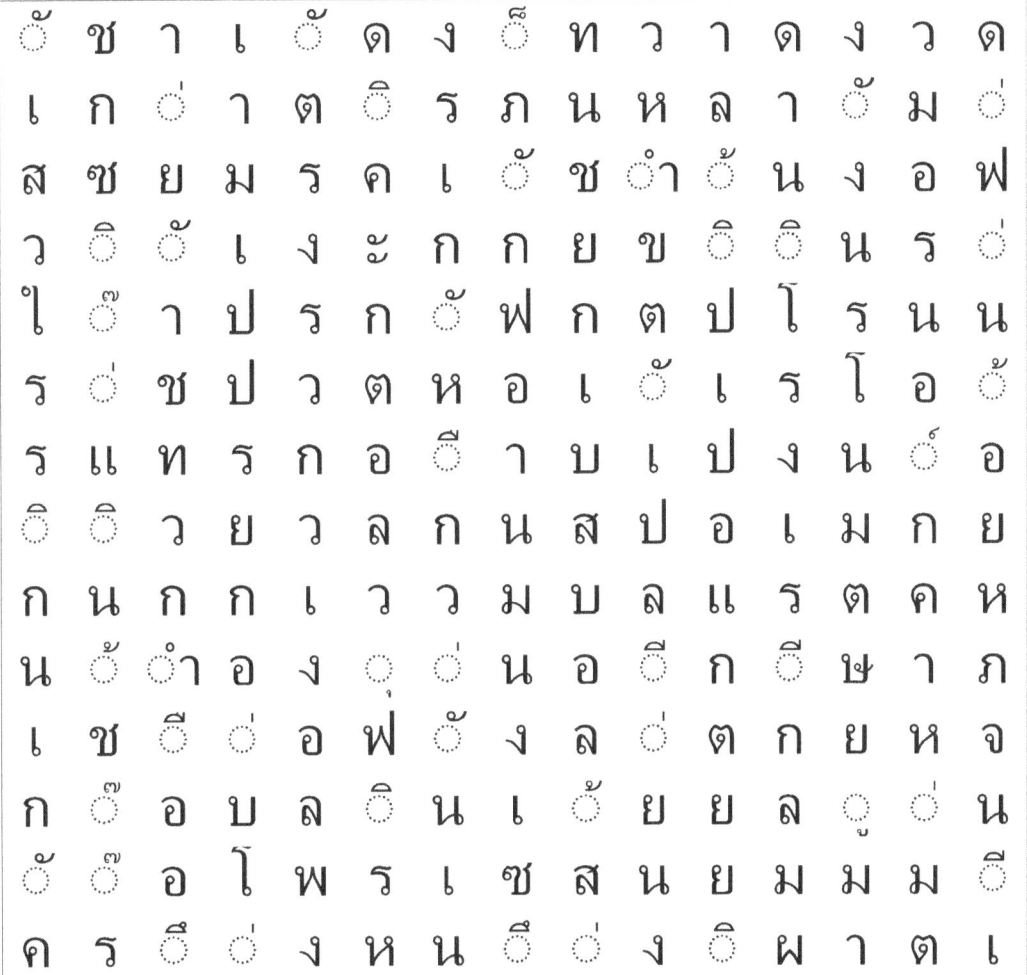

◌ั	ช	า	เ	◌ั	ด	ง	◌็	ท	ว	า	ด	ง	ว	ด
เ	ก	◌่	า	ต	◌ิ	ร	ภ	น	ห	ล	า	◌ั	ม	◌่
ส	ซ	ย	ม	ร	ค	เ	◌ั	ช	◌ำ	◌้	น	ง	อ	ฟ
ว	◌ิ	◌ั	เ	ง	ะ	ก	ก	ย	ข	◌ิ	◌ิ	น	ร	◌่
ไ	◌๊	า	ป	ร	ก	◌ั	ฟ	ก	ต	ป	โ	ร	น	น
ร	◌่	ช	ป	ว	ต	ห	อ	เ	◌ั	เ	ร	โ	อ	◌้
ร	แ	ท	ร	ก	อ	◌ี	า	บ	เ	ป	ง	น	◌์	อ
◌ิ	◌ิ	ว	ย	ว	ล	ก	น	ส	ป	อ	เ	ม	ก	ย
ก	น	ก	ก	เ	ว	ว	ม	บ	ล	แ	ร	ต	ค	ห
น	◌้	◌ำ	อ	ง	◌ุ	◌่	น	อ	◌ี	ก	◌ี	ษ	า	ภ
เ	ช	◌ี	◌่	อ	ฟ	◌ั	ง	ล	◌่	ต	ก	ย	ห	จ
ก	◌๊	อ	บ	ล	◌ิ	น	เ	◌้	ย	ย	ล	◌ู	◌่	น
◌ั	◌๊	อ	โ	พ	ร	เ	ซ	ส	น	ย	ม	ม	ม	◌ี
ค	ร	◌ึ	◌่	ง	ห	น	◌ึ	◌่	ง	◌ิ	ผ	า	ต	เ

ร่าเริง
เลือกข้าง
โอ้
โรงเรี
เบสบอล
แทรก
เตาผิง
คิด
ดวงดาว
โพรเซส

เชื่อฟัง
เก่า
ครึ่งหนึ่ง
น้ำองุ่น
เปลี่ยน
ภาษี
ประเภท
ฟองน้ำ
ก๊อบลิน
แอปเปิ้ล

Puzzle 22

ค	ส	จ	◌ิ	น	ภ	เ	ต	ส	ซ	ว	ก	ก	ล	ว
ว	จ	◌ั	◌ำ	น	ร	ว	า	ว	ไ	◌ั	จ	ม	ง	ง
า	ย	◌้	ก	ไ	ย	า	ฟ	ย	ว	◌ั	◌ู	◌็	อ	ร
ม	ห	น	◌้	า	ด	น	อ	ง	ม	ต	◌ั	เ	◌้	◌้
เ	ข	โ	ม	ย	◌ิ	◌้	◌ั	า	ม	◌ั	ด	ท	ต	า
ป	อ	ซ	ป	น	◌ิ	อ	ไ	ม	◌้	น	◌ู	◌ั	ะ	น
ร	ห	◌ั	ว	ล	ก	อ	ล	ห	ห	ว	พ	น	ต	อ
◌ี	ฮ	อ	ล	ล	◌ี	◌่	า	◌ำ	ม	ง	◌ำ	◌่	แ	า
ย	ไ	ย	ง	ห	ย	ม	ก	ว	◌์	◌ั	ค	◌ี	ฟ	ห
บ	ห	ก	ไ	เ	ป	◌็	น	ต	◌ั	ว	แ	ท	น	า
ต	น	◌ั	ก	จ	◌ั	◌ั	◌้	ไ	ส	ก	◌้	ท	ค	ร
◌่	เ	น	ว	◌์	า	◌๊	◌ี	ไ	◌ี	ต	ค	บ	◌้	◌็
า	ต	◌่	อ	ไ	ป	ห	ย	ต	◌่	◌ิ	ห	า	น	น
ง	า	◌้	ร	ส	ห	◌่	า	ง	อ	อ	ก	ไ	ป	◌ั

นัทเม็ก
สวยงาม
บทที่
จำได้ไหม
ต่อไป
วังวน
คำพูด
ขโมย
ความเปรียบต่าง
กำหนดเอง

แตะต้อง
หน้า
หลอกลวง
สร้าง
ห่างออกไป
ฮอลลี่
เป็นตัวแทน
สี่
หัว
ร้านอาหาร

Puzzle 23

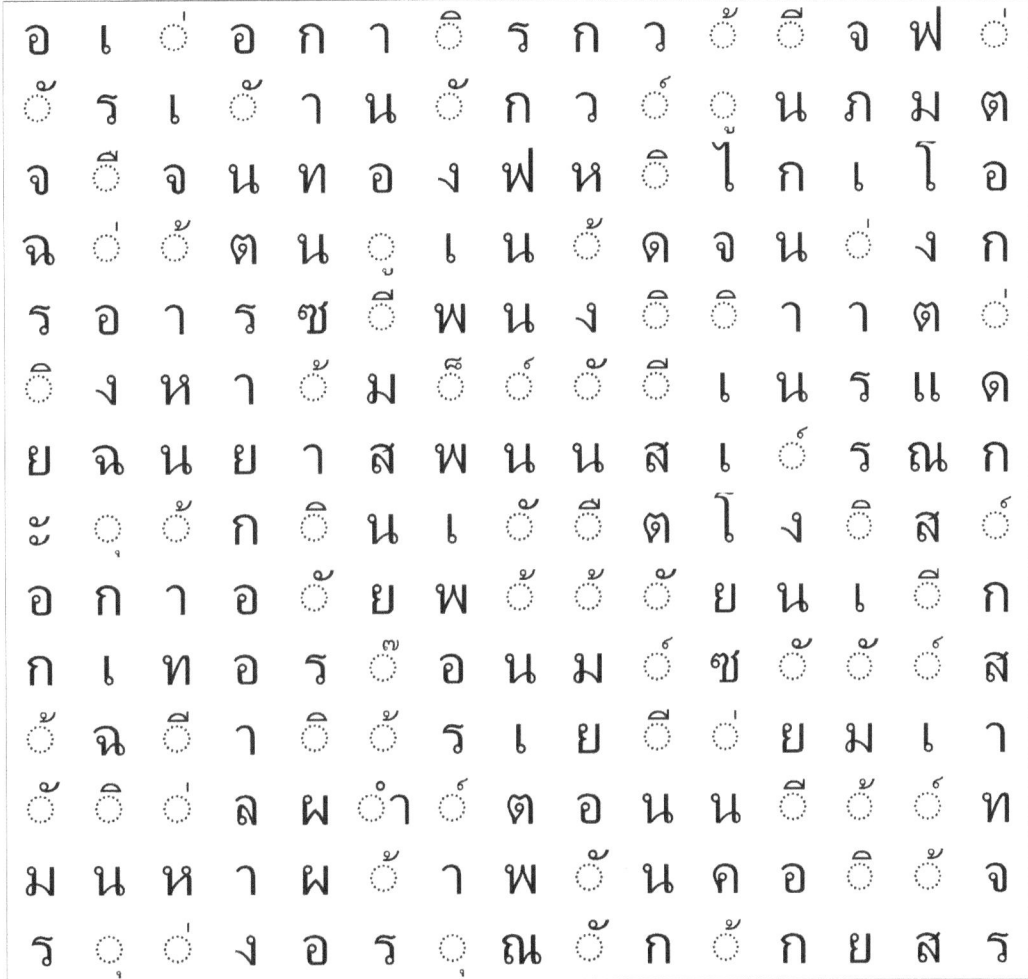

อ	เ	◌่	อ	ก	า	◌ิ	ร	ก	ว	◌้	◌ี	จ	ฟ	◌่
◌ั	ร	เ	◌ั	า	น	◌ั	ก	ว	◌์	◌ู	น	ภ	ม	ต
จ	◌ี	จ	น	ท	อ	ง	ฟ	ห	◌ิ	ไ	ก	เ	โ	อ
ฉ	◌่	◌้	ต	น	◌ู	เ	น	◌้	ด	จ	น	◌่	ง	ก
ร	อ	า	ร	ซ	◌ี	พ	น	ง	◌ิ	◌ิ	า	า	ต	◌่
◌ิ	ง	ห	า	◌้	ม	◌็	◌์	◌ั	◌ี	เ	น	ร	แ	ด
ย	ฉ	น	ย	า	ส	พ	น	น	ส	เ	◌์	ร	ณ	ก
ะ	◌ุ	◌้	ก	◌ิ	น	เ	◌ั	◌ี	ต	โ	ง	◌ิ	ส	◌์
อ	ก	า	อ	◌ั	ย	พ	◌้	◌้	◌ั	ย	น	เ	◌ี	ก
ก	เ	ท	อ	ร	◌๊	อ	น	ม	◌์	ซ	◌ั	◌ั	◌์	ส
◌้	ฉ	◌ี	า	◌ิ	◌้	ร	เ	ย	◌ี	◌่	ย	ม	เ	า
◌ั	◌ิ	◌่	ล	ผ	◌ำ	◌์	ต	อ	น	น	◌ี	◌้	◌์	ท
ม	น	ห	า	ผ	◌้	า	พ	◌ั	น	ค	อ	◌ิ	◌้	จ
ร	◌ุ	◌่	ง	อ	ร	◌ุ	ณ	◌ั	ก	◌้	ก	ย	ส	ร

งานเต้นรำ
รวิจารณ์
ตอนนี้
กิน
เพ็พเพอร์
รุ่งอรุณ
เจ้าหน้าที่
เสื้อผ้า
อัจฉริยะ
ลาออก
ทอง
เยี่ยม
เรื่องฉุกเฉิน
นาน
ทาสก์
ม้า
สิงโต
ผ้าพันคอ
อันตราย
แตงโม

Puzzle 24

ห	ห	ก	ว	อ	โ	ถ	ง	ท	า	ง	เ	ด	◌ิ	น
อ	ม	ด	◌์	◌่	า	◌้	ช	ว	อ	พ	◌ี	ช	า	◌ั
ก	อ	◌ิ	น	◌ี	น	ร	แ	น	ว	ต	◌ั	◌้	ง	ภ
ะ	ฟ	ว	ค	บ	◌้	◌้	ม	ย	ฟ	ภ	า	า	ไ	◌ั
◌๊	◌ั	◌ิ	ห	เ	◌ำ	◌ั	◌ั	ณ	ห	ก	◌่	ช	ว	◌ู
ต	น	ช	ซ	ก	แ	ซ	ฟ	ก	◌์	◌ี	◌ู	ย	อ	เ
โ	◌ั	◌ั	ก	น	ข	ย	◌่	◌๊	ฟ	น	ป่	ว	ก	พ
ก	ฝ	◌่	◌ิ	ว	◌็	◌ี	ย	◌ั	◌์	ง	ฟ	◌่	ว	◌ี
ร	ม	น	อ	น	ง	า	ท	◌ิ	ศ	ท	า	ง	◌ั	ย
ธ	า	◌๊	อ	ง	ล	ก	ช	ว	◌ิ	◌์	ด	น	ซ	แ
ห	ว	ป	ต	า	ง	ย	ส	◌ี	เ	บ	◌ั	ด	ะ	ร
ร	ค	ว	◌้	ก	ว	◌ิ	ง	◌่	◌ิ	น	พ	า	ภ	ส
อ	เ	ม	ป	น	น	ม	ว	◌ี	◌้	ว	บ	◌ั	ก	า
เ	ห	◌็	น	ไ	ด	◌้	ช	◌ั	ด	ว	◌่	า	ว	◌่

แนวตั้ง
เพีย
ดิวิชั่น
ภาพนิ่ง
น้ำแข็ง
กับ
เห็นได้ชัดว่า
ระดับเสียง
โถงทางเดิน
โกรธหรอ
หมอฟัน
แซนด์วิช
ความฝัน
อารมณ์
พืช
ม้าลาย
เบื่อ
ทิศทาง
โต๊ะ
บนเวที

Puzzle 25

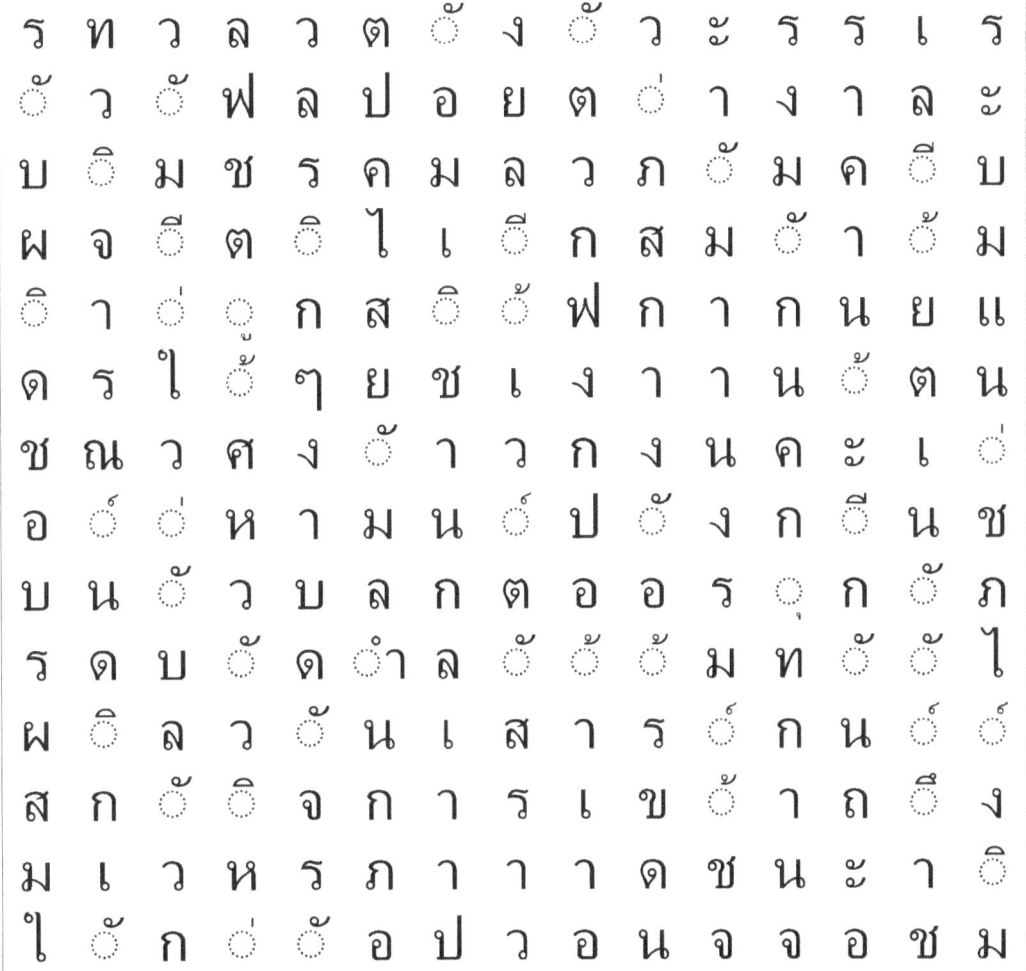

ร	ท	ว	ล	ว	ต	◌ั	ง	◌ั	ว	ะ	ร	ร	เ	ร
◌ั	ว	◌ั	ฟ	ล	ป	อ	ย	ต	◌่	า	ง	า	ล	ะ
บ	◌ิ	ม	ช	ร	ค	ม	ล	ว	ภ	◌ั	ม	ค	◌ี	บ
ผ	จ	◌ี	ต	◌ิ	ไ	เ	◌ี	ก	ส	ม	◌ั	า	◌้	ม
◌ิ	า	◌่	◌ู	ก	ส	◌ิ	◌้	ฟ	ก	า	ก	น	ย	แ
ด	ร	ไ	◌้	ๆ	ย	ช	เ	ง	า	า	น	◌้	ต	น
ช	ณ	ว	ศ	ง	◌ั	า	ว	ก	ง	น	ค	ะ	เ	◌่
อ	◌์	◌่	ห	า	ม	น	◌์	ป	◌ั	ง	ก	◌ี	น	ช
บ	น	◌ั	ว	บ	ล	ก	ต	อ	อ	ร	◌ุ	ก	◌ั	ภ
ร	ด	บ	◌ั	ด	◌ำ	ล	◌ั	◌้	◌้	ม	ท	◌ั	◌ั	ไ
ผ	◌ิ	ล	ว	◌ั	น	เ	ส	า	ร	◌์	ก	น	◌์	◌์
ส	ก	◌ั	◌ิ	จ	ก	า	ร	เ	ข	◌้	า	ถ	◌ึ	ง
ม	เ	ว	ห	ร	ภ	า	า	า	ด	ช	น	ะ	า	◌ิ
ไ	◌ั	ก	◌่	◌ั	อ	ป	ว	อ	น	จ	จ	อ	ช	ม

บางๆ
ราคา
ต่าง
ระบมแน่
ทวิจารณ์
ชนะ
กลับมา
รับผิดชอบ
เกิด
สัตว์เลี้ยง
วันเสาร์
ตะกร้า
ระวังตัว
ผสม
ลำดับ
เลี้ย
ศาล
สกี
ทุกคน
การเข้าถึง

Puzzle 26

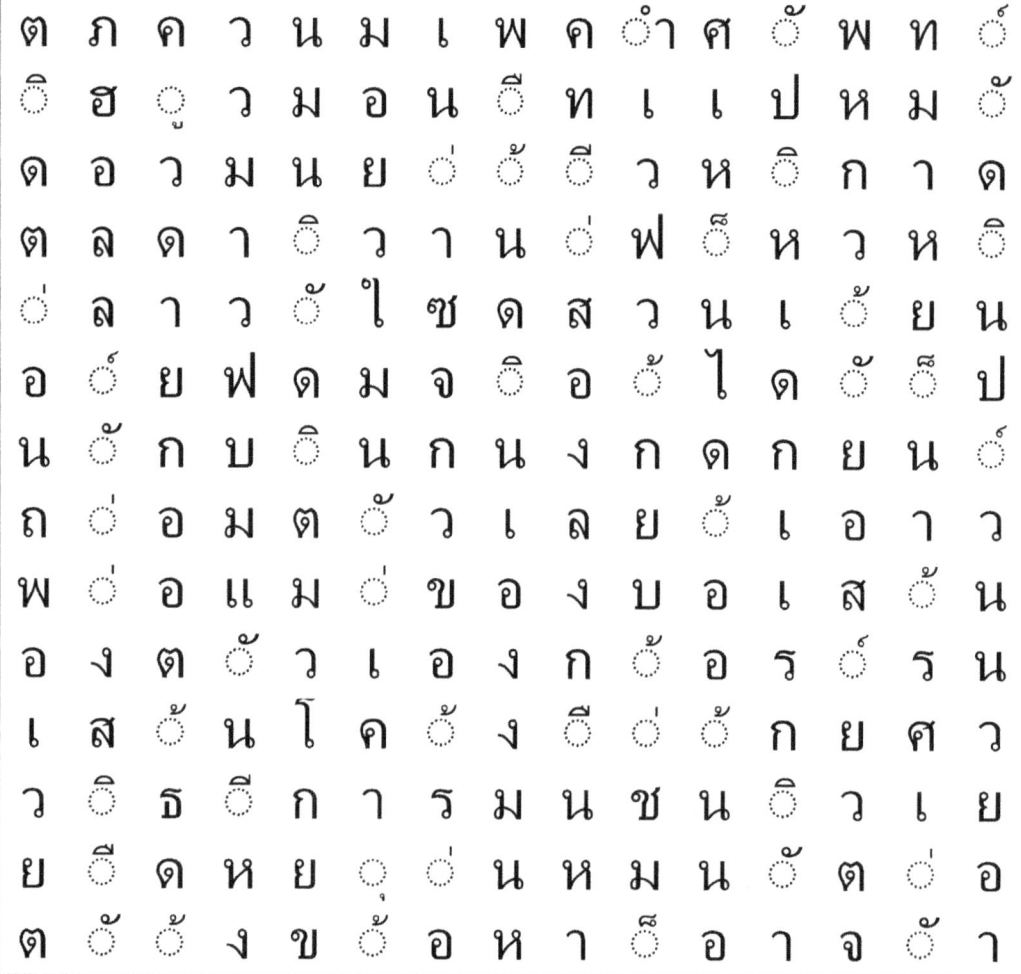

ต	ภ	ค	ว	น	ม	เ	พ	ค	ำ	ศ	ั	พ	ท	์
ิ	ฮ	ู	ว	ม	อ	น	ี	ท	เ	เ	ป	ห	ม	ั
ด	อ	ว	ม	น	ย	่	้	ี	ว	ห	ิ	ก	า	ด
ต	ล	ด	า	ิ	ว	า	น	่	ฟ	็	ห	ว	ห	ิ
่	ล	า	ว	ั	ไ	ซ	ด	ส	ว	น	เ	้	ย	น
อ	์	ย	ฟ	ด	ม	จ	ิ	อ	้	ไ	ด	ั	็	ป
น	ั	ก	บ	ิ	น	ก	น	ง	ก	ด	ก	ย	น	์
ถ	่	อ	ม	ต	ั	ว	เ	ล	ย	้	เ	อ	า	ว
พ	่	อ	แ	ม	่	ข	อ	ง	บ	อ	เ	ส	้	น
อ	ง	ต	ั	ว	เ	อ	ง	ก	้	อ	ร	์	ร	น
เ	ส	้	น	โ	ค	้	ง	ี	่	้	ก	ย	ศ	ว
ว	ิ	ธ	ี	ก	า	ร	ม	น	ช	น	ิ	ว	เ	ย
ย	ื	ด	ห	ย	ุ	่	น	ห	ม	น	ั	ต	่	อ
ต	ั	้	ง	ข	้	อ	ห	า	็	อ	า	จ	ั	า

องตัวเอง
ฮอลล์
ตั้งข้อหา
นักบิน
เห็นได้
ที่สอง
เส้น
ยืดหยุ่น
คำศัพท์
พ่อแม่ของ

ถ่อมตัวเลย
พื้นดิน
วิธีการ
เส้นโค้ง
บอกว่า
ภูมิใจ
มื้อเย็น
เศร้า
ติดต่อ
เน่า

Puzzle 27

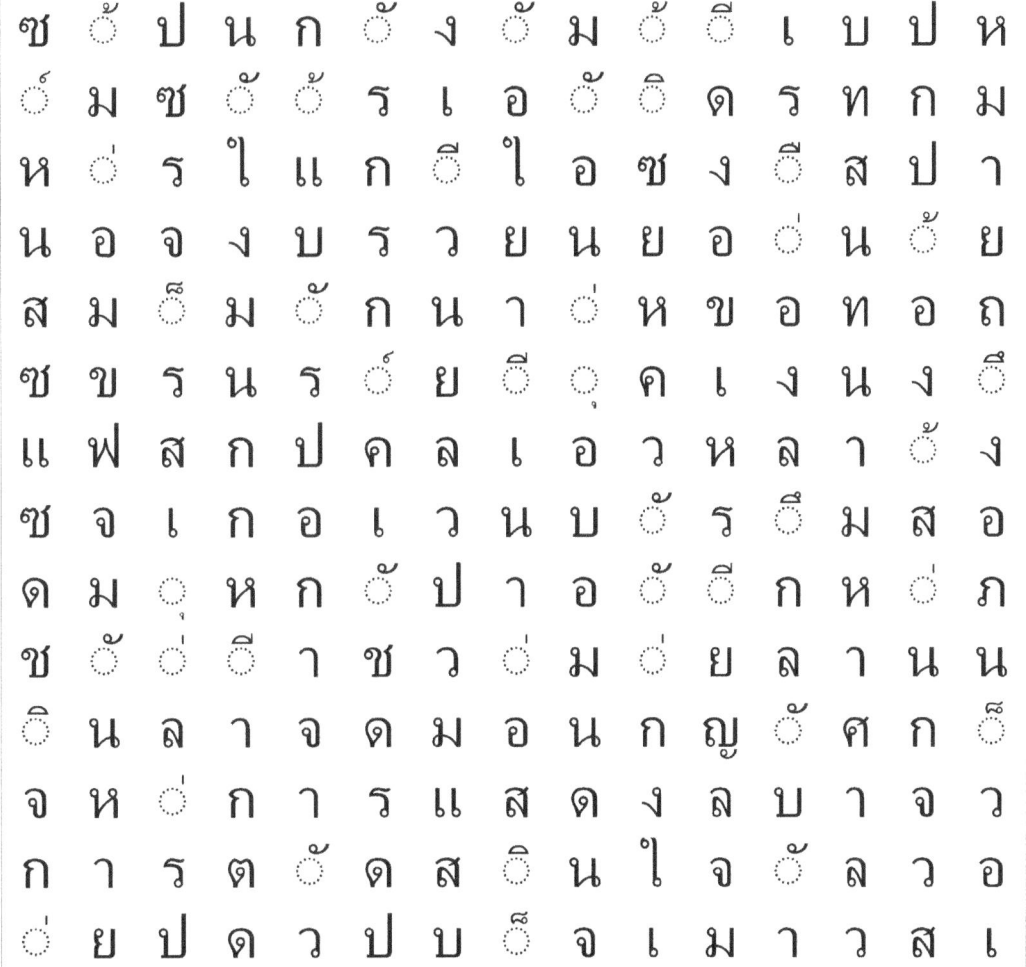

ซ	◌้	ป	น	ก	◌ั	ง	◌ั	ม	◌้	◌ี	เ	บ	ป	ห
◌์	ม	ซ	◌ั	◌้	ร	เ	อ	◌ั	◌ิ	ด	ร	ท	ก	ม
ห	◌่	ร	ไ	แ	ก	◌ี	ไ	อ	ซ	ง	◌ี	ส	ป	า
น	อ	จ	ง	บ	ร	ว	ย	น	ย	อ	◌่	น	◌้	ย
ส	ม	◌็	ม	◌ั	ก	น	า	◌่	ห	ข	อ	ท	อ	ถ
ซ	ข	ร	น	ร	◌์	ย	◌ี	◌ุ	ค	เ	ง	น	ง	◌ึ
แ	ฟ	ส	ก	ป	ค	ล	เ	อ	ว	ห	ล	า	◌้	ง
ซ	จ	เ	ก	อ	เ	ว	น	บ	◌ั	ร	◌ึ	ม	ส	อ
ด	ม	◌ุ	ห	ก	◌ั	ป	า	อ	◌ั	◌ี	ก	ห	◌่	ภ
ช	◌ั	◌่	◌ี	า	ช	ว	◌่	ม	◌่	ย	ล	า	น	น
◌ิ	น	ล	า	จ	ด	ม	อ	น	ก	ญ	◌ั	ศ	ก	◌็
จ	ห	◌่	ก	า	ร	แ	ส	ด	ง	ล	บ	า	จ	ว
ก	า	ร	ต	◌ั	ด	ส	◌ิ	น	ไ	จ	◌ั	ล	ว	อ
◌่	ย	ป	ด	ว	ป	บ	◌็	จ	เ	ม	า	ว	ส	เ

อ่าน
เหรียญ
บทสนทนา
ห่าน
การตัดสินใจ
ปกป้อง
การแสดง
จาก
หมายถึง
ของดี

ปักหมุด
แข็งแรง
ความกลัว
เรื่องลึกลับ
มหาศาล
เสร็จ
ปรับแก้
อบอุ่น
วามเจ็บปวด
หลีกเลี่ยง

Puzzle 28

แ	ค	ม	ป	◌์	เ	น	◌ั	◌ั	ก	ซ	ซ	ห	ม	ต
ง	า	◌ั	น	ต	ซ	อ	น	ม	ต	อ	◌ั	น	ภ	◌ั
ช	◌่	ว	ง	น	◌ี	◌้	ล	ซ	◌ู	ก	น	◌้	า	ว
ฤ	ด	◌ู	ก	า	ล	◌็	เ	ฟ	◌้	◌ั	ไ	ก	เ	เ
ร	◌ู	ป	ร	◌่	า	ง	ช	◌์	◌์	ม	ช	ม	น	ล
พ	ก	า	ร	เ	ด	◌ิ	น	ท	า	ง	น	า	อ	ข
ร	า	ส	ง	ส	า	◌่	น	ก	ก	ล	◌์	ก	า	โ
า	ห	อ	◌้	◌ื	น	เ	ม	ส	◌่	า	◌่	ซ	ว	ร
ค	เ	ล	ว	ร	◌้	า	ย	ก	า	◌ั	อ	ม	◌ุ	ม
เ	◌ั	ค	ร	◌ิ	ย	ส	ห	ห	อ	น	ก	า	ธ	◌ั
ม	◌ี	◌้	อ	เ	ท	◌ี	◌่	ย	ง	ด	แ	◌ี	ส	น
า	ง	ฟ	◌ั	ล	ไ	◌ิ	ก	ก	◌่	น	ป	ต	ซ	ช
ว	ร	อ	◌้	ย	ป	ฏ	◌ิ	บ	◌ั	ต	◌ิ	ก	า	ร
ค	ค	น	ท	◌ี	◌่	โ	ช	ค	ด	◌ี	ย	◌่	◌์	ฟ

เนื้อหา
หนักมาก
แคมป์
คนที่โชคดี
เลวร้าย
มากมาย
ตัวเลขโรมัน
รูปร่าง
ฤดูกาล
ความเคารพ
ตู้
สีแดง
เอลฟ์
ซันไชน์
อาวุธ
มื้อเที่ยง
ช่วงนี้
การเดินทาง
ปฏิบัติการ
น่าสงสาร

Puzzle 29

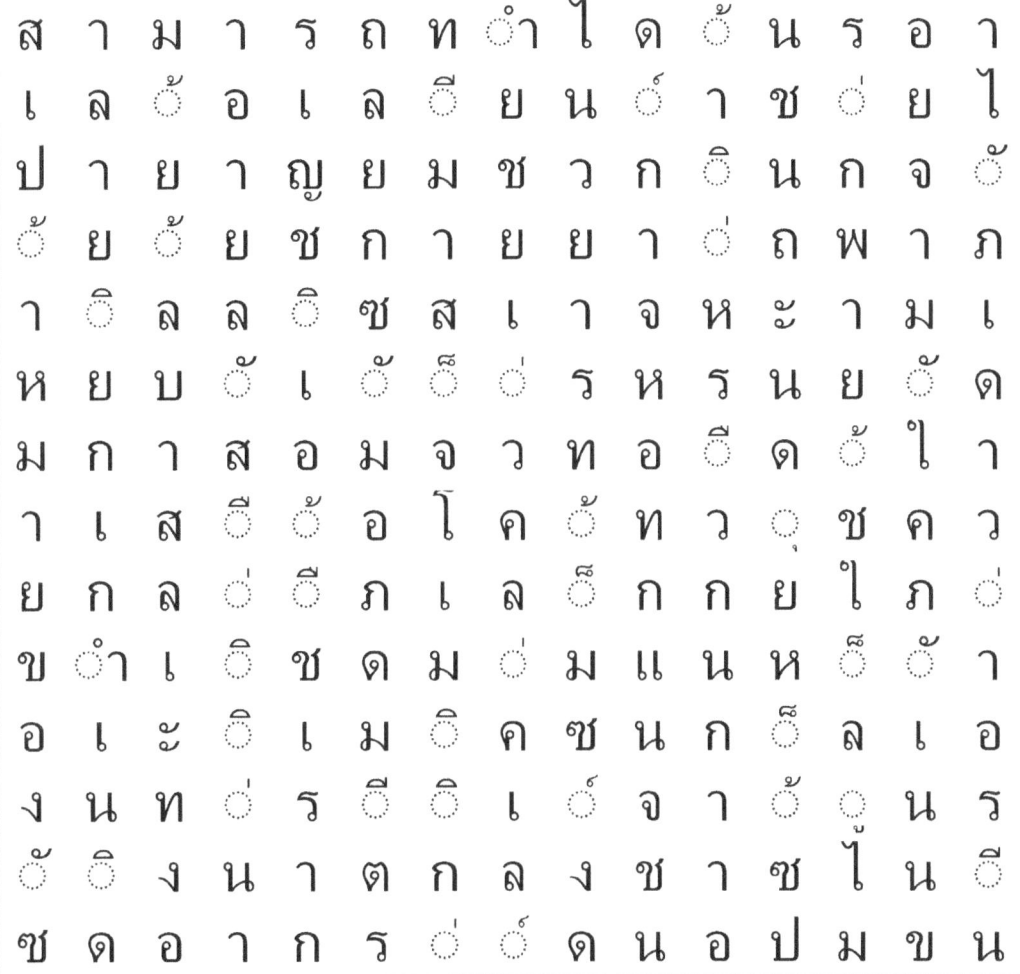

ส	า	ม	า	ร	ถ	ท	◌ำ	ไ	ด	◌้	น	ร	อ	า
เ	ล	◌้	อ	เ	ล	◌ี	ย	น	◌์	า	ช	◌่	ย	ไ
ป	า	ย	า	ญ	ย	ม	ช	ว	ก	◌ิ	น	ก	จ	◌ั
◌้	ย	◌้	ย	ช	ก	า	ย	ย	า	◌่	ถ	พ	า	ภ
า	◌ิ	ล	ล	◌ิ	ซ	ส	เ	า	จ	ห	ะ	า	ม	เ
ห	ย	บ	◌ั	เ	◌ั	◌็	◌่	ร	ห	ร	น	ย	◌ั	ด
ม	ก	า	ส	อ	ม	จ	ว	ท	อ	◌ี	ด	◌้	ไ	า
า	เ	ส	◌ี	◌้	อ	โ	ค	◌้	ท	ว	◌ุ	ช	ค	ว
ย	ก	ล	◌่	◌ี	ภ	เ	ล	◌็	ก	ก	ย	ไ	ภ	◌่
ข	◌ำ	เ	◌ิ	ช	ด	ม	◌่	ม	แ	น	ห	◌็	◌ั	า
อ	เ	ะ	◌ิ	เ	ม	◌ิ	ค	ซ	น	ก	◌็	ล	เ	อ
ง	น	ท	◌่	ร	◌ี	◌ิ	เ	◌์	จ	า	◌้	◌ุ	น	ร
◌ั	◌ิ	ง	น	า	ต	ก	ล	ง	ช	า	ซ	ไ	น	◌ี
ซ	ด	อ	า	ก	ร	◌่	◌์	ด	น	อ	ป	ม	ข	น

ปอนด์
ตกลง
สามารถทำได้
เล็ก
ทะเลสาบ
สามี
แม่มด
ภาพถ่าย
ล้าน
ทราย
หยุดนะ
เดาว่า
เสื้อโค้ท
ค้นหา
เป้าหมายของ
แก้ไข
ล้อเลียน
หรี
กำเนิด
การเชื้อเชิญ

Puzzle 30

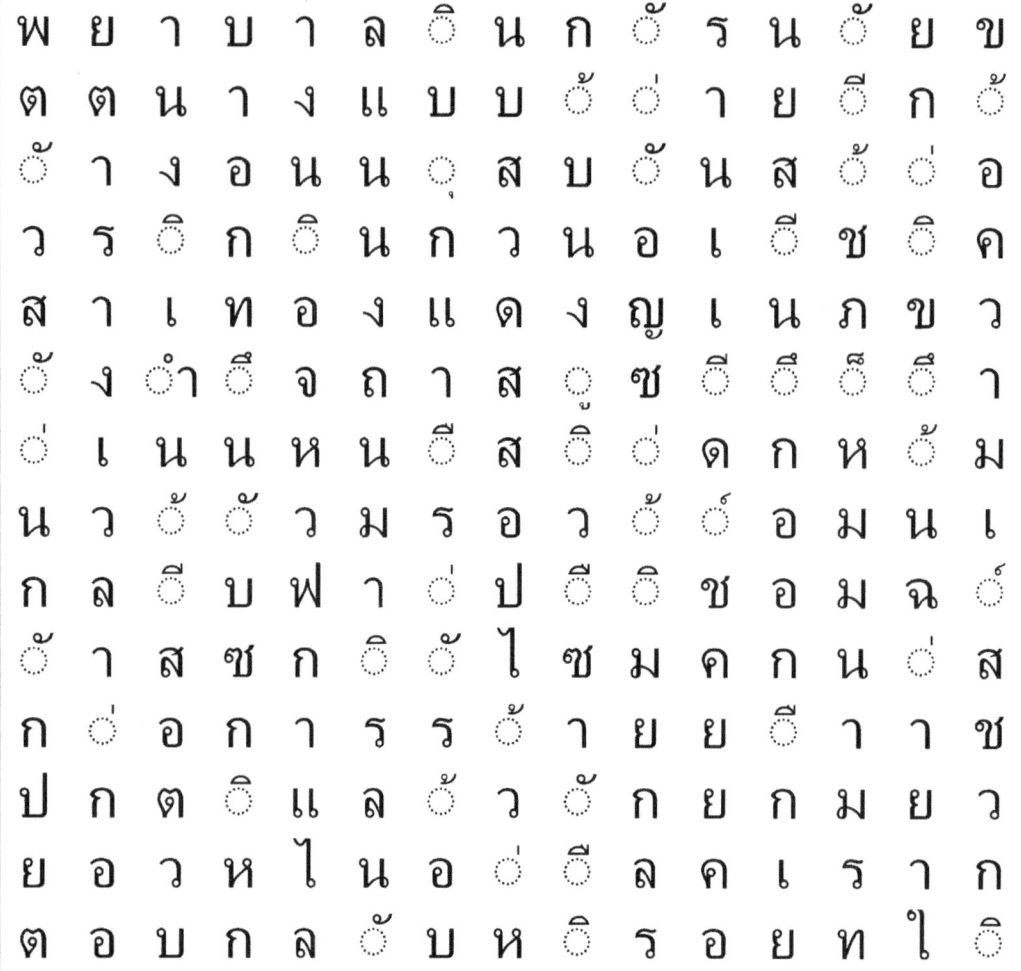

พ	ย	า	บ	า	ล	◌ิ	น	ก	◌ั	ร	น	◌ั	ย	ข
ต	ต	น	า	ง	แ	บ	บ	◌้	◌่	า	ย	◌ี	ก	◌้
◌ั	า	ง	อ	น	น	◌ุ	ส	บ	◌ั	น	ส	◌้	◌่	อ
ว	ร	◌ิ	ก	◌ิ	น	ก	ว	น	อ	เ	◌ี	ช	◌ิ	ค
ส	า	เ	ท	อ	ง	แ	ด	ง	ญ	เ	น	ภ	ข	ว
◌ั	ง	◌ำ	◌ื	จ	ถ	า	ส	◌ู	ซ	◌ี	◌ื	◌็	◌ื	า
◌่	เ	น	น	ห	น	◌ี	ส	◌ิ	◌่	ด	ก	ห	◌้	ม
น	ว	◌้	◌ั	ว	ม	ร	อ	ว	◌้	◌์	อ	ม	น	เ
ก	ล	◌ี	บ	ฟ	า	◌่	ป	◌ี	◌ิ	ช	อ	ม	ฉ	◌์
◌ั	า	ส	ซ	ก	◌ิ	◌ั	ไ	ซ	ม	ค	ก	น	◌่	ส
ก	◌่	อ	ก	า	ร	ร	◌้	า	ย	ย	◌ี	า	า	ช
ป	ก	ต	◌ิ	แ	ล	◌้	ว	◌ั	ก	ย	ก	ม	ย	ว
ย	อ	ว	ห	ไ	น	อ	◌่	◌ี	ล	ค	เ	ร	า	ก
ต	อ	บ	ก	ล	◌ั	บ	ห	◌ิ	ร	อ	ย	ท	ไ	◌ิ

พยาบาล
ขึ้นฉ่าย
ทองแดง
การเคลื่อนไหว
ปกติแล้ว
สนับสนุน
การสูญเสีย
ตัวสั่น
นึกออก
บันทึก
ข้อความ
ป่า
ก่อการร้าย
ตอบกลับ
สีน้ำเงิน
ยืน
ทรมาน
มือถือ
ตารางเวลา
นางแบบ

Puzzle 31

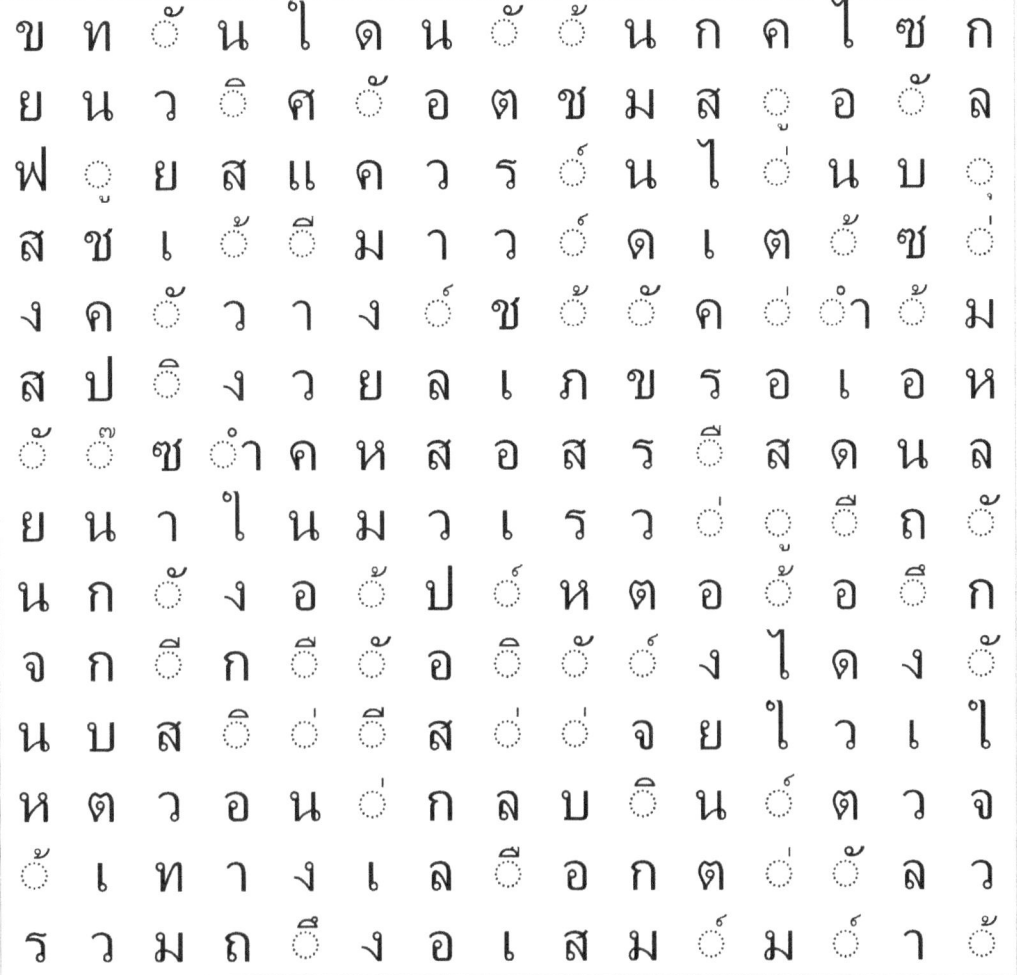

ข	ท	◌ั	น	ไ	ด	น	◌ั	◌้	น	ก	ค	ไ	ซ	ก
ย	น	ว	◌ิ	ศ	◌ั	อ	ต	ช	ม	ส	◌ู	อ	◌ั	ล
ฟ	◌ู	ย	ส	แ	ค	ว	ร	◌์	น	ไ	◌่	น	บ	◌ุ
ส	ช	เ	◌้	◌ี	ม	า	ว	◌์	ด	เ	ต	◌้	ซ	◌่
ง	ค	◌ั	ว	า	ง	◌์	ช	◌้	◌ั	ค	◌่	◌ำ	◌้	ม
ส	ป	◌ิ	ง	ว	ย	ล	เ	ภ	ข	ร	อ	เ	อ	ห
◌ั	◌๊	ซ	◌ำ	ค	ห	ส	อ	ส	ร	◌ี	ส	ด	น	ล
ย	น	า	ไ	น	ม	ว	เ	ร	ว	◌่	◌ู	◌ี	ถ	◌ั
น	ก	◌ั	ง	อ	◌้	ป	◌์	ห	ต	อ	◌้	อ	◌ื	ก
จ	ก	◌ี	ก	◌ี	◌ั	อ	◌ิ	◌ั	◌์	ง	ไ	ด	ง	◌ั
น	บ	ส	◌ิ	◌่	◌ี	ส	◌่	◌่	จ	ย	ไ	ว	เ	ไ
ห	ต	ว	อ	น	◌่	ก	ล	บ	◌ิ	น	◌์	ต	ว	จ
◌้	เ	ท	า	ง	เ	ล	◌ื	อ	ก	ต	◌่	◌ั	ล	ว
ร	ว	ม	ถ	◌ึ	ง	อ	เ	ส	ม	◌์	ม	◌์	า	◌้

รวมถึง
ทันใดนั้น
คู่ต่อสู้
เชส
บ่อน้ำ
ขัด
ทางเลือก
เครื่องยนต์
อัศวิน
ไอน้ำเดือด

ป้องกัน
ขนย้าย
คนอื่น
ได้เสมอ
ซับซ้อน
ถึงเวลา
สแควร์
สงสัย
สี่สิบ
กลุ่มหลัก

Puzzle 32

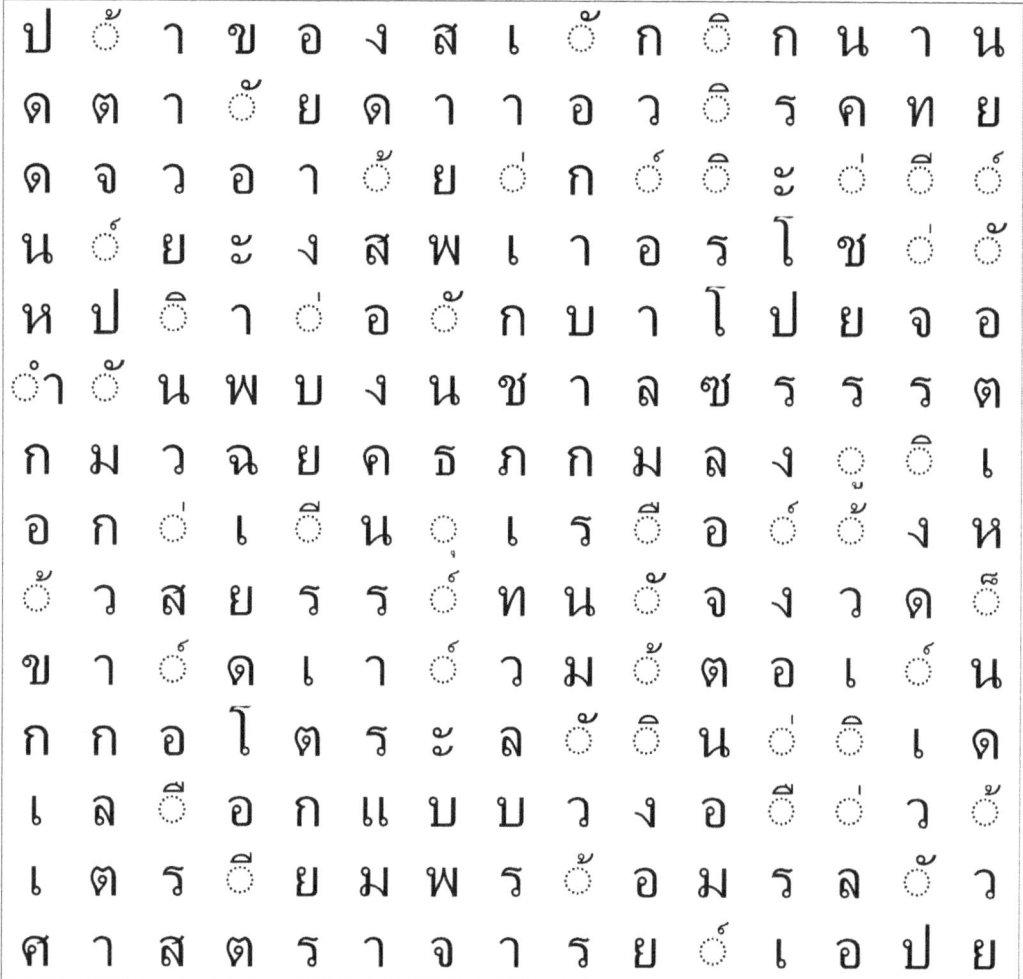

ป	◌้	า	ข	อ	ง	ส	เ	◌ั	ก	◌ิ	ก	น	า	น
ด	ต	า	◌ั	ย	ด	า	า	อ	ว	◌ิ	ร	ค	ท	ย
ด	จ	ว	อ	า	◌้	ย	◌่	ก	◌์	◌ิ	ะ	◌่	◌ี	◌์
น	◌์	ย	ะ	ง	ส	พ	เ	า	อ	ร	โ	ช	◌่	◌ั
ห	ป	◌ิ	า	◌่	อ	◌ั	ก	บ	า	โ	ป	ย	จ	อ
◌ำ	◌ั	น	พ	บ	ง	น	ช	า	ล	ซ	ร	ร	ร	ต
ก	ม	ว	ฉ	ย	ค	ธ	ภ	ก	ม	ล	ง	◌ู	◌ิ	เ
อ	ก	◌่	เ	◌ี	น	◌ุ	เ	ร	◌ื	อ	◌์	◌้	ง	ห
◌้	ว	ส	ย	ร	ร	◌์	ท	น	◌ั	จ	ง	ว	ด	◌็
ข	า	◌์	ด	เ	า	◌์	ว	ม	◌ั	ต	อ	เ	◌์	น
ก	ก	อ	โ	ต	ร	ะ	ล	◌ั	◌ิ	น	◌่	◌ิ	เ	ด
เ	ล	◌ี	อ	ก	แ	บ	บ	ว	ง	อ	◌ี	◌่	ว	◌้
เ	ต	ร	◌ี	ย	ม	พ	ร	◌้	อ	ม	ร	ล	◌ั	ว
ศ	า	ส	ต	ร	า	จ	า	ร	ย	◌์	เ	อ	ป	ย

เบลล์
หัวเราะ
เรือ
สองคน
เลือกแบบวง
เห็นด้วย
เรียบง่าย
ดวงจันทร์
เตรียมพร้อม
ป้าของ
ศาสตราจารย์
ที่จริง
สายพันธุ์
ส่วน
เรื่อง
กระโปรง
โอกาส
รู้
โดยเฉพาะ
ข้อกำหนด

Puzzle 33

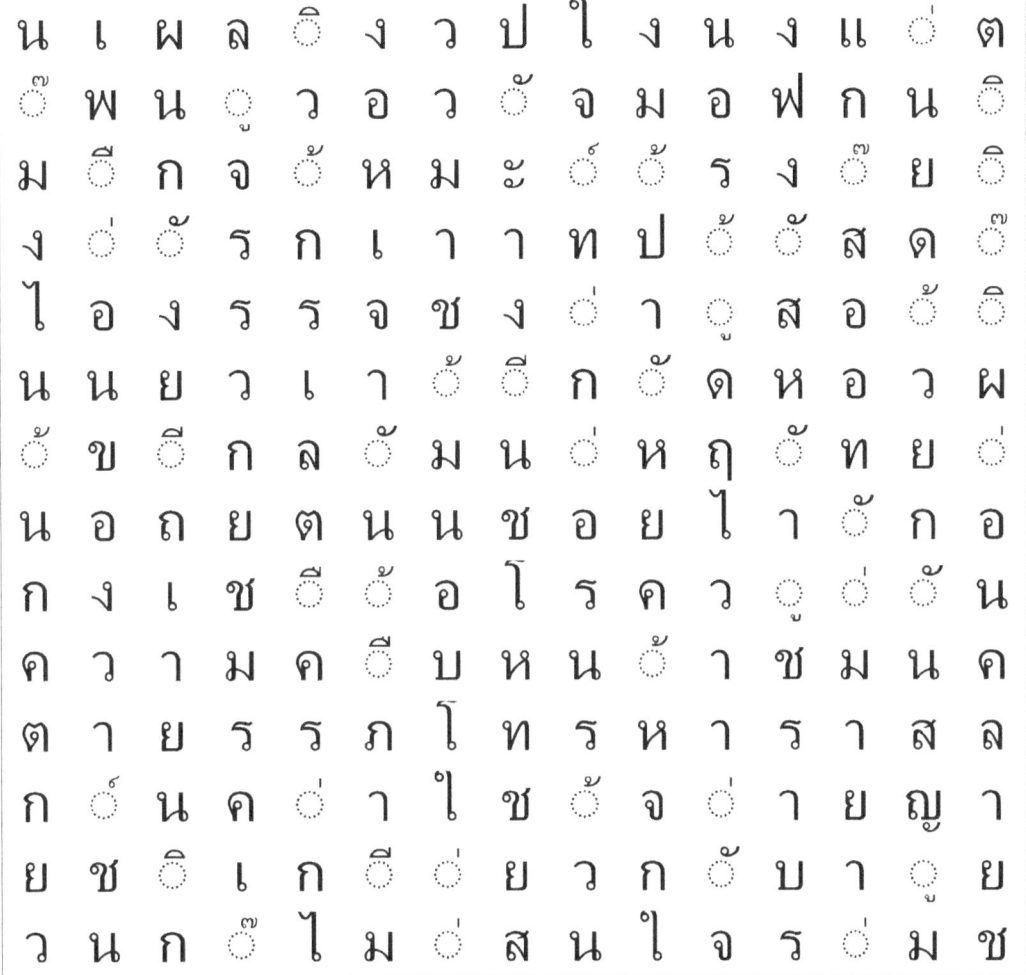

น	เ	ผ	ล	◌ิ	ง	ว	ป	ไ	ง	น	ง	แ	◌่	ต
◌๊	พ	น	◌ู	ว	อ	ว	◌ั	จ	ม	อ	ฟ	ก	น	◌ิ
ม	◌ี	ก	จ	◌้	ห	ม	ะ	◌์	◌้	ร	ง	◌๊	ย	◌ิ
ง	◌่	◌ั	ร	ก	เ	า	า	ท	ป	◌้	◌ั	ส	ด	◌๊
ไ	อ	ง	ร	ร	จ	ช	ง	◌่	า	◌ู	ส	อ	◌้	◌ิ
น	น	ย	ว	เ	า	◌้	◌ี	ก	◌ั	ด	ห	อ	ว	ผ
◌้	ข	◌ี	ก	ล	◌ั	ม	น	◌่	ห	ฤ	◌ั	ท	ย	◌่
น	อ	ถ	ย	ต	น	น	ช	อ	ย	ไ	า	◌ั	ก	อ
ก	ง	เ	ช	◌ื	◌้	อ	โ	ร	ค	ว	◌ู	◌่	◌ั	น
ค	ว	า	ม	ค	◌ื	บ	ห	น	◌้	า	ช	ม	น	ค
ต	า	ย	ร	ร	ภ	โ	ท	ร	ห	า	ร	า	ส	ล
ก	◌์	น	ค	◌่	า	ใ	ช	◌้	จ	◌่	า	ย	ญ	า
ย	ช	◌ิ	เ	ก	◌ี	◌่	ย	ว	ก	◌ั	บ	า	◌ู	ย
ว	น	ก	◌๊	ไ	ม	◌่	ส	น	ใ	จ	ร	◌่	ม	ช

ไม่สนใจ
เถียงกัน
แก๊ส
ภรรยา
เพื่อนของ
เกี่ยวกับ
เชื้อโรค
ตั้งท้อง
โทรหา
ออทั่ม
กินยา
ความคืบหน้า
ผ่อนคลาย
เจาะจง
ผู้เชี่ยวชาญ
ฤดูร้อน
ด้วยกัน
ลิง
สาร
ค่าใช้จ่าย

Puzzle 34

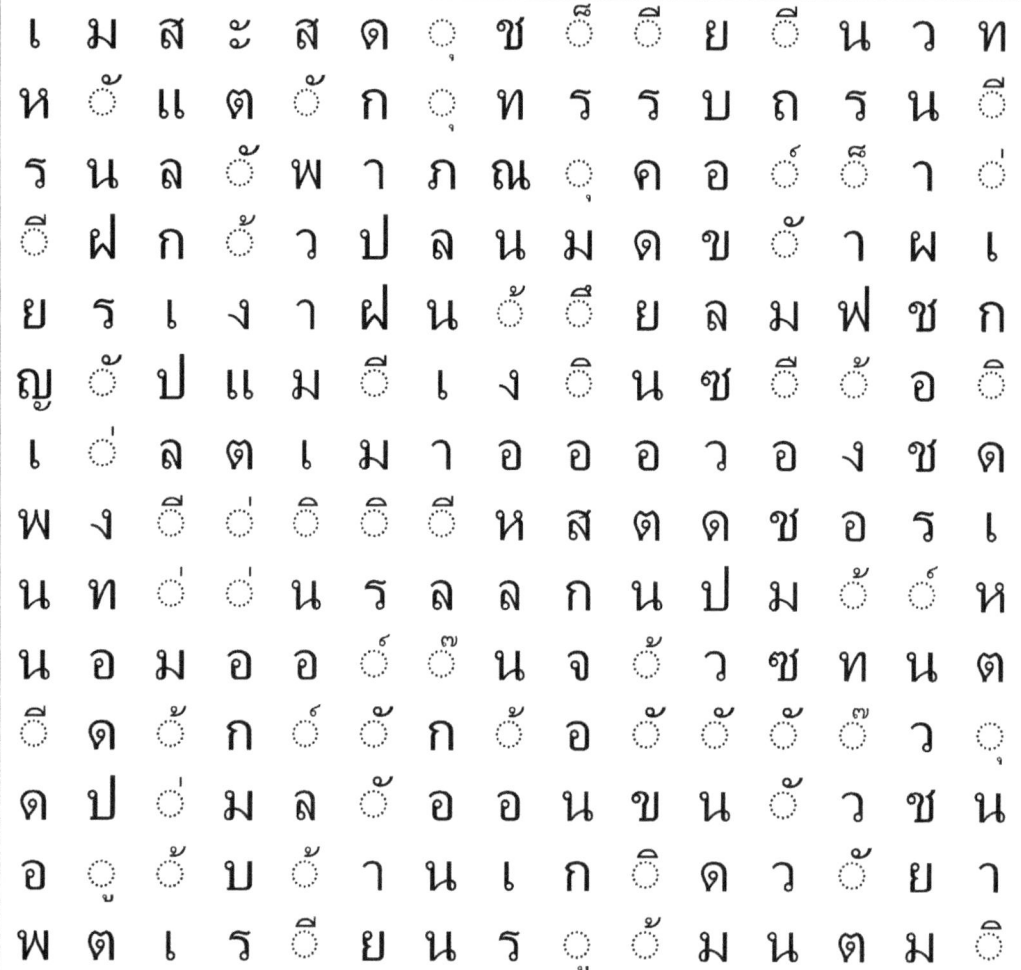

เ	ม	ส	ะ	ส	ด	◌ุ	ช	◌็	◌ี	ย	◌ี	น	ว	ท
ห	◌ั	แ	ต	◌ั	ก	◌ุ	ท	ร	ร	บ	ถ	ร	น	◌ี
ร	น	ล	◌ั	พ	า	ภ	ณ	◌ุ	ค	อ	◌์	◌็	า	◌่
◌ี	ฝ	ก	◌้	ว	ป	ล	น	ม	ด	ข	◌ั	า	ผ	เ
ย	ร	เ	ง	า	ฝ	น	◌้	◌ึ	ย	ล	ม	ฟ	ช	ก
ญ	◌ั	ป	แ	ม	◌ี	เ	ง	◌ิ	น	ซ	◌ื	◌้	อ	◌ิ
เ	◌่	ล	ต	เ	ม	า	อ	อ	อ	ว	อ	ง	ช	ด
พ	ง	◌ี	◌่	◌ิ	◌ิ	◌ี	ห	ส	ต	ด	ช	อ	ร	เ
น	ท	◌่	◌่	น	ร	ล	ล	ก	น	ป	ม	◌้	◌์	ห
น	อ	ม	อ	อ	◌์	◌๊	น	จ	◌้	ว	ซ	ท	น	ต
◌ี	ด	◌้	ก	◌์	◌ั	ก	◌้	อ	◌ั	◌ั	◌ั	◌๊	ว	◌ุ
ด	ป	◌่	ม	ล	◌ั	อ	อ	น	ข	น	◌ั	ว	ช	น
อ	◌ู	◌้	บ	◌้	า	น	เ	ก	◌ิ	ด	ว	◌ั	ย	า
พ	ต	เ	ร	◌ี	ย	น	ร	◌ู	◌้	ม	น	ต	ม	◌ิ

มันฝรั่งทอด
มีเงินซื้อ
ตั้งแต่
ที่เกิดเหตุ
เรียนรู้
แลกเปลี่
ขั้นตอน
รถบรรทุก
ท้องฟ้า
เหรียญเพนนี

เผา
คุณภาพ
ขอบ
ริมฝีปาก
ชุดสะสม
ดึง
บ้านเกิด
ต้ม
พอดี
ป้อน

Puzzle 35

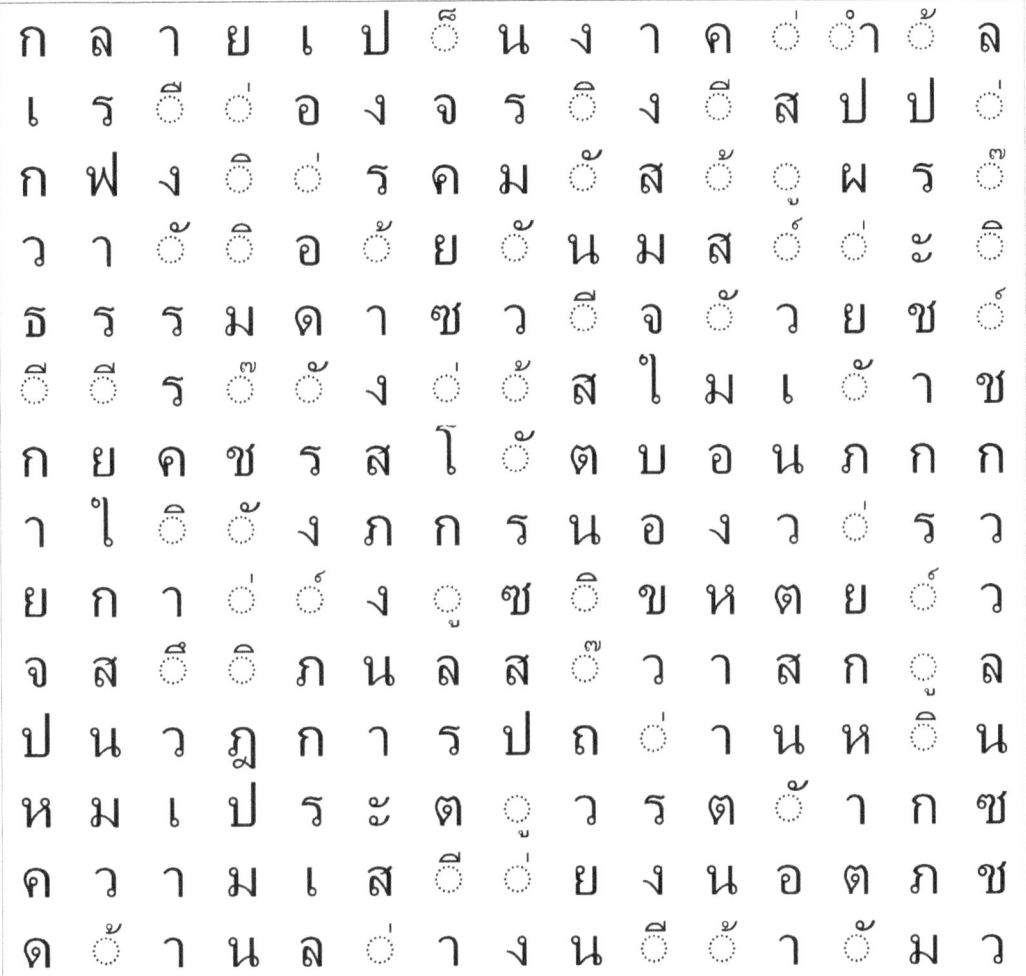

ก	ล	า	ย	เ	ป	◌็	น	ง	า	ค	◌่	◌ำ	◌้	ล
เ	ร	◌ี	◌่	อ	ง	จ	ร	◌ิ	ง	◌ี	ส	ป	ป	◌่
ก	ฟ	ง	◌ิ	◌่	ร	ค	ม	◌ั	ส	◌้	◌ู	ผ	ร	◌๊
ว	า	◌ั	◌ิ	อ	◌้	ย	◌ั	น	ม	ส	◌์	◌่	ะ	◌ิ
ธ	ร	ร	ม	ด	า	ซ	ว	◌ี	จ	◌ั	ว	ย	ช	◌์
◌ี	◌ี	ร	◌๊	◌ั	ง	◌่	◌้	ส	ไ	ม	เ	◌ั	า	ช
ก	ย	ค	ช	ร	ส	โ	◌ั	ต	บ	อ	น	ภ	ก	ก
า	ไ	◌ิ	◌ั	ง	ภ	ก	ร	น	อ	ง	ว	◌่	ร	ว
ย	ก	า	◌่	◌์	ง	◌ู	ซ	◌ิ	ข	ห	ต	ย	◌์	ว
จ	ส	◌ื	◌ิ	ภ	น	ล	ส	◌๊	ว	า	ส	ก	◌ู	ล
ป	น	ว	ฎ	ก	า	ร	ป	ถ	◌่	า	น	ห	◌ิ	น
ห	ม	เ	ป	ร	ะ	ต	◌ู	ว	ร	ต	◌ั	า	ก	ซ
ค	ว	า	ม	เ	ส	◌ี	◌่	ย	ง	น	อ	ต	ภ	ช
ด	◌้	า	น	ล	◌่	า	ง	น	◌ี	◌้	า	◌ั	ม	ว

ลูกสาว
รั้ว
อิสระ
ถ่านหิน
ประชากร
ผู้สมัคร
กลายเป็น
ความเสี่ยง
ขอบใจ
เรื่องจริง
ด้านล่างนี้
ปรากฎ
ประตู
ล้ำค่า
ยีราฟ
ลูกโซ่
หนึ่งส่วนสี่
มองหา
สวย
ธรรมดา

Puzzle 36

น	ม	น	ม	ด	ว	◌์	◌้	จ	า	ส	ซ	แ	ส	ส
◌่	ว	ม	ม	า	◌้	ง	ว	น	น	ว	ซ	ร	ช	ภ
า	◌็	◌ั	◌ั	ข	ว	า	น	ะ	ม	อ	ม	ง	เ	า
ร	ม	ก	ไ	ก	น	ย	น	ท	◌ิ	น	น	จ	ใ	พ
◌ั	า	ก	ต	◌ี	า	ร	ด	ข	ต	◌ี	◌้	◌ู	น	แ
ก	ร	า	◌์	ฉ	◌่	ส	ม	ก	◌้	า	อ	ง	ข	ว
ห	◌ั	ว	ข	◌้	อ	จ	ท	ป	ซ	า	◌ั	ใ	ณ	ด
ซ	◌ั	ต	◌่	บ	ร	◌ิ	◌ำ	ฏ	จ	น	ง	จ	ะ	ล
ฉ	ล	า	ด	ม	า	ก	ไ	◌ิ	◌ั	ร	ฟ	ม	ท	◌้
ก	า	ม	ก	◌ั	ก	น	ม	เ	ร	◌ิ	◌ิ	◌่	◌ี	อ
น	◌้	◌ำ	ห	น	◌ั	ก	ถ	ส	อ	น	ภ	ง	◌่	ม
ม	า	ภ	ก	◌ิ	อ	ต	◌ึ	ธ	จ	ร	ม	◌ี	ๆ	ต
◌็	ว	อ	ย	น	จ	อ	ง	ว	ม	◌่	◌ี	ส	ก	น
เ	ร	◌ี	◌่	อ	ง	ท	◌ั	◌่	ว	ไ	ป	ไ	ภ	ภ

ฉลาดมาก
มะนาว
น้ำหนัก
แรงจูงใจ
หัวข้อ
ด้านข้าง
สภาพแวดล้อม
สวอน
จริงๆ
สีม่วง
เรื่องทั่วไป
ทำไมถึง
น่ารัก
ตี้
ทดสอบ
การอ่าน
ปฏิเสธ
ในขณะที่
ยาง
ฉีกขาด

Puzzle 37

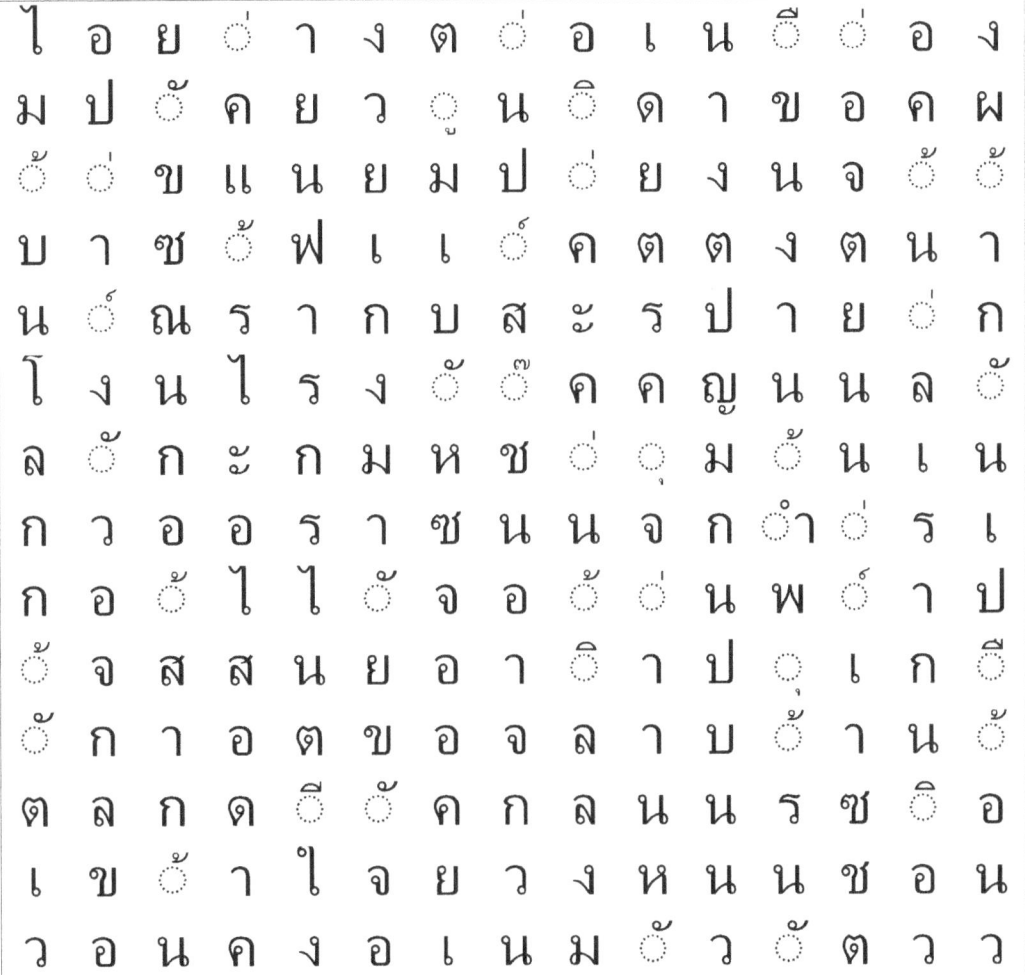

ไ	อ	ย	◌่	า	ง	ต	◌่	อ	เ	น	◌ี	◌่	อ	ง
ม	ป	◌ั	ค	ย	ว	◌ู	น	◌ิ	ด	า	ข	อ	ค	ผ
◌้	◌่	ข	แ	น	ย	ม	ป	◌่	ย	ง	น	จ	◌้	◌้
บ	า	ซ	◌้	ฟ	เ	เ	◌์	ค	ต	ต	ง	ต	น	า
น	◌์	ณ	ร	า	ก	บ	ส	ะ	ร	ป	า	ย	◌่	ก
โ	ง	น	ไ	ร	ง	◌ั	◌๊	ค	ค	ญ	น	น	ล	◌ั
ล	◌ั	ก	ะ	ก	ม	ห	ช	◌่	◌ุ	ม	◌้	น	เ	น
ก	ว	อ	อ	ร	า	ซ	น	น	จ	ก	◌ำ	◌่	ร	เ
ก	อ	◌้	ไ	ไ	◌ั	จ	อ	◌้	◌่	น	พ	◌์	า	ป
◌้	จ	ส	ส	น	ย	อ	า	◌ิ	า	ป	◌ุ	เ	ก	◌ี
◌ั	ก	า	อ	ต	ข	อ	จ	ล	า	บ	◌้	า	น	◌้
ต	ล	ก	ด	◌ี	◌ั	ค	ก	ล	น	น	ร	ซ	◌ิ	อ
เ	ข	◌้	า	ไ	จ	ย	ว	ง	ห	น	น	ช	อ	น
ว	อ	น	ค	ง	อ	เ	น	ม	◌ั	ว	◌ั	ต	ว	ว

น้ำพุ
ลิ้น
เวลา
ตัวมันเอง
แค่
ขาด
ค้น
งาน
บ้าน
กราฟ
บนโลก
เข้าใจ
ผ้ากันเปื้อน
ตลกดี
อะไร
ไปข้างหน้า
ขออนุญาต
ประสบการณ์
การเล่น
อย่างต่อเนื่อง

Puzzle 38

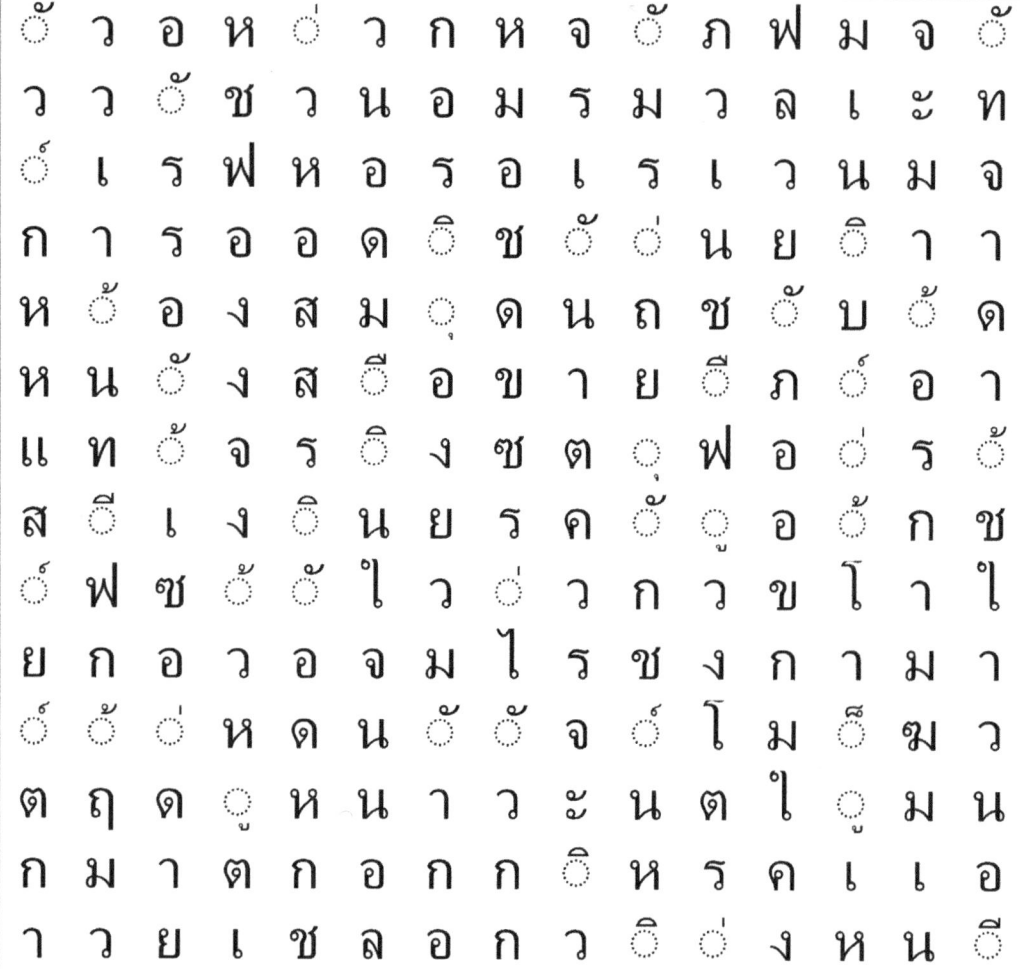

◌ั	ว	อ	ห	◌่	ว	ก	ห	จ	◌ั	ภ	ฟ	ม	จ	◌ั
ว	ว	◌ั	ช	ว	น	อ	ม	ร	ม	ว	ล	เ	ะ	ท
◌์	เ	ร	ฟ	ห	อ	ร	อ	เ	ร	เ	ว	น	ม	จ
ก	า	ร	อ	อ	ด	◌ิ	ช	◌ั	◌่	น	ย	◌ิ	า	า
ห	◌้	อ	ง	ส	ม	◌ุ	ด	น	ถ	ช	◌ั	บ	◌้	ด
ห	น	◌ั	ง	ส	◌ี	อ	ข	า	ย	◌ี	ภ	◌์	อ	า
แ	ท	◌้	จ	ร	◌ิ	ง	ซ	ต	◌ุ	ฟ	อ	◌่	ร	◌้
ส	◌ี	เ	ง	◌ิ	น	ย	ร	ค	◌ั	◌ู	อ	◌้	ก	ช
◌์	ฟ	ซ	◌้	◌ั	ไ	ว	◌่	ว	ก	ว	ข	โ	า	ไ
ย	ก	อ	ว	อ	จ	ม	ไ	ร	ช	ง	ก	า	ม	า
◌์	◌้	◌่	ห	ด	น	◌ั	◌ั	จ	◌์	โ	ม	◌็	ฆ	ว
ต	ฤ	ด	◌ู	ห	น	า	ว	ะ	น	ต	ไ	◌ู	ม	น
ก	ม	า	ต	ก	อ	ก	ก	◌ิ	ห	ร	ค	เ	เ	อ
า	ว	ย	เ	ช	ล	อ	ก	ว	◌ิ	◌่	ง	ห	น	◌ี

สีเงิน
กินโกโก้
ใช้
เรเวน
หนังสือขาย
ถือ
ห้องสมุด
ขออภัย
การออดิชั่น
เมฆมาก
บิน
ทะเล
ตรวจดู
ฟุต
แท้จริง
จะมา
ควรจะ
ฤดูหนาว
หมอ
วิ่งหนี

Puzzle 39

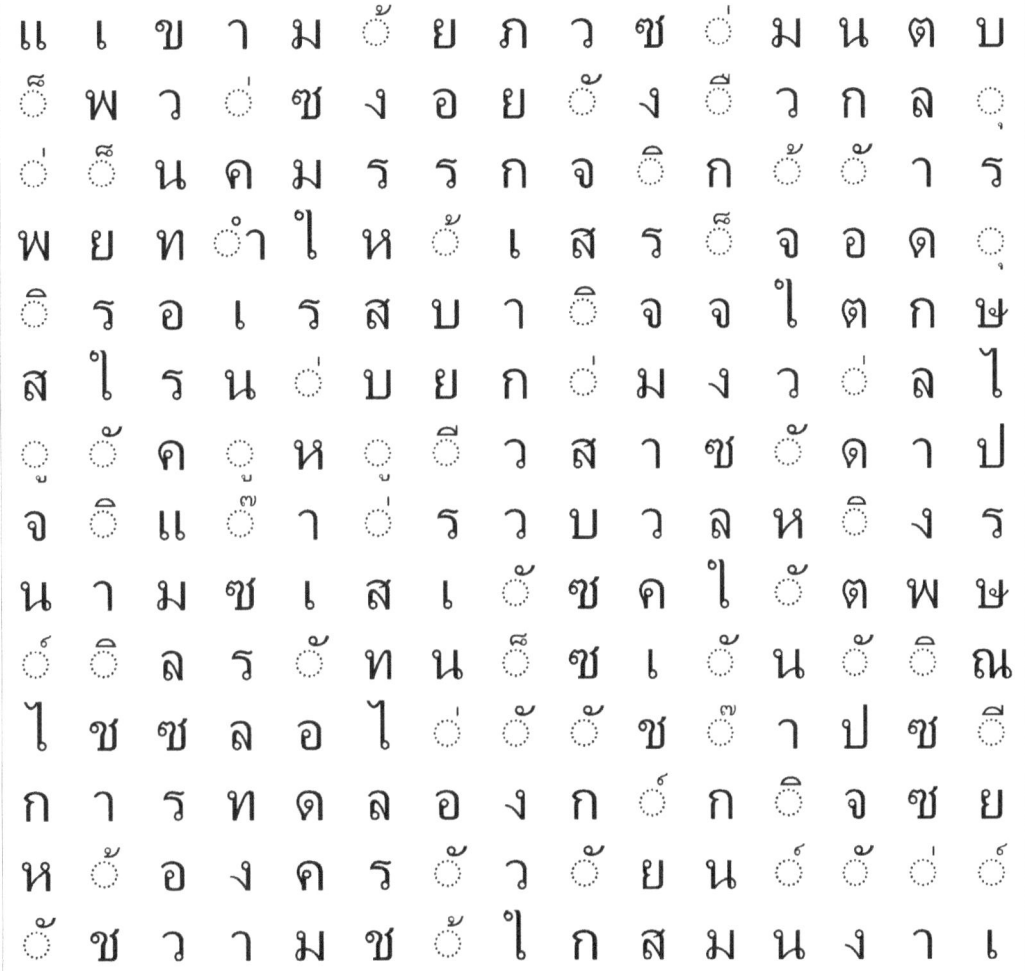

แ	เ	ข	า	ม	◌้	ย	ภ	ว	ซ	◌่	ม	น	ต	บ
◌็	พ	ว	◌่	ซ	ง	อ	ย	◌ั	ง	◌ื	ว	ก	ล	◌ุ
◌่	◌็	น	ค	ม	ร	ร	ก	จ	◌ิ	ก	◌้	◌ั	า	ร
พ	ย	ท	◌ำ	ไ	ห	◌้	เ	ส	ร	◌็	จ	อ	ด	◌ุ
◌ิ	ร	อ	เ	ร	ส	บ	า	◌ิ	จ	จ	ไ	ต	ก	ษ
ส	ไ	ร	น	◌่	บ	ย	ก	◌่	ม	ง	ว	◌่	ล	ไ
◌ู	◌ั	ค	◌ู	ห	◌ู	◌ี	ว	ส	า	ซ	◌ั	ด	า	ป
จ	◌ิ	แ	◌๊	า	◌่	ร	ว	บ	ว	ล	ห	◌ิ	ง	ร
น	า	ม	ซ	เ	ส	เ	◌ั	ซ	ค	ไ	◌ั	ต	พ	ษ
◌์	◌ิ	ล	ร	◌ั	ท	น	◌็	ซ	เ	◌ั	น	◌ั	◌ิ	ณ
ไ	ช	ซ	ล	อ	ไ	◌่	◌ั	◌ั	ช	◌๊	า	ป	ซ	◌ี
ก	า	ร	ท	ด	ล	อ	ง	ก	◌์	ก	◌ิ	จ	ซ	ย
ห	◌้	อ	ง	ค	ร	◌ั	ว	◌ั	ย	น	◌์	◌ั	◌่	◌์
◌ั	ช	ว	า	ม	ช	◌้	ไ	ก	ส	ม	น	ง	า	เ

สบู่
กิจกรรม
ติดต่อกัน
แครอท
เขา
แพน
บันได
ซื้อ
ค่า
ทำให้เสร็จ
พิสูจน์
เซ็นทรัล
ตลาดกลาง
พิซซ่า
เรียบร้อย
ความจริง
หัวใจ
การทดลอง
บุรุษไปรษณีย์
ห้องครัว

Puzzle 40

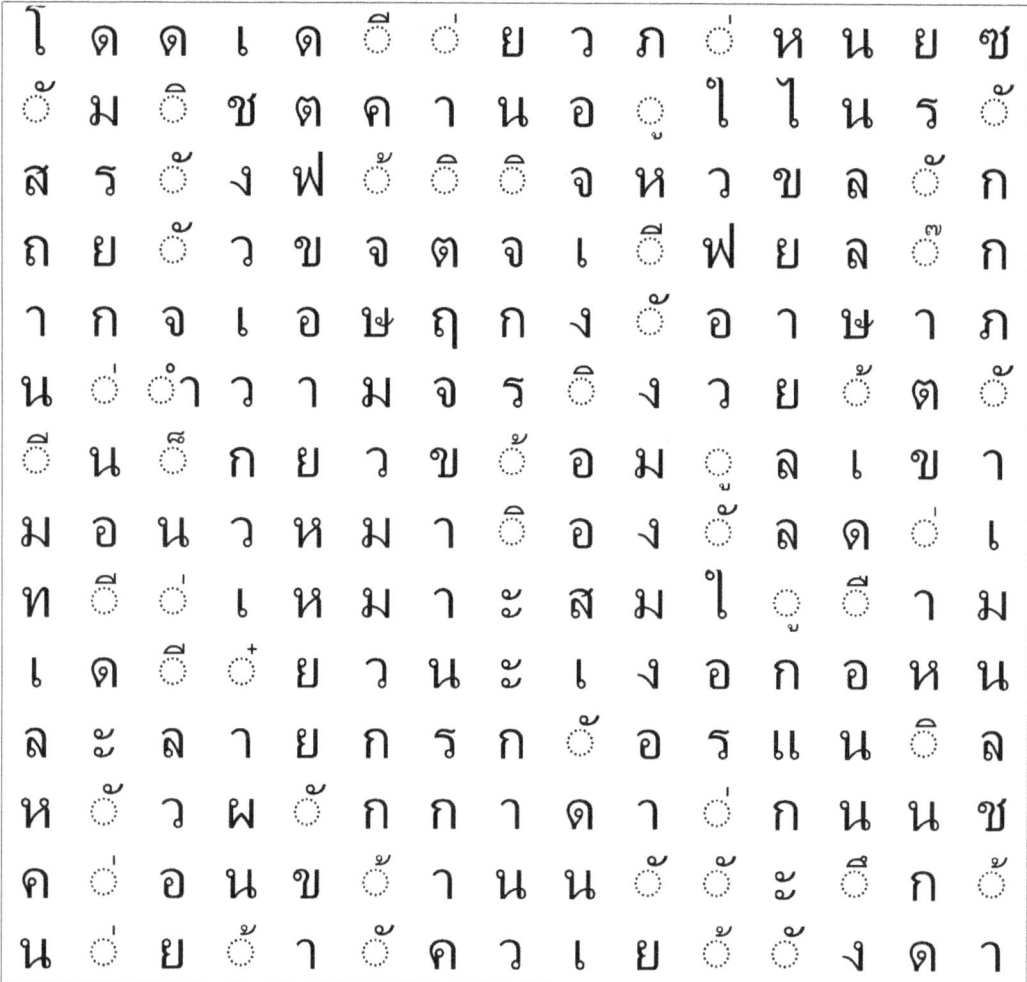

โ	ด	ด	เ	ด	◌ี	◌่	ย	ว	ภ	◌่	ห	น	ย	ซ
◌ั	ม	◌ิ	ช	ต	ค	า	น	อ	◌ู	ไ	ไ	น	ร	◌ั
ส	ร	◌ั	ง	ฟ	◌้	◌ิ	◌ิ	จ	ห	ว	ข	ล	◌ั	ก
ถ	ย	◌ั	ว	ข	จ	ต	จ	เ	◌ี	ฟ	ย	ล	◌๊	ก
า	ก	จ	เ	อ	ษ	ฤ	ก	ง	◌ั	อ	า	ษ	า	ภ
น	◌่	◌ำ	ว	า	ม	จ	ร	◌ิ	ง	ว	ย	◌้	ต	◌ั
◌ี	น	◌็	ก	ย	ว	ข	◌้	อ	ม	◌ู	ล	เ	ข	า
ม	อ	น	ว	ห	ม	า	◌ิ	อ	ง	◌ั	ล	ด	◌่	เ
ท	◌ี	◌่	เ	ห	ม	า	ะ	ส	ม	ไ	◌ู	◌ื	า	ม
เ	ด	◌ี	◌๋	ย	ว	น	ะ	เ	ง	อ	ก	อ	ห	น
ล	ะ	ล	า	ย	ก	ร	ก	◌ั	อ	ร	แ	น	◌ิ	ล
ห	◌ั	ว	ผ	◌ั	ก	ก	า	ด	า	◌่	ก	น	น	ช
ค	◌่	อ	น	ข	◌้	า	น	น	◌ั	◌ั	ะ	◌ึ	ก	◌้
น	◌่	ย	◌้	า	◌ั	ค	ว	เ	ย	◌้	◌ั	ง	ด	า

ภาษาอังกฤษ
อนาคต
ข้อมูล
เจอ
เดือนนึง
หัวผักกาด
หนัก
ที่เหมาะสม
เดี๋ยวนะ
ละลาย
ค่อนข้า
เข้า
ลูกแกะ
โด๊ดเดี่ยว
รัง
นำเข้า
สถานี
ขยาย
หมา
วามจริง

Puzzle 41

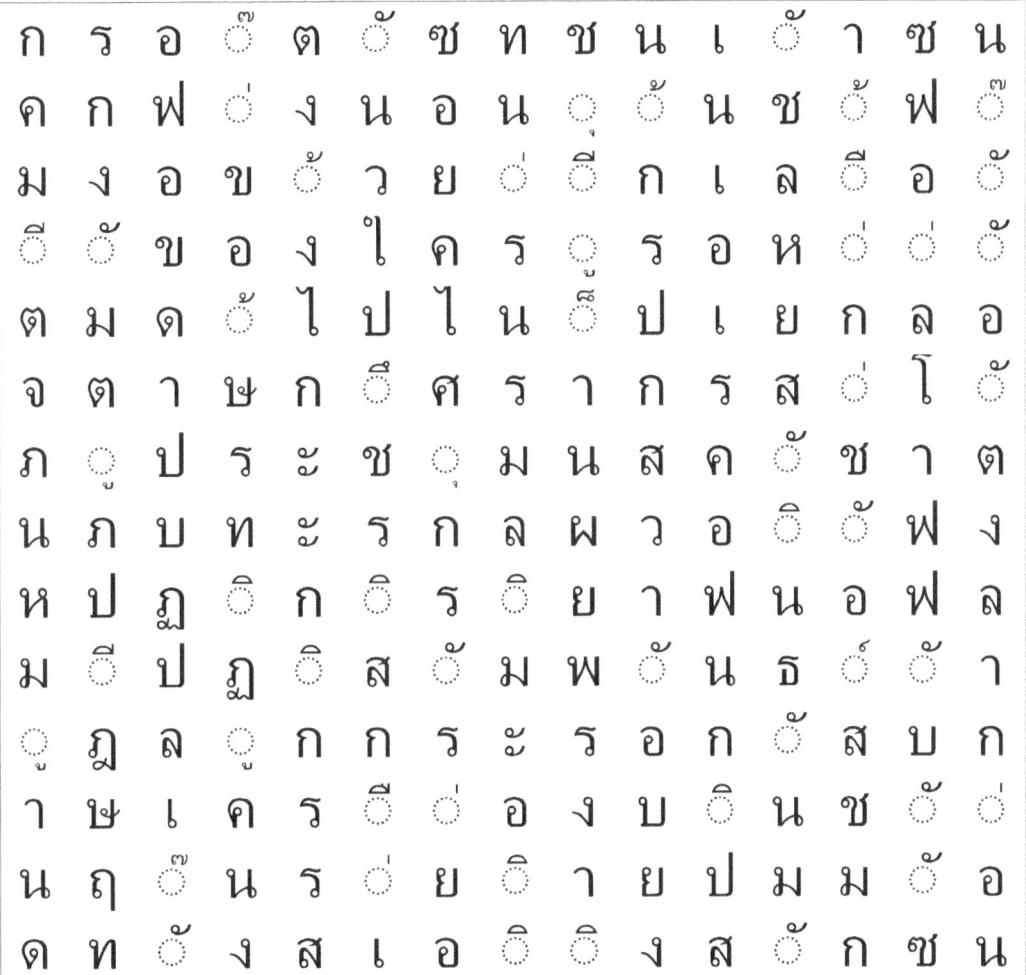

ก	ร	อ	◌๊	ต	◌ั	ซ	ท	ช	น	เ	◌ั	า	ซ	น
ค	ก	ฟ	◌่	ง	น	อ	น	◌ุ	◌้	น	ช	◌้	ฟ	◌๊
ม	ง	อ	ข	◌้	ว	ย	◌่	◌ี	ก	เ	ล	◌ี	อ	◌ั
◌ี	◌ั	ข	อ	ง	ใ	ค	ร	◌ู	ร	อ	ห	◌่	◌่	◌ั
ต	ม	ด	◌้	ไ	ป	ไ	น	◌็	ป	เ	ย	ก	ล	อ
จ	ต	า	ษ	ก	◌ึ	ศ	ร	า	ก	ร	ส	◌่	โ	◌ั
ภ	◌ู	ป	ร	ะ	ช	◌ุ	ม	น	ส	ค	◌ั	ช	า	ต
น	ภ	บ	ท	ะ	ร	ก	ล	ผ	ว	อ	◌ิ	◌ั	ฟ	ง
ห	ป	ฏ	◌ิ	ก	◌ิ	ร	◌ิ	ย	า	ฟ	น	อ	ฟ	ล
ม	◌ี	ป	ฏ	◌ิ	ส	◌ั	ม	พ	◌ั	น	ธ	◌์	◌ั	า
◌ู	ฎ	ล	◌ู	ก	ก	ร	ะ	ร	อ	ก	◌ั	ส	บ	ก
า	ษ	เ	ค	ร	◌ี	◌่	อ	ง	บ	◌ิ	น	ช	◌ั	◌่
น	ฤ	◌๊	น	ร	◌่	ย	◌ิ	า	ย	ป	ม	ม	◌ั	อ
ด	ท	◌ั	ง	ส	เ	อ	◌ิ	◌ิ	ง	ส	◌ั	ก	ซ	น

ผลกระทบ
ทุกอย่าง
บัฟฟาโล
การศึกษา
กระรอก
เชื่อ
มีปฏิสัมพันธ์
มังกร
เกี่ยวข้อง
ลาก่อน
ทฤษฎี
ปฏิกิริยา
จูบ
ของใคร
สกปรก
เครื่องบิน
ประชุม
เป็นไปได้
ลูก
นิสัย

Puzzle 42

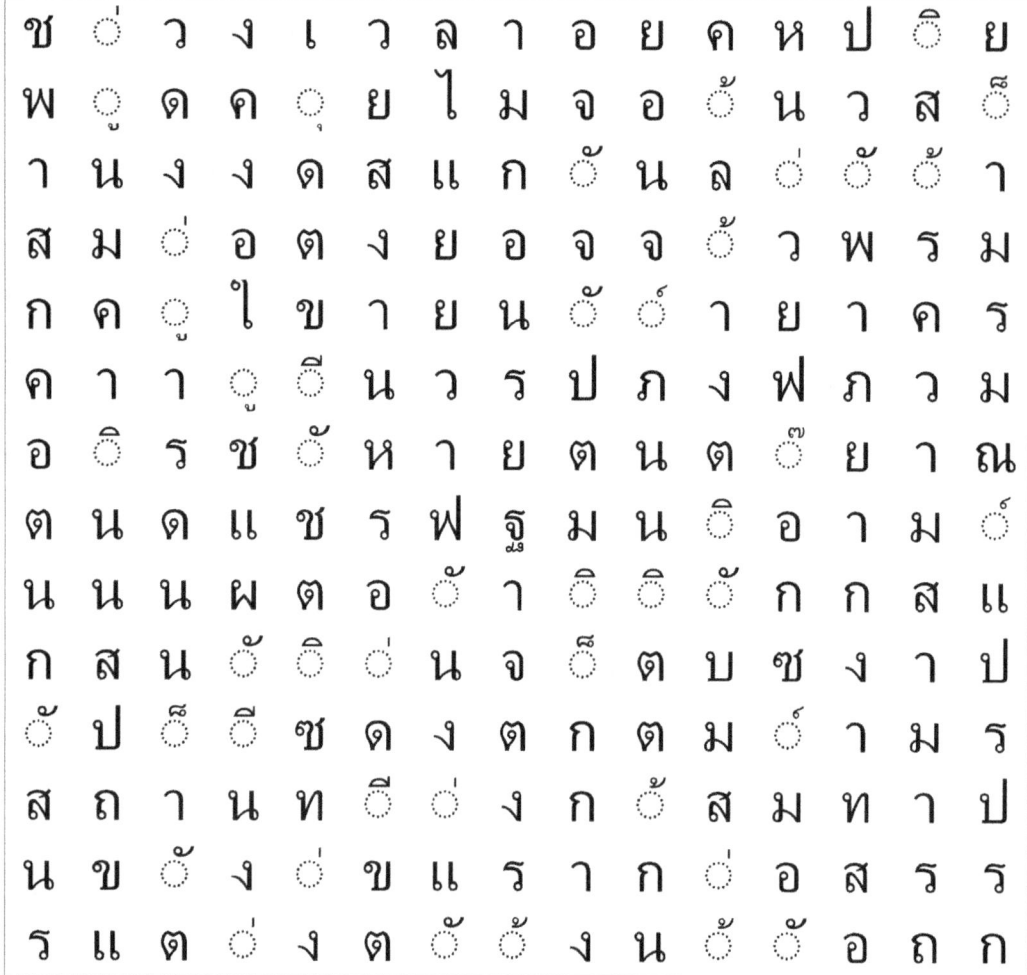

ช	◌่	ว	ง	เ	ว	ล	า	อ	ย	ค	ห	ป	◌ิ	ย
พ	◌ู	ด	ค	◌ุ	ย	ไ	ม	จ	อ	◌้	น	ว	ส	◌็
า	น	ง	ง	ด	ส	แ	ก	◌ั	น	ล	◌่	◌ั	◌้	า
ส	ม	◌่	อ	ต	ง	ย	อ	จ	จ	◌้	ว	พ	ร	ม
ก	ค	◌ู	ไ	ข	า	ย	น	◌ั	◌์	า	ย	า	ค	ร
ค	า	า	◌ู	◌ี	น	ว	ร	ป	ภ	ง	ฟ	ภ	ว	ม
อ	◌ิ	ร	ช	◌ั	ห	า	ย	ต	น	ต	◌๊	ย	า	ณ
ต	น	ด	แ	ช	ร	ฟ	ฐ	ม	น	◌ิ	อ	า	ม	◌์
น	น	น	ผ	ต	อ	◌ั	า	◌ิ	◌ิ	◌ั	ก	ก	ส	แ
ก	ส	น	◌ั	◌ิ	◌่	น	จ	◌็	ต	บ	ซ	ง	า	ป
◌ั	ป	◌็	◌ี	ซ	ด	ง	ต	ก	ต	ม	◌์	า	ม	ร
ส	ถ	า	น	ท	◌ี	◌่	ง	ก	◌้	ส	ม	ท	า	ป
น	ข	◌ั	ง	◌่	ข	แ	ร	า	ก	◌่	อ	ส	ร	ร
ร	แ	ต	◌่	ง	ต	◌ั	◌้	ง	น	◌้	◌ั	อ	ถ	ก

รมณ์แปรปร
คิดผิด
สถานที่
ล้าง
ช่วงเวลา
งานหรอ
การแข่งขัน
สมมติฐานของ
ความสามารถ
นักแสดง
รแต่งตั้ง
ปัจจั
ทางกายภาพ
สมบัติ
การแต่งงาน
หน่วยฟ๊อกซ์
พรม
รปภ
พูดคุย
สวน

Puzzle 43

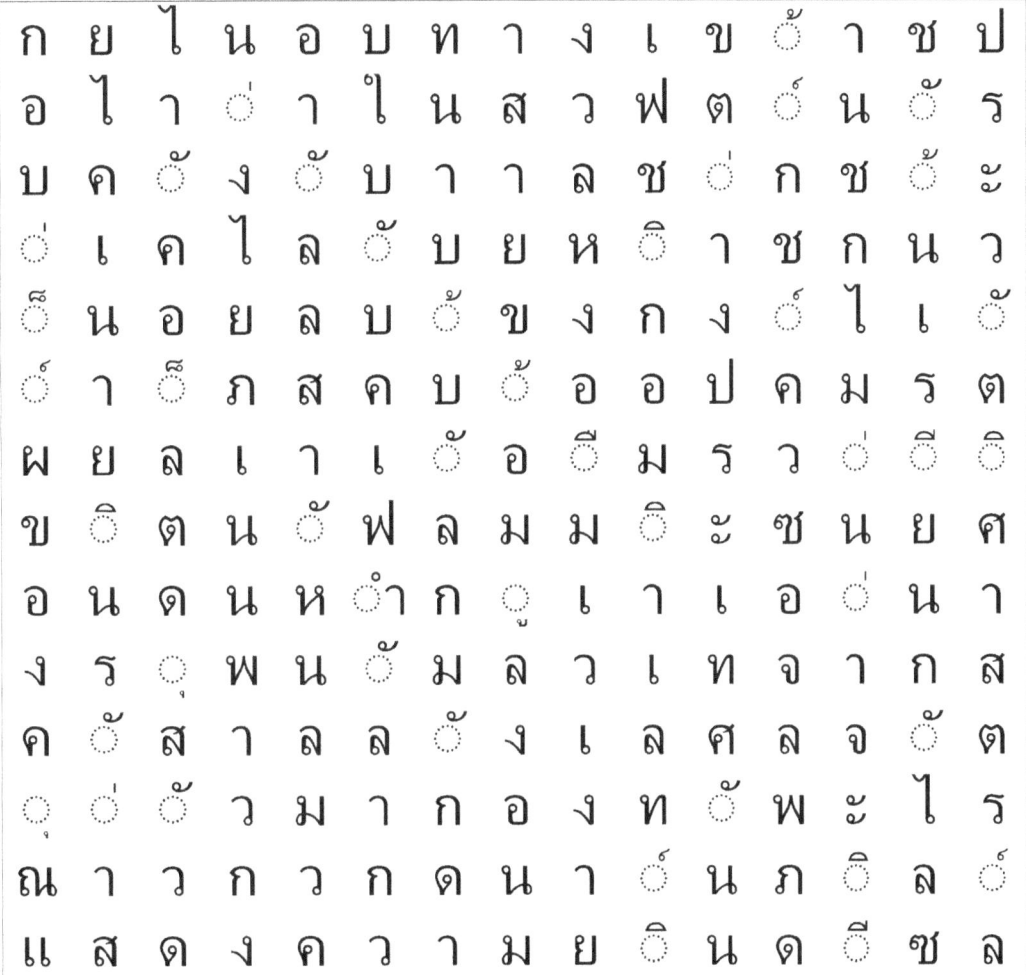

ก	ย	ไ	น	อ	บ	ท	า	ง	เ	ข	◌้	า	ช	ป
อ	ไ	า	◌่	า	ไ	น	ส	ว	ฟ	ต	◌์	น	◌ั	ร
บ	ค	◌ั	ง	◌ั	บ	า	า	ล	ช	◌่	ก	ช	◌้	ะ
◌่	เ	ค	ไ	ล	◌ั	บ	ย	ห	◌ิ	า	ช	ก	น	ว
◌็	น	อ	ย	ล	บ	◌้	ข	ง	ก	ง	◌์	ไ	เ	◌ั
◌์	า	◌็	ภ	ส	ค	บ	◌้	อ	อ	ป	ค	ม	ร	ต
ผ	ย	ล	เ	า	เ	◌ั	อ	◌ื	ม	ร	ว	◌่	◌ี	◌ิ
ข	◌ิ	ต	น	◌ั	ฟ	ล	ม	ม	◌ิ	ะ	ซ	น	ย	ศ
อ	น	ด	น	ห	◌ำ	ก	◌ู	เ	า	เ	อ	◌่	น	า
ง	ร	◌ุ	พ	น	◌ั	ม	ล	ว	เ	ท	จ	า	ก	ส
ค	◌ั	ส	า	ล	ล	◌ั	ง	เ	ล	ศ	ล	จ	◌ั	ต
◌ุ	◌่	◌ั	ว	ม	า	ก	อ	ง	ท	◌ั	พ	ะ	ไ	ร
ณ	า	ว	ก	ว	ก	ด	น	า	◌์	น	ภ	◌ิ	ล	◌์
แ	ส	ด	ง	ค	ว	า	ม	ย	◌ิ	น	ด	◌ี	ซ	ล

บางคน
แสดงความยินดี
ผิดพลาด
ไม่น่าจะ
สายข้อมูล
ยางลบ
เมืองหลวง
ทางเข้า
ล็อค
ประวัติศาสตร์
ต่างประเทศ
กองทัพ
กลับบ้าน
ลังเล
กำหนด
วัสดุ
ยาน
ชั้นเรียน
บังคับ
ของคุณ

Puzzle 44

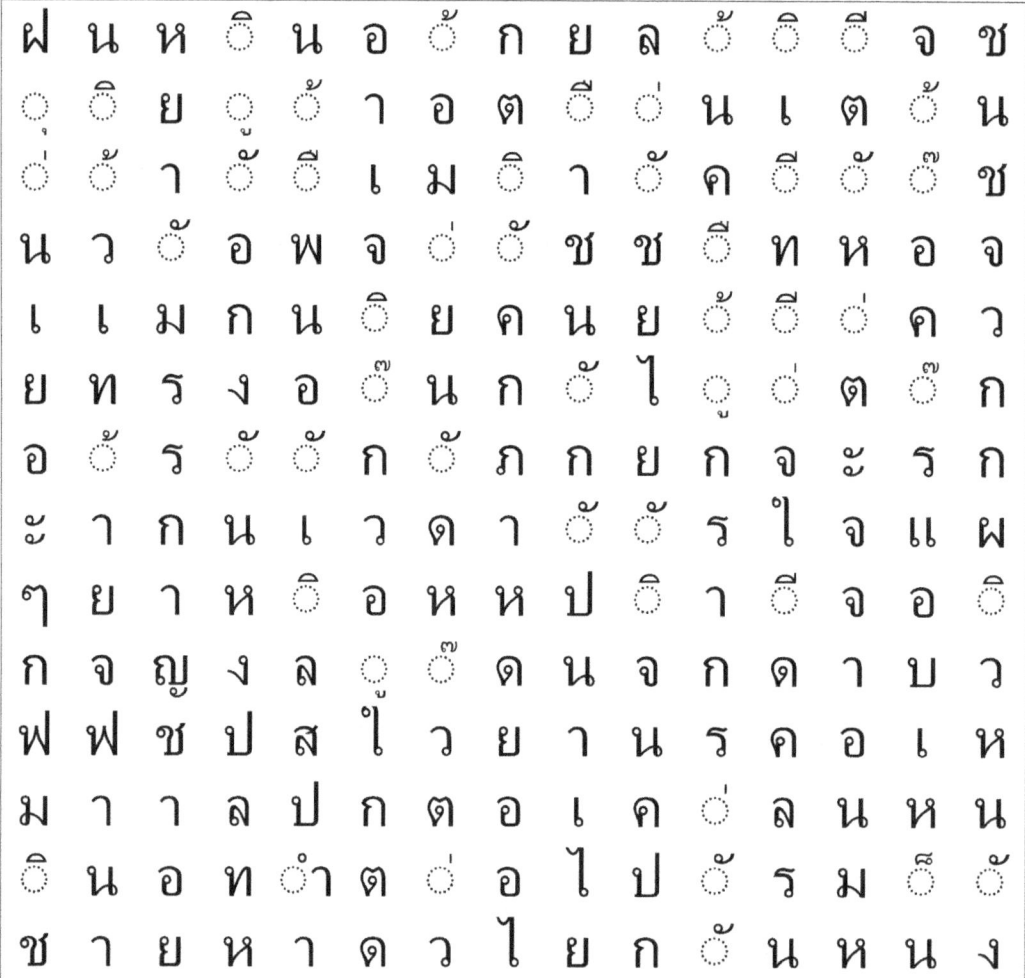

ฝ	น	ห	◌ิ	น	อ	◌้	ก	ย	ล	◌้	◌ิ	◌ี	จ	ช
◌ุ	◌ิ	ย	◌ู	◌้	า	อ	ต	◌ี	◌่	น	เ	ต	◌้	น
◌่	◌้	า	◌ั	◌ี	เ	ม	◌ิ	า	◌ั	ค	◌ี	◌ั	◌๊	ช
น	ว	◌ั	อ	พ	จ	◌่	◌ั	ช	ช	◌ี	ท	ห	อ	จ
เ	เ	ม	ก	น	◌ิ	ย	ค	น	ย	◌้	◌ี	◌่	ค	ว
ย	ท	ร	ง	อ	◌๊	น	ก	◌ั	ไ	◌ู	◌่	ต	◌๊	ก
อ	◌้	ร	◌ั	◌ั	ก	◌ั	ภ	ก	ย	ก	จ	ะ	ร	ก
ะ	า	ก	น	เ	ว	ด	า	◌ั	◌ั	ร	ใ	จ	แ	ผ
ๆ	ย	า	ห	◌ิ	อ	ห	ห	ป	◌ิ	า	◌ี	จ	อ	◌ิ
ก	จ	ญ	ง	ล	◌ู	◌๊	ด	น	จ	ก	ด	า	บ	ว
ฝ	ฝ	ช	ป	ส	ใ	ว	ย	า	น	ร	ค	อ	เ	ห
ม	า	า	ล	ป	ก	ต	อ	เ	ค	◌่	ล	น	ห	น
◌ิ	น	อ	ท	◌ำ	ต	◌่	อ	ไ	ป	◌ั	ร	ม	◌็	◌ั
ช	า	ย	ห	า	ด	ว	ไ	ย	ก	◌ั	น	ห	น	ง

ปลอดภัย
ก้อนหิน
แอบเห็น
อาจจะ
จาน
คาดหวัง
กระจก
ตกปลา
ผิวหนัง
ดีใจที่
ชายหาด
ฝุ่นเยอะๆ
นิ้วเท้า
การกู้คืน
อาชญากรรม
ตื่นเต้น
จิ๊ก
งหนัง
พื้น
ทำต่อไป

Puzzle 45

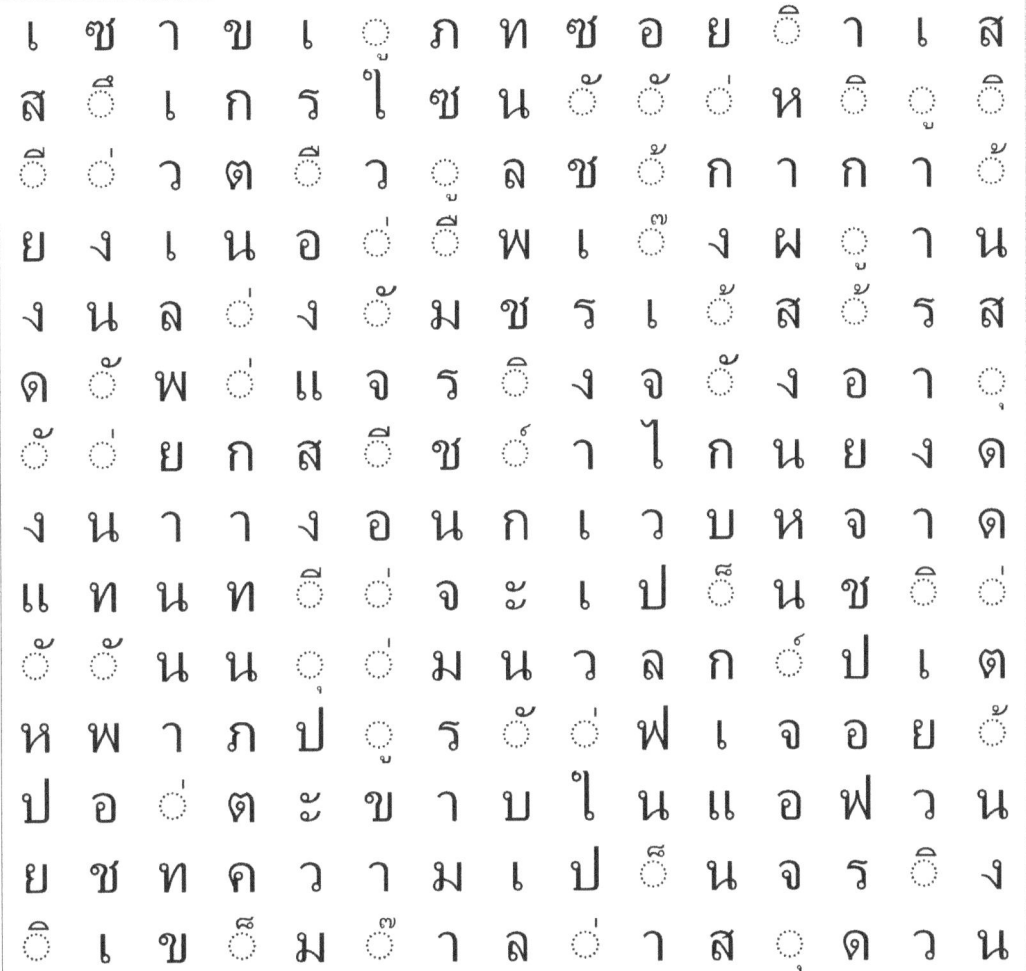

เ	ซ	า	ข	เ	◌ู	ภ	ท	ซ	อ	ย	◌ิ	า	เ	ส
ส	◌ึ	เ	ก	ร	ไ	ซ	น	◌ั	◌ั	◌่	ห	◌ิ	◌ู	◌ิ
◌ี	◌่	ว	ต	◌ี	ว	◌ู	ล	ช	◌้	ก	า	ก	า	◌้
ย	ง	เ	น	อ	◌่	◌ื	พ	เ	◌๊	ง	ผ	◌ู	า	น
ง	น	ล	◌่	ง	◌ั	ม	ช	ร	เ	◌้	ส	◌้	ร	ส
ด	◌ั	พ	◌่	แ	จ	ร	◌ิ	ง	จ	◌ั	ง	อ	า	◌ุ
◌ั	◌่	ย	ก	ส	◌ี	ช	◌์	า	ไ	ก	น	ย	ง	ด
ง	น	า	า	ง	อ	น	ก	เ	ว	บ	ห	จ	า	ด
แ	ท	น	ท	◌ี	◌่	จ	ะ	เ	ป	◌็	น	ช	◌ิ	◌่
◌ั	◌ั	น	น	◌ุ	◌่	ม	น	ว	ล	ก	◌์	ป	เ	ต
ห	พ	า	ภ	ป	◌ู	ร	◌ั	◌่	ฟ	เ	จ	อ	ย	◌้
ป	อ	◌่	ต	ะ	ข	า	บ	ไ	น	แ	อ	ฟ	ว	น
ย	ช	ท	ค	ว	า	ม	เ	ป	◌็	น	จ	ร	◌ิ	ง
◌ิ	เ	ข	◌็	ม	◌๊	า	ล	◌่	า	ส	◌ุ	ด	ว	น

เรืองแสง
เพื่อน
นุ่มนวล
ซักผ้า
รูปภาพ
ทั้งสอง
สิ้นสุด
จริงจัง
ล่าสุด
ชีส
ความเป็นจริง
ท่านนายพล
ภูเขา
เข็ม
เก็บ
ซึ่งนั่น
ปิด
แทนที่จะเป็น
ตะขาบในแอฟ
เสียงดัง

Puzzle 46

ถ	◌้	จ	ล	◌ั	ก	ง	ล	◌้	◌์	ม	น	พ	ก	บ
◌ุ	น	ร	ง	◌์	ว	ม	ม	◌๊	ด	ว	อ	อ	า	◌ั
ง	า	น	◌็	ว	อ	◌่	◌ู	โ	ห	◌์	น	ไ	ร	ญ
เ	ง	า	ต	◌่	น	ง	อ	◌่	ว	เ	ห	จ	ล	ช
ท	ย	◌ั	ท	อ	ค	เ	ข	ช	◌ิ	◌่	ล	ว	ง	◌ี
◌้	า	ะ	◌่	อ	◌ำ	ร	◌้	ด	ย	า	◌ั	ด	ท	ผ
า	ร	◌ื	ห	ะ	ส	◌็	า	ฟ	ซ	โ	บ	ช	◌ุ	◌ู
ก	ล	◌ิ	ม	ร	า	ว	◌้	แ	ป	◌้	ง	ย	น	◌้
เ	◌็	น	า	า	ร	เ	ข	า	◌้	◌่	ม	ซ	ส	ไ
◌่	อ	จ	ป	จ	ภ	ข	เ	ภ	า	ร	ก	◌ิ	จ	ช
ป	◌ิ	◌ั	◌่	จ	า	◌้	◌ำ	ร	น	อ	ร	ก	◌้	◌้
ร	ก	◌ั	า	◌ุ	พ	า	น	ค	ว	า	ม	ค	◌ิ	ด
เ	ร	◌ื	◌่	อ	ง	พ	◌ื	◌้	น	บ	◌้	า	น	◌ั
า	◌ั	◌่	อ	ส	◌ั	ง	เ	ก	ต	เ	ห	◌็	น	ค

คำสารภาพ
นำเข้าข้อมูล
หมาป่า
กระท่อม
ภารกิจ
ความคิด
เรื่องพื้นบ้าน
ชั่วโมง
อุจจาระ
ถุงเท้า
เร็วเข้า
แป้ง
บัญชีผู้ใช้
โซฟา
นอนหลับ
สังเกตเห็น
พอใจ
การลงทุน
รายงาน
เลื่อน

Puzzle 47

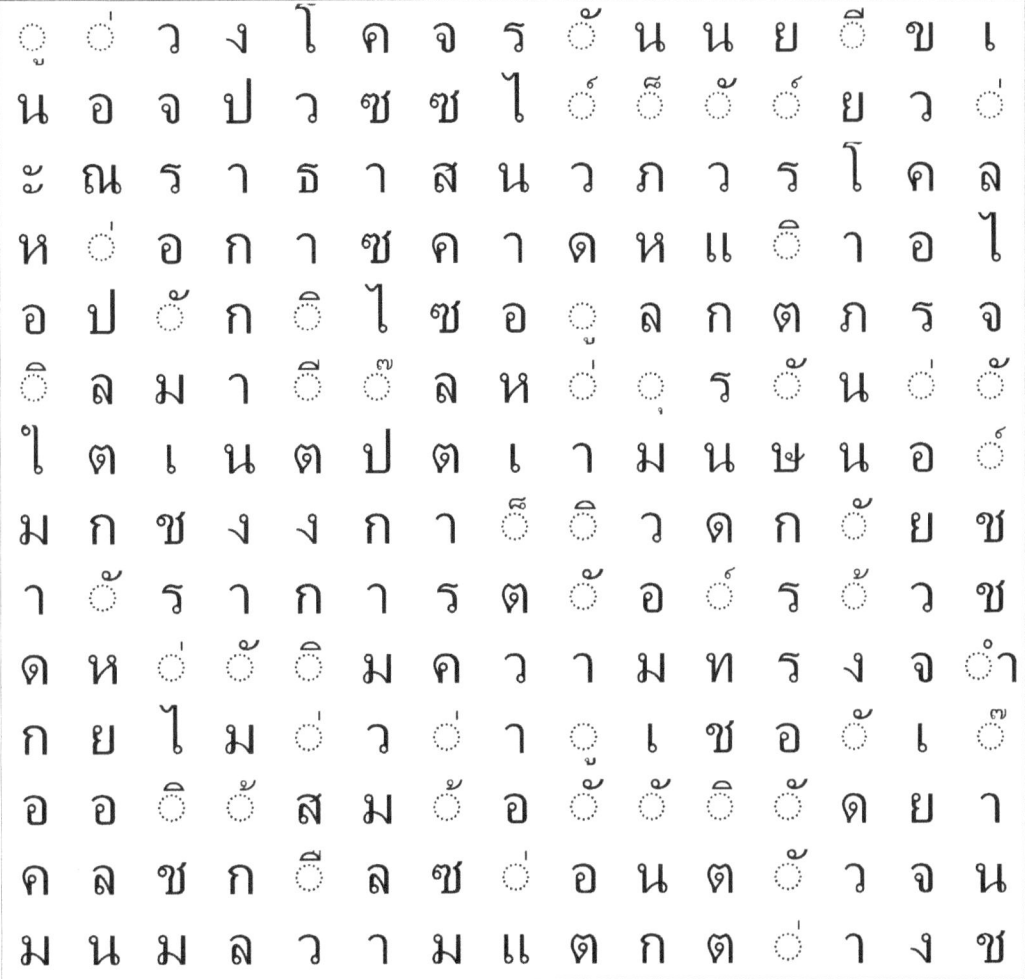

◌ู	◌่	ว	ง	โ	ค	จ	ร	◌ั	น	น	ย	◌ี	ข	เ
น	อ	จ	ป	ว	ซ	ซ	ไ	◌์	◌็	◌ั	◌์	ย	ว	◌่
ะ	ณ	ร	า	ธ	า	ส	น	ว	ภ	ว	ร	โ	ค	ล
ห	◌่	อ	ก	า	ซ	ค	า	ด	ห	แ	◌ิ	า	อ	ไ
อ	ป	◌ั	ก	◌ิ	ไ	ซ	อ	◌ู	ล	ก	ต	ภ	ร	จ
◌ิ	ล	ม	า	◌ี	◌๊	ล	ห	◌่	◌ุ	ร	◌ั	น	◌่	◌ั
ไ	ต	เ	น	ต	ป	ต	เ	า	ม	น	ษ	น	อ	◌์
ม	ก	ช	ง	ง	ก	า	◌็	◌ิ	ว	ด	ก	◌ั	ย	ช
า	◌ั	ร	า	ก	า	ร	ต	◌ั	อ	◌์	ร	◌้	ว	ช
ด	ห	◌่	◌ั	◌ิ	ม	ค	ว	า	ม	ท	ร	ง	จ	◌ำ
ก	ย	ไ	ม	◌่	ว	◌่	า	◌ู	เ	ช	อ	◌ั	เ	◌๊
อ	อ	◌ิ	◌้	ส	ม	◌้	อ	◌ั	◌ั	◌ิ	◌ั	ด	ย	า
ค	ล	ช	ก	◌ี	ล	ซ	◌่	อ	น	ต	◌ั	ว	จ	น
ม	น	ม	ล	ว	า	ม	แ	ต	ก	ต	◌่	า	ง	ช

ไม่ว่า
วงโคจร
ปากกา
ซ่อนตัว
ดังนั้น
ดัชนี
อย่างปลอดภัย
โคล
ความทรงจำ
อร่อย
กษัตริย์
วามแตกต่าง
หลุม
แกรนด์
วนสาธารณะ
ลอย
ลืม
อัตราการ
เขียน
ห่อ

Puzzle 48

น	ไ	ร	จ	ะ	บ	ร	ร	จ	◌ุ	ค	◌ั	ภ	◌็	◌์
ช	◌็	ก	จ	ป	ว	ซ	อ	ม	ส	ม	ห	เ	ภ	ม
◌ั	ไ	ค	ก	ข	◌้	า	ม	แ	ม	ง	ม	◌ุ	ม	◌ิ
ต	เ	ไ	ม	◌่	ด	◌ี	อ	◌ั	ม	ฝ	ช	ม	ต	เ
น	บ	น	ย	โ	ม	า	า	เ	◌ุ	โ	ฟ	ก	◌ั	ส
ส	อ	ด	ค	น	ไ	า	ล	◌่	ป	เ	ง	า	◌่	ว
บ	ต	◌ิ	น	ไ	◌้	า	น	ก	เ	ว	า	แ	ม	◌ั
อ	◌้	บ	ป	ช	ท	ห	ช	จ	◌๊	ก	◌่	ร	แ	◌่
ต	ต	เ	เ	า	น	ซ	◌ั	ไ	ช	ช	ห	ง	ก	น
ร	โ	ะ	ร	◌ู	ป	ล	◌ั	ก	ษ	ณ	◌์	ง	ร	ล
า	ร	ร	ภ	ย	ก	◌่	อ	ล	ภ	◌ั	◌ู	า	ะ	◌์
ก	า	น	◌์	ไ	ก	ม	ต	ป	ล	◌่	น	น	ด	จ
จ	ก	◌ั	ร	ว	ว	น	ไ	แ	ย	◌ู	ว	น	า	ว
ค	◌ำ	เ	ต	◌ี	อ	น	ว	ก	ค	จ	เ	น	น	◌ั

ไม่ดี
ห่าง
ระเบิด
เนคไท
การโต้ตอบ
แม่
ว่างเปล่า
โยน
จะบรรจุ
คำเตือน

โฟกัส
ข้าม
ฝุ่น
การตอบสน
แปลกใจ
กระดาน
รูปลักษณ์
แมงมุม
แรงงาน
กระเช้า

Puzzle 49

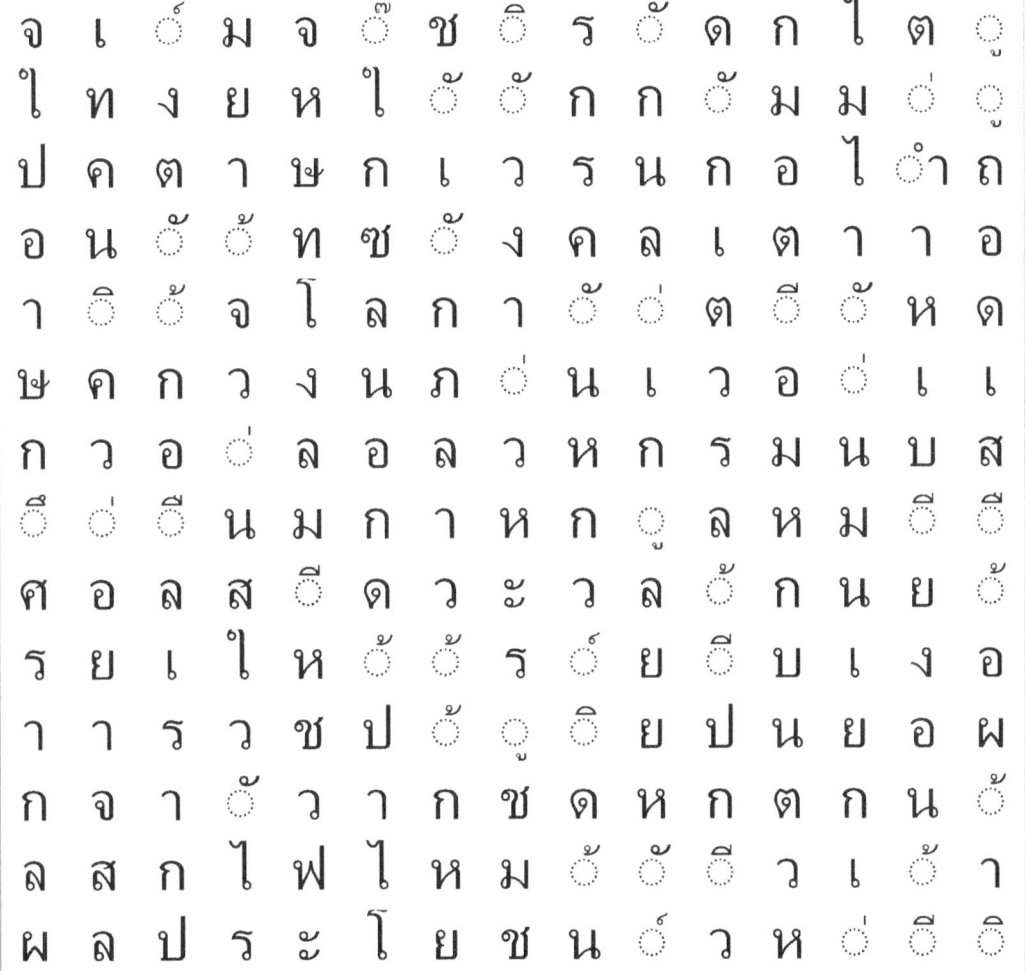

จ	เ	◌์	ม	จ	◌๊	ช	◌ิ	ร	◌ั	ด	ก	ไ	ต	◌ู
ไ	ท	ง	ย	ห	ไ	◌ั	◌ั	ก	ก	◌ั	ม	ม	◌่	◌ู
ป	ค	ต	า	ษ	ก	เ	ว	ร	น	ก	อ	ไ	◌ำ	ถ
อ	น	◌ั	◌้	ท	ซ	◌ั	ง	ค	ล	เ	ต	า	า	อ
า	◌ิ	◌้	จ	โ	ล	ก	า	◌ั	◌่	ต	◌ี	◌ั	ห	ด
ษ	ค	ก	ว	ง	น	ภ	◌่	น	เ	ว	อ	◌่	เ	เ
ก	ว	อ	◌่	ล	อ	ล	ว	ห	ก	ร	ม	น	บ	ส
◌ื	◌่	◌ี	น	ม	ก	า	ห	ก	◌ู	ล	ห	ม	◌ี	◌ี
ศ	อ	ล	ส	◌ี	ด	ว	ะ	ว	ล	◌้	ก	น	ย	◌้
ร	ย	เ	ไ	ห	◌้	◌้	ร	◌์	ย	◌ี	บ	เ	ง	อ
า	า	ร	ว	ช	ป	◌้	◌ู	◌ิ	ย	ป	น	ย	อ	ผ
ก	จ	า	◌ั	ว	า	ก	ช	ด	ห	ก	ต	ก	น	◌้
ล	ส	ก	ไ	ฟ	ไ	ห	ม	◌้	◌ั	◌ี	ว	เ	◌้	า
ผ	ล	ป	ร	ะ	โ	ย	ช	น	◌์	ว	ห	◌่	◌ี	◌ิ

ลูกเล่น
ไฟไหม้
การเลือกตั้ง
เตา
โลก
ผลประโยชน์
ให้
กรง
กัด
กัน
เบียร์
ถอดเสื้อผ้า
ระหว่าง
ดิ์
ต่ำ
เทคนิค
ผลการศึกษา
เบียง
ลงโทษ
เสมอภาคนัก

Puzzle 50

อ	ส	◌ี	ง	◌ั	น	ห	า	◌่	◌ิ	า	จ	เ	อ	เ
แ	ถ	◌ู	ค	ว	า	ม	ท	◌ุ	ก	ข	◌์	ย	า	ก
ฮ	ค	◌ู	บ	ส	◌ิ	บ	เ	อ	◌็	ด	โ	ม	ง	น
ม	อ	น	ก	บ	ย	◌ั	ง	ไ	ง	า	◌้	ช	◌้	◌้
เ	ม	ช	ว	ต	◌ุ	ก	◌ั	◌่	◌ี	น	◌้	◌ั	ช	ไ
บ	พ	ภ	◌ั	ย	◌้	ห	◌่	ว	ง	ย	ข	อ	ต	ช
อ	◌ิ	◌่	ร	น	ร	อ	ร	อ	ฟ	จ	ด	ไ	◌๊	◌้
ร	ว	อ	ว	น	ป	ช	ง	◌ี	ป	ส	◌่	ป	◌ั	เ
◌์	เ	◌์	อ	อ	ร	น	า	ก	◌่	ง	◌้	◌ิ	ก	ว
เ	ต	◌๊	น	◌ิ	ะ	ร	ส	อ	◌ิ	น	◌็	ป	เ	ล
ก	อ	จ	จ	ร	จ	ว	น	ห	ป	ช	น	เ	น	า
อ	ร	ต	า	ห	◌ำ	◌้	น	◌ำ	ด	ม	ด	น	ภ	ม
ร	◌์	น	า	◌๋	ป	เ	ะ	ร	ก	◌ุ	น	◌่	จ	อ
◌์	ต	ส	พ	โ	◌ี	ต	◌ั	◌ิ	ว	ช	◌ั	ก	น	ห

ดำน้ำหา
ใช้เวลา
กิ้งก่า
ช้าง
ขั้น
โพสต์
กระเป๋า
สิบเอ็ดโมง
ประจำปี
หนังสือ
ชุมชน
นี่
เป็นอิสระ
คอมพิวเตอร์
ชั้น
ความทุกข์ยาก
แฮมเบอร์เกอร์
ยังไง
สูบบุหรี่
ถูกต้อง

Puzzle 51

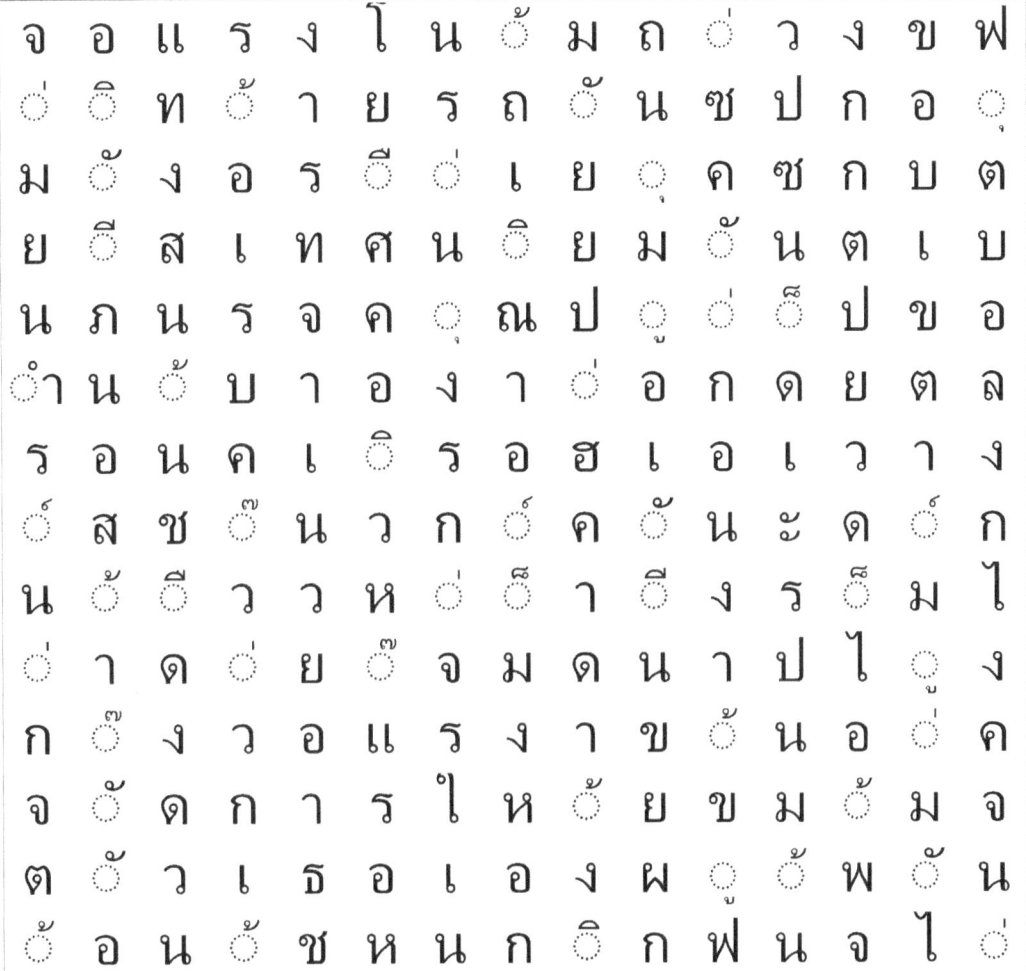

จ	อ	แ	ร	ง	โ	น	้	ม	ถ	่	ว	ง	ข	ฟ
่	ิ	ท	้	า	ย	ร	ถ	ั	น	ซ	ป	ก	อ	ุ
ม	ั	ง	อ	ร	ี	่	เ	ย	ุ	ค	ซ	ก	บ	ต
ย	ี	ส	เ	ท	ศ	น	ิ	ย	ม	ั	น	ต	เ	บ
น	ภ	น	ร	จ	ค	ุ	ณ	ป	ู	่	็	ป	ข	อ
ำ	น	้	บ	า	อ	ง	า	่	อ	ก	ด	ย	ต	ล
ร	อ	น	ค	เ	ิ	ร	อ	ฮ	เ	อ	เ	ว	า	ง
์	ส	ช	๊	น	ว	ก	์	ค	ั	น	ะ	ด	์	ก
น	ั	ี	ว	ว	ห	่	็	า	ี	ง	ร	็	ม	ไ
่	า	ด	่	ย	๊	จ	ม	ด	น	า	ป	ไ	ู	ง
ก	๊	ง	ว	อ	แ	ร	ง	า	ข	้	น	อ	่	ค
จ	ั	ด	ก	า	ร	ไ	ห	้	ย	ข	ม	้	ม	จ
ต	ั	ว	เ	ธ	อ	เ	อ	ง	ผ	ู	้	พ	ั	น
้	อ	น	้	ช	ห	น	ก	ิ	ก	ฟ	น	จ	ไ	่

ข้างนอก
จัดการให้
อ่างอาบน้ำ
จิงเจอร์
ผู้พัน
เสีย
คุยเรื่อง
ตัวเธอเอง
ทศนิยม
ขอบเขต
ประเด็น
สื่อ
คุณปู่
ท้ายรถ
ฟุตบอล
แจ็คเก็ต
ค่อนข้าง
แรงโน้มถ่วง
เฮอริเคน
วาง

Puzzle 52

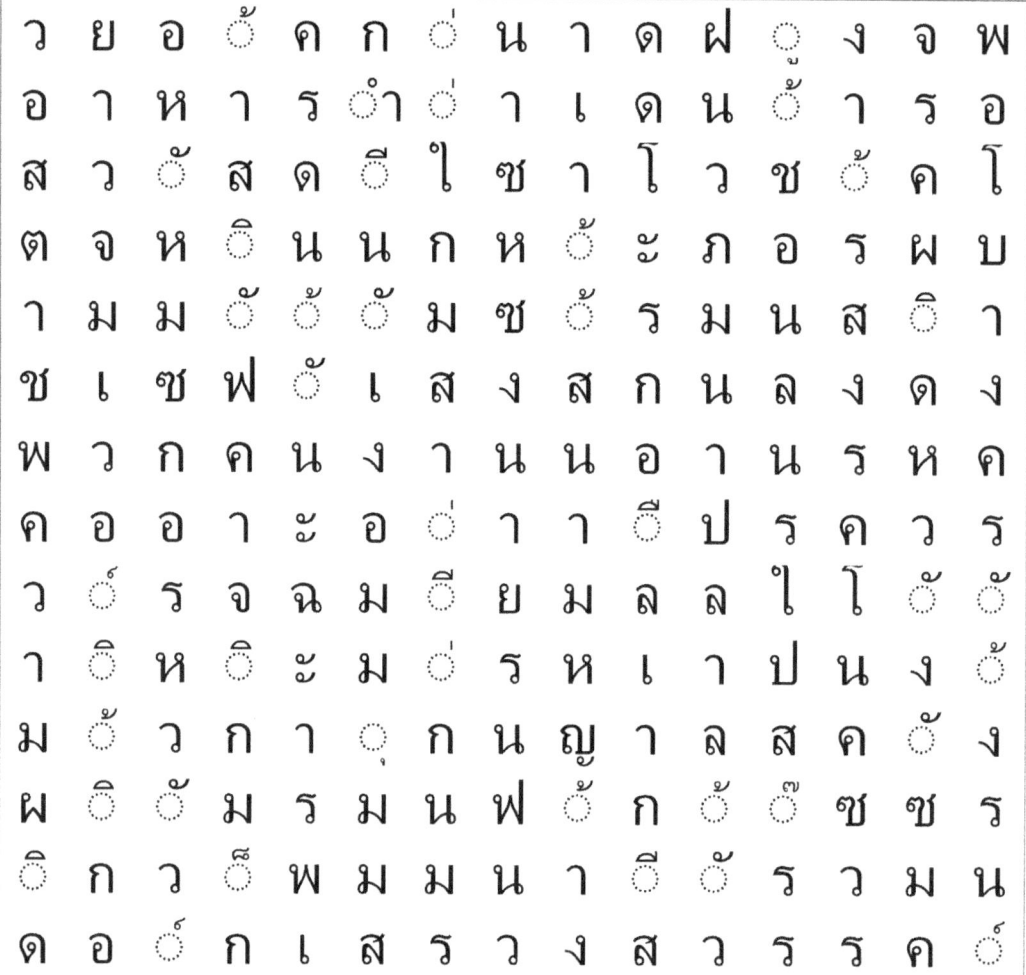

ว	ย	อ	◌้	ค	ก	◌่	น	า	ด	ฝ	◌ู	ง	จ	พ
อ	า	ห	า	ร	◌ำ	◌่	า	เ	ด	น	◌้	า	ร	อ
ส	ว	◌ั	ส	ด	◌ี	ไ	ซ	า	โ	ว	ช	◌้	ค	โ
ต	จ	ห	◌ิ	น	น	ก	ห	◌้	ะ	ภ	อ	ร	ผ	บ
า	ม	ม	◌ั	◌้	◌ั	ม	ซ	◌้	ร	ม	น	ส	◌ิ	า
ช	เ	ซ	ฟ	◌ั	เ	ส	ง	ส	ก	น	ล	ง	ด	ง
พ	ว	ก	ค	น	ง	า	น	น	อ	า	น	ร	ห	ค
ค	อ	อ	า	ะ	อ	◌่	า	า	◌ี	ป	ร	ค	ว	ร
ว	◌์	ร	จ	ฉ	ม	◌ี	ย	ม	ล	ล	ไ	โ	◌ั	◌ั
า	◌ิ	ห	◌ิ	ะ	ม	◌่	ร	ห	เ	า	ป	น	ง	◌้
ม	◌้	ว	ก	า	◌ุ	ก	น	ญ	า	ล	ส	ค	◌ั	ง
ผ	◌ิ	◌ั	ม	ร	ม	น	ฟ	◌้	ก	◌้	◌๊	ซ	ซ	ร
◌ิ	ก	ว	◌็	พ	ม	ม	น	า	◌ี	◌ั	ร	ว	ม	น
ด	อ	◌์	ก	เ	ส	ร	ว	ง	ส	ว	ร	ร	ค	◌์

กาเลือก
พวกคนงาน
ผิดหวัง
เพราะฉะนั้น
มุมมอง
โครงสร้าง
สรวงสวรรค์
วัวหรอก
สนามหญ้า
คำให้การ
พร้อม
บางครั้ง
ความผิด
โค้ช
กระโดด
ปลา
สวัสดี
ฝูง
รวม
อาหาร

Puzzle 53

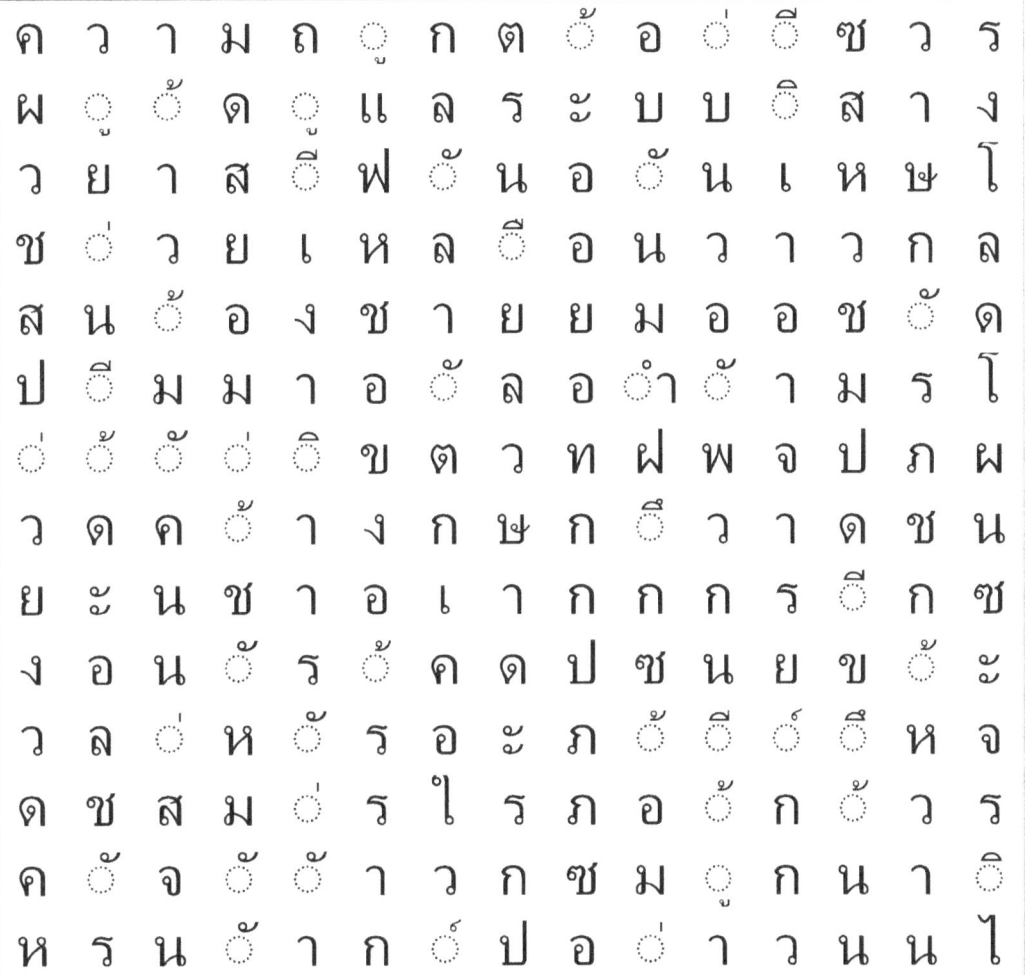

ค	ว	า	ม	ถ	◌ู	ก	ต	◌้	อ	◌่	◌ี	ซ	ว	ร
ผ	◌ู	◌้	ด	◌ู	แ	ล	ร	ะ	บ	บ	◌ิ	ส	า	ง
ว	ย	า	ส	◌ี	ฟ	◌ั	น	อ	◌ั	น	เ	ห	ษ	โ
ช	◌่	ว	ย	เ	ห	ล	◌ื	อ	น	ว	า	ว	ก	ล
ส	น	◌้	อ	ง	ช	า	ย	ย	ม	อ	อ	ช	◌ั	ด
ป	◌ี	ม	ม	า	อ	◌ั	ล	อ	◌ำ	◌ั	า	ม	ร	โ
◌่	◌้	◌ั	◌่	◌ิ	ข	ต	ว	ท	ฝ	พ	จ	ป	ภ	ผ
ว	ด	ค	◌้	า	ง	ก	ษ	ก	◌ึ	ว	า	ด	ช	น
ย	ะ	น	ช	า	อ	เ	า	ก	ก	ก	ร	◌ี	ก	ซ
ง	อ	น	◌ั	ร	◌้	ค	ด	ป	ซ	น	ย	ข	◌้	ะ
ว	ล	◌่	ห	◌ั	ร	อ	ะ	ภ	◌้	◌ี	◌์	◌ื	ห	จ
ด	ช	ส	ม	◌่	ร	ไ	ร	ภ	อ	◌้	ก	◌้	ว	ร
ค	◌ั	จ	◌ั	◌ั	า	ว	ก	ซ	ม	◌ู	ก	น	า	◌ิ
ห	ร	น	◌ั	า	ก	◌์	ป	อ	◌่	า	ว	น	น	ไ

อ่าว
ดีขึ้น
น้องชาย
ยาสีฟันอัน
ผู้ดูแลระบบ
หัสหรอก
ช่วยเหลือ
อาจารย์
เอาชนะ
ความถูกต้อ
งโลดโผนซะจริ
การร้องขอ
หวาน
ทำอาหาร
ปาก
กระดาษ
ฝึกซ้อม
รักษา
ป่วย
พวกนี้

Puzzle 54

ศ	แ	ห	ง	ต	◌่	แ	ก	ต	ด	◌ุ	ช	ต	ต	อ
◌ี	บ	ณ	◌ุ	ค	บ	อ	ข	ช	น	◌ิ	◌ั	ก	ม	ก
ล	ด	อ	◌ี	ห	อ	ร	ว	น	ว	ม	◌ิ	น	ฟ	แ
ธ	เ	◌์	ช	ด	◌่	ะ	น	◌์	ร	ช	◌่	ว	ม	ะ
ร	จ	น	อ	◌ั	ย	ย	◌ั	บ	ล	ห	ร	◌่	◌้	ว
ร	อ	◌ื	ช	ม	เ	ะ	ด	ว	ร	โ	◌้	อ	ม	ห
ม	ล	า	ช	จ	น	ห	ด	◌้	า	น	ล	◌่	า	ง
เ	ก	ช	ไ	◌ั	◌ั	◌่	ก	จ	◌ำ	น	ค	◌ิ	ย	จ
ส	บ	า	ย	ด	◌ี	า	ต	ก	◌๊	◌ุ	ต	ร	ว	◌ั
จ	ห	ซ	น	◌ั	◌์	ง	อ	◌ื	ม	เ	ล	พ	เ	ด
ท	◌ี	◌่	เ	ป	◌ิ	ด	ซ	อ	ง	เ	ด	◌ั	ห	◌ั
ซ	ว	ไ	แ	ก	◌้	ป	◌ั	ญ	ห	า	น	น	เ	ข
ส	◌ุ	ข	ภ	า	พ	เ	ร	◌ี	ย	ก	ว	◌่	า	อ
ถ	◌ู	ก	ท	◌ิ	◌้	ง	อ	ย	◌ู	◌่	◌่	เ	◌์	น

ตุ๊กตา
แม่น้ำ
ขอบคุณ
ศีลธรรม
วิลโลว์
เรียกว่า
พลเมือง
ชุดตกแต่ง
แบดเจอ
สบายดี
ที่เปิดซอง
เลือดออก
ขัดจังหวะ
สุขภาพ
กดดัน
ด้านล่าง
ถูกทิ้งอยู่
หลบ
แก้ปัญหา
ระยะห่าง

Puzzle 55

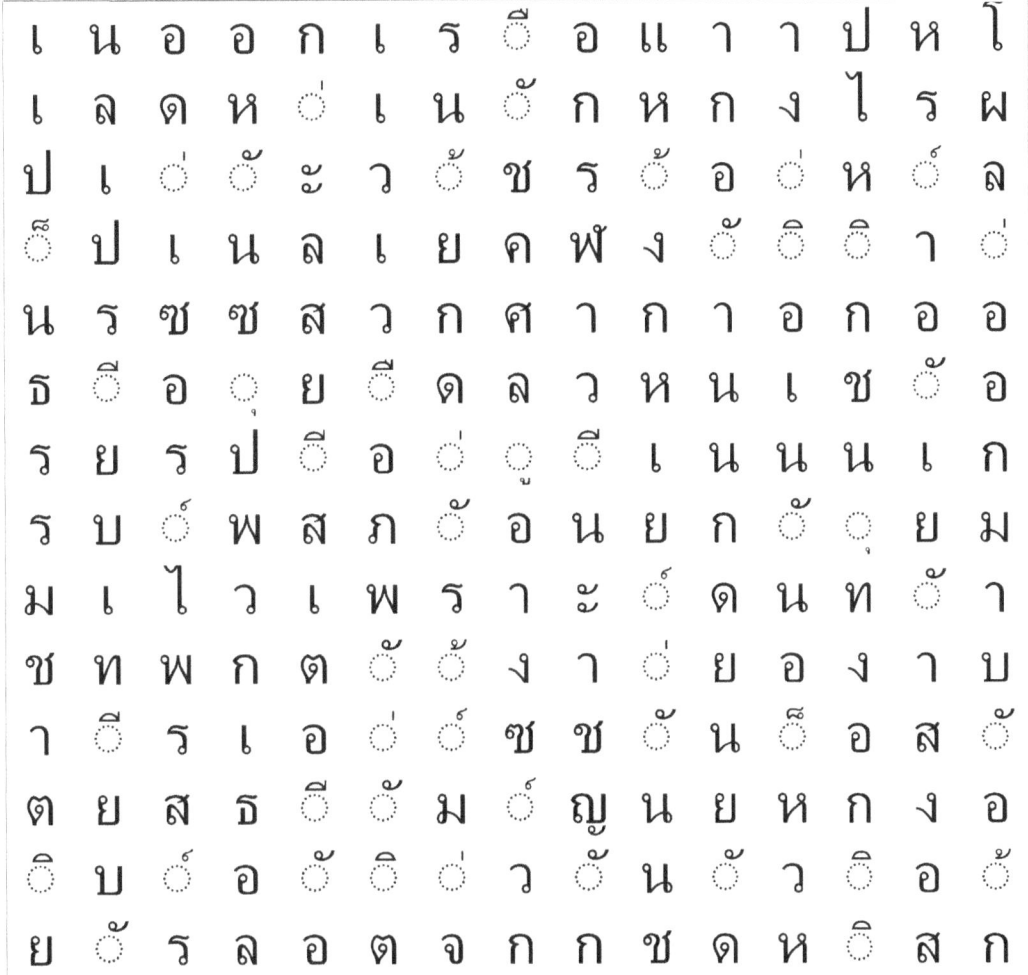

เ	น	อ	อ	ก	เ	ร	◌ื	อ	แ	า	า	ป	ห	โ
เ	ล	ด	ห	◌่	เ	น	◌ั	ก	ห	ก	ง	ไ	ร	ผ
ป	เ	◌่	◌ั	ะ	ว	◌้	ช	ร	◌้	อ	◌่	ห	◌์	ล
◌็	ป	เ	น	ล	เ	ย	ค	ฬ	ง	◌ั	◌ิ	◌ิ	า	◌่
น	ร	ซ	ซ	ส	ว	ก	ศ	า	ก	า	อ	ก	อ	อ
ธ	◌ี	อ	◌ุ	ย	◌ี	ด	ล	ว	ห	น	เ	ช	◌ั	อ
ร	ย	ร	ป	◌ี	อ	◌่	◌ู	◌ี	เ	น	น	น	เ	ก
ร	บ	◌์	พ	ส	ภ	◌ั	อ	น	ย	ก	◌ั	◌ุ	ย	ม
ม	เ	ไ	ว	เ	พ	ร	า	ะ	◌์	ด	น	ท	◌ั	า
ช	ท	พ	ก	ต	◌ั	◌้	ง	า	◌่	ย	อ	ง	า	บ
า	◌ี	ร	เ	อ	◌่	◌์	ซ	ช	◌ั	น	◌็	อ	ส	◌ั
ต	ย	ส	ธ	◌ี	◌ั	ม	◌์	ญ	น	ย	ห	ก	ง	อ
◌ิ	บ	◌์	อ	◌ั	◌ิ	◌่	ว	◌ั	น	◌ั	ว	◌ิ	อ	◌ั
ย	◌ั	ร	ล	อ	ต	จ	ก	ก	ช	ด	ห	◌ิ	ส	ก

เกลียด
ออกอากาศ
สองสา
เชอ
บางอย่าง
เซอร์ไพรส์
เพราะ
เล่นสื่อ
กองทุน
พวกเธอ
ซุป
เป็นธรรมชาติ
แห้ง
เปรียบเทียบ
โผล่ออกมา
ตั้ง
กัญชา
เสียสละ
ออกเรือ
วาฬ

Puzzle 56

ม	อ	ง	แ	ล	◌้	ว	แ	ว	ว	ว	◌ั	บ	ส	◌่
ต	ล	ร	ก	า	ย	พ	◌ั	ร	ท	า	เ	◌ั	◌่	อ
ย	า	พ	◌ิ	ษ	ก	◌ิ	อ	ก	◌ำ	แ	พ	ง	ว	ป
ว	ก	อ	◌ั	◌้	ม	◌้	◌่	ต	◌ิ	น	ว	ว	น	ม
ร	า	จ	ม	◌้	◌ี	ก	า	ง	ฝ	ช	า	◌่	ต	ร
ม	ไ	◌ั	ส	น	◌๊	◌ิ	ส	◌่	ก	◌ั	ก	ง	◌ั	◌ู
◌ั	ษ	ศ	เ	◌ิ	พ	ว	ส	า	ย	ว	ซ	ก	ว	ป
ม	◌ุ	ม	ถ	น	น	ท	น	ก	◌ั	บ	◌่	า	แ	แ
ต	◌้	◌ั	เ	ส	◌ู	ว	ฝ	◌์	า	า	อ	า	บ	บ
◌ึ	ก	ก	◌ั	เ	ร	◌ื	◌่	อ	ง	ข	อ	ง	◌่	บ
ก	ส	ต	◌่	◌่	ภ	◌ั	า	ฝ	ก	◌ั	ก	ง	ง	ก
ป	◌์	ไ	ม	◌่	ม	◌ี	อ	ะ	ไ	ร	ไ	น	ป	ก
ว	ซ	ไ	◌์	พ	◌ื	◌้	น	ท	◌ี	◌่	◌์	ซ	◌ั	น
อ	ย	◌ู	◌่	ท	◌ี	◌่	น	◌ี	◌่	ต	◌่	◌ั	น	ง

กำแพง
ยิ่งกว่า
ยาพิษ
พิเศษ
มุมถนน
อยู่ที่นี่
พื้นที่
เนื้อ
เรื่องของ
ตึก

มองแล้วแววว้บ
รูปแบบ
ง่วง
ส่วนตัว
ไม่มีอะไร
ทนกับ
สวนสัตว์
แบ่งปัน
สาย
ทรัพยากร

Puzzle 57

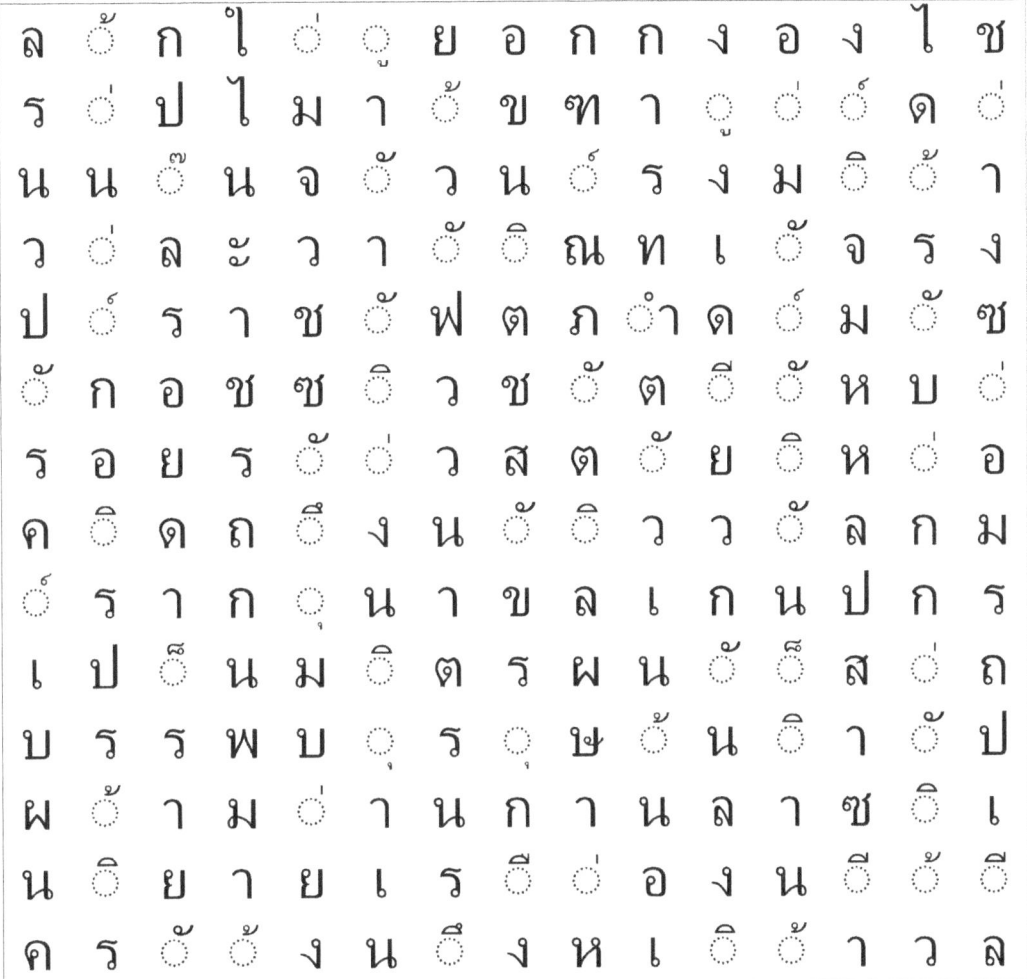

ล	◌้	ก	ไ	◌่	◌ู	ย	อ	ก	ก	ง	อ	ง	ไ	ช
ร	◌่	ป	ไ	ม	า	◌้	ข	ฑ	า	◌ู	◌่	◌์	ด	◌่
น	น	◌๊	น	จ	◌ั	ว	น	◌์	ร	ง	ม	◌ิ	◌้	า
ว	◌่	ล	ะ	ว	า	◌ั	◌ิ	ณ	ท	เ	◌ั	จ	ร	ง
ป	◌์	ร	า	ช	◌ั	ฟ	ต	ภ	◌ำ	ด	◌์	ม	◌ั	ซ
◌ั	ก	อ	ช	ซ	◌ิ	ว	ช	◌ั	ต	◌ี	◌ั	ห	บ	◌่
ร	อ	ย	ร	◌ั	◌่	ว	ส	ต	◌ั	ย	◌ิ	ห	◌่	อ
ค	◌ิ	ด	ถ	◌ึ	ง	น	◌ั	◌ิ	ว	ว	◌ั	ล	ก	ม
◌์	ร	า	ก	◌ุ	น	า	ข	ล	เ	ก	น	ป	ก	ร
เ	ป	◌็	น	ม	◌ิ	ต	ร	ผ	น	◌ั	◌็	ส	◌่	ถ
บ	ร	ร	พ	บ	◌ุ	ร	◌ุ	ษ	◌้	น	◌ิ	า	◌ั	ป
ผ	◌้	า	ม	◌่	า	น	ก	า	น	ล	า	ซ	◌ิ	เ
น	◌ิ	ย	า	ย	เ	ร	◌ี	◌่	อ	ง	น	◌ี	◌้	◌ี
ค	ร	◌ั	◌้	ง	น	◌ึ	ง	ห	เ	◌ิ	◌้	า	ว	ล

เป็นมิตร
ชาร์ป
การทำตัวเน้น
รอยรั่ว
ผ้าม่าน
ครั้งนึง
อยู่ใกล้
ข้ามไป
บรรพบุรุษ
คิดถึง
นิยายเรื่องนี้
ได้รับ
กลัว
ผลิตภัณฑ์
เดียวกัน
จมูก
ช่างซ่อมรถ
เลขานุการ
หิว
กระจาย

Puzzle 58

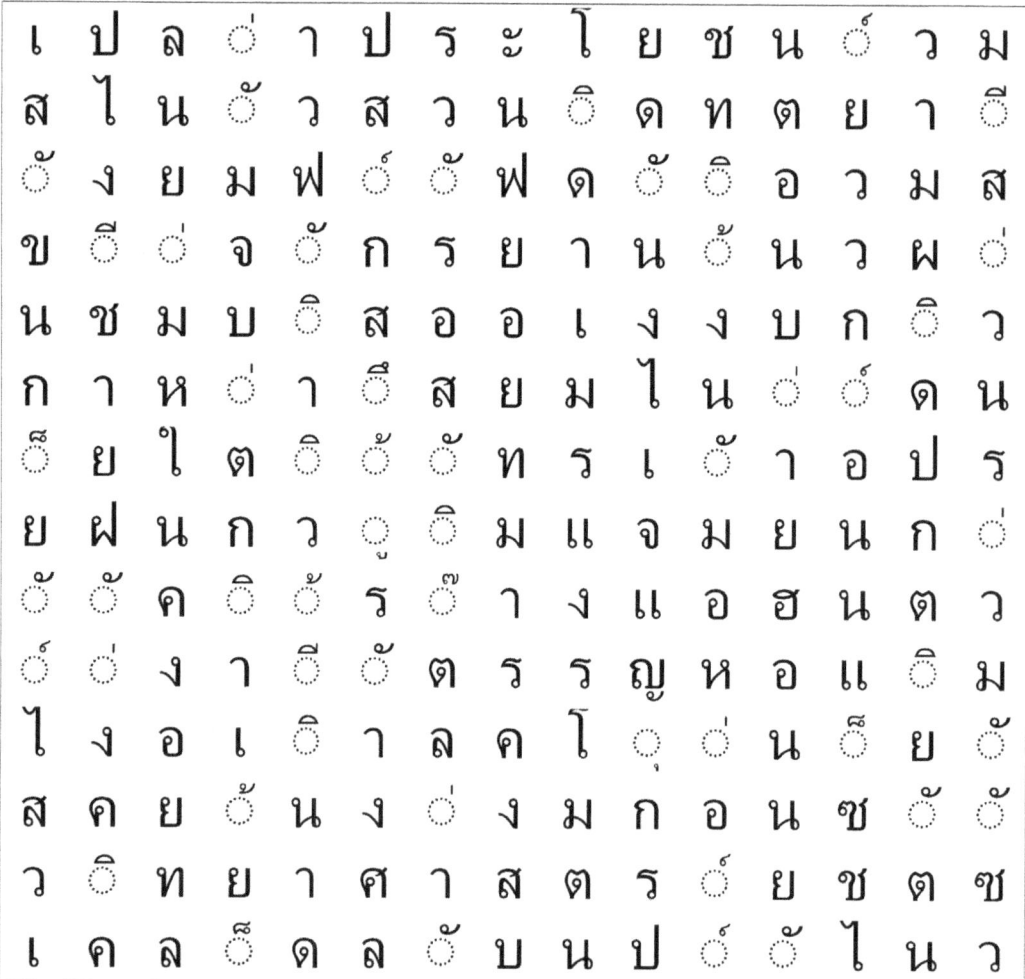

เ	ป	ล	◌่	า	ป	ร	ะ	โ	ย	ช	น	◌์	ว	ม
ส	ไ	น	◌ั	ว	ส	ว	น	◌ิ	ด	ท	ต	ย	า	◌ี
◌ั	ง	ย	ม	ฟ	◌์	◌ั	ฟ	ด	◌ั	◌ิ	อ	ว	ม	ส
ข	◌ี	◌่	จ	◌ั	ก	ร	ย	า	น	◌้	น	ว	ผ	◌่
น	ช	ม	บ	◌ิ	ส	อ	อ	เ	ง	ง	บ	ก	◌ิ	ว
ก	า	ห	◌่	า	◌ึ	ส	ย	ม	ไ	น	◌่	◌์	ด	น
◌็	ย	ไ	ต	◌ิ	◌้	◌ั	ท	ร	เ	◌้	า	อ	ป	ร
ย	ฝ	น	ก	ว	◌ู	◌ิ	ม	แ	จ	ม	ย	น	ก	◌่
◌ั	◌ั	ค	◌ิ	◌้	ร	◌๊	า	ง	แ	อ	ฮ	น	ต	ว
◌์	◌่	ง	า	◌ี	◌ั	ต	ร	ร	ญ	ห	อ	แ	◌ิ	ม
ไ	ง	อ	เ	◌ิ	า	ล	ค	โ	◌ุ	◌่	น	◌็	ย	◌ั
ส	ค	ย	◌้	น	ง	◌่	ง	ม	ก	อ	น	ซ	◌ั	◌ั
ว	◌ิ	ท	ย	า	ศ	า	ส	ต	ร	◌์	ย	ช	ต	ซ
เ	ค	ล	◌็	ด	ล	◌ั	บ	น	ป	◌์	◌ั	ไ	น	ว

รู้สึก
วิทยาศาสตร์
ตอนบ่าย
เคล็ดลับ
ก่อน
วามผิดปกติ
มีส่วนร่วม
แฮมเมอร์
ขี่จักรยาน
สงคราม
โรงแรม
กุญแจ
ดิน
ทั้
คนใหม่
นัก
ทิ้ง
ชายฝั่ง
สิบ
เปล่าประโยชน์

Puzzle 59

เ	จ	น	ส	◌ั	น	ห	◌ิ	ซ	◌ั	ว	ต	ส	ส	ต
ก	ส	ไ	ว	า	ย	ธ	◌ิ	ห	อ	า	◌ิ	◌ุ	บ	ซ
า	ว	◌ี	ป	อ	า	ว	◌่	ด	◌ิ	ค	ป	ด	า	ภ
ม	◌่	◌ั	ย	ม	ม	ค	◌ำ	ต	อ	บ	ซ	ท	ย	ไ
ง	◌ั	ช	ส	ง	ห	ล	◌ู	ก	ห	ม	า	◌้	ไ	ซ
◌๋	◌ู	◌ี	ส	า	ด	◌ั	ย	เ	อ	น	◌้	า	จ	◌์
จ	ม	น	ถ	น	จ	ห	ด	จ	ช	น	ม	ย	ค	ซ
เ	น	ผ	า	แ	บ	บ	ไ	ห	น	◌ิ	◌ู	◌ิ	ค	ย
ต	◌ั	ล	น	◌ิ	◌์	น	ซ	ง	ย	◌ั	ญ	ห	◌็	ซ
◌็	◌่	ล	ก	ไ	◌์	น	ท	◌้	อ	ง	ถ	◌ิ	◌่	น
ม	น	◌ั	า	บ	◌่	อ	ย	ค	ร	◌ั	◌้	ง	ว	◌้
เ	ช	พ	ร	ช	น	ฟ	า	◌ั	ว	ถ	◌ั	◌่	ว	◌ิ
◌ิ	น	ธ	ณ	แ	อ	ง	เ	จ	◌ิ	◌้	ล	◌่	ม	ช
ย	◌ั	◌์	◌์	เ	ป	ล	◌่	ง	ป	ร	ะ	ก	า	ย

บ่อยครั้ง
ลูกหมา
สุดท้าย
สถานการณ์
ท้องถิ่น
เปล่งประกาย
ถั่ว
จดหมาย
แองเจิ้ล
แบบไหน
เจ๋งมาก
มีสมาธิ
สบายใจ
นั่น
เสียง
คิดว่า
คำตอบ
เชิญ
ผลลัพธ์
เต็ม

Puzzle 60

เ	ก	จ	◌ั	◌ั	ค	ม	ง	น	า	◌็	◌์	ว	ต	อ
ว	า	◌ั	ข	อ	น	อ	◌ี	ม	ห	เ	ก	◌ำ	◌ู	ท
◌็	ซ	ก	น	ม	◌่	ส	◌ี	เ	ข	◌ี	ย	ว	◌้	◌ี
บ	ห	◌ั	ว	◌ี	ค	ว	า	ม	ร	◌ั	ก	◌ิ	เ	น
ไ	ย	เ	ร	า	ก	◌ิ	ร	บ	ช	◌ู	◌ั	ช	ส	◌ั
ซ	ม	ค	พ	า	ภ	ร	ส	◌ิ	อ	ม	น	ฟ	◌ี	ท
ต	เ	◌ี	ก	◌ิ	ช	า	ม	ส	ว	า	◌ั	ไ	◌้	ย
◌์	ม	◌ั	◌่	ง	◌่	◌ุ	ม	ม	า	ว	ค	ไ	อ	เ
ช	ง	จ	ห	ล	า	ม	◌่	น	◌์	ม	ว	ด	ผ	ไ
ม	◌ั	◌็	◌ั	◌ี	◌ั	ว	ว	ก	ม	ห	น	◌ิ	◌้	ก
ไ	ก	ล	จ	า	◌ั	ห	น	ว	ว	ส	◌ั	ป	า	ด
◌์	ว	ส	ช	ล	ล	◌ู	ว	◌ู	ม	า	จ	ก	า	ว
ย	◌ั	เ	เ	ป	◌็	ด	ว	ซ	อ	ส	ม	ป	ง	ม
เ	ส	◌ี	◌้	อ	ค	ล	◌ุ	ม	◌ิ	จ	เ	ว	ก	ว

เป็ด
เพิ่ม
ตู้เสื้อผ้า
ปกปิด
เหมือน
สมาชิก
ไกล
กาว
เสื้อคลุม
ความรัก
ข้าว
อิสรภาพ
ทันที
สีเขียว
น้ำ
เครื่อง
เว็บไซต์
เสล็จ
ความมุ่งมั่
บริการ

Puzzle 61

น	◌่	ย	◌์	แ	ส	ส	ต	เ	◌ั	น	น	น	น	ต
ไ	น	ม	ย	ค	า	ว	ล	ห	เ	ง	อ	ข	◌ั	ม
ว	ม	น	ใ	ร	ธ	◌์	น	น	◌้	◌ั	ส	ป	ส	น
เ	ฮ	◌้	ก	◌่	า	◌ิ	ว	◌ี	เ	เ	ล	ม	น	◌็
◌่	◌์	ห	ณ	า	ร	บ	โ	◌่	ส	◌่	◌ู	า	ไ	ภ
ร	ไ	ใ	◌ั	ย	ณ	น	น	อ	อ	ห	ม	ส	จ	ม
◌่	ล	◌ำ	เ	◌ั	ะ	า	น	ย	ม	ง	◌ั	◌ู	◌ู	ร
า	ม	ท	ใ	ก	ฐ	ร	◌้	อ	ง	ไ	ห	◌้	า	จ
ง	ผ	◌ี	เ	ส	◌ื	◌้	อ	จ	ย	◌ั	◌ู	◌้	น	◌ั
ก	◌ู	ด	ะ	ร	ก	◌่	ค	◌์	ก	ห	ม	ว	ห	บ
า	ผ	◌ู	◌้	ใ	ห	ญ	◌่	ร	ซ	◌่	ย	ย	ว	ก
ย	ว	ต	า	น	ร	ก	◌ั	า	◌ี	จ	ส	ต	◌ั	◌ุ
น	ม	อ	ค	◌ี	ต	ว	ก	ข	◌์	ด	ร	อ	ต	ม
โ	ด	ย	ไ	ม	◌่	ต	◌้	อ	◌ี	ย	ก	◌ิ	ฟ	◌๊

สาธารณะ
ร้องไห้
ทำให้
แคร่
ปล่อย
ผู้ใหญ่
ตัวหนา
โบราณ
เฮ้
ของเหลว
สั้น
ฐาน
โดยไม่ต้อ
ผีเสื้อ
จับกุม
ร่างกาย
เหนื่อย
ขี่ม้า
กระดูก
สนใจ

Puzzle 62

ก	ช	◌ิ	า	จ	ก	ห	จ	ฟ	ว	ด	ล	◌์	พ	ไ
◌ี	น	อ	ง	◌ั	โ	ฆ	ษ	ณ	า	ร	◌ำ	า	◌ิ	ด
ก	◌่	ถ	ล	ด	อ	◌ี	ต	ส	◌่	ก	บ	ก	ม	◌้
เ	◌่	◌ี	พ	ก	ด	◌๊	◌ู	ง	อ	เ	า	◌๊	พ	ไ
ว	ส	อ	เ	า	า	◌่	◌้	ป	ย	น	ก	ป	◌์	ต
อ	◌ั	ช	น	ร	บ	น	เ	ภ	◌่	อ	แ	า	ส	ร
ร	ม	◌ี	ต	ห	ก	ข	ย	ม	ภ	ต	ญ	ท	◌ี	◌่
◌์	ภ	◌่	◌้	◌ู	น	◌ื	◌็	◌์	น	ญ	◌้	ว	น	ต
ช	า	เ	ป	◌่	ว	◌้	น	◌ู	◌ั	ว	จ	◌ั	◌ั	ร
◌ั	ษ	า	ไ	◌ู	ช	ม	า	ส	แ	ช	ม	พ	◌ู	อ
◌่	ณ	◌่	น	ค	ส	◌่	◌ิ	น	น	ง	◌้	ม	ต	ง
น	◌์	น	อ	ห	ส	◌ิ	◌ี	◌ั	◌ี	จ	ก	ส	ก	น
◌ั	อ	◌้	◌้	ก	◌ั	พ	ว	น	ห	◌้	◌ี	◌ิ	ห	ไ
ย	ย	ว	ย	น	น	เ	ส	ร	◌ุ	ป	ส	ว	◌ี	ท

เพิ่มขึ้น
สัมภาษณ์
คู่หู
สรุป
สัญญา
เวอร์ชั่น
สวีท
ตู้เย็น
โฆษณา
ลำบาก
พิมพ์สี
แชมพู
จัดการ
ย้อนไปต้นเพลง
ดาบ
ได้ไตร่ตรอง
น่าเชื่อถือ
ตอนเกรด
สอนแทน
ก่อนหน้านี้

Puzzle 63

ร	อ	ช	อ	ธ	เ	จ	ไ	อ	◌่	◌ี	ช	เ	ง	โ
เ	◌้	ต	ไ	ง	า	ท	บ	ป	ร	ะ	เ	ม	◌ิ	ร
ด	ง	อ	น	ม	ม	◌้	ไ	น	◌้	ต	ร	◌ิ	อ	ง
ก	อ	◌ิ	น	ว	ก	า	ม	ต	ๆ	า	◌่	ล	ช	พ
ท	ร	น	น	แ	◌๊	ม	◌้	เ	ด	ซ	◌ี	◌่	◌์	ย
ศ	◌ี	ว	ด	ซ	ร	ค	ต	ม	◌ุ	ว	◌่	ล	อ	า
ว	◌่	ต	ว	ห	ช	ง	◌ิ	◌่	ส	อ	ล	◌้	◌ุ	บ
ร	เ	ร	ซ	ฟ	◌ิ	น	ด	ไ	เ	◌ิ	ไ	น	ป่	า
ร	ง	า	ล	ก	น	า	ป	◌้	ฮ	◌ิ	◌์	ง	ก	ล
ษ	◌ั	ไ	น	ท	◌ี	◌่	ร	า	บ	ก	ห	◌ั	ร	แ
ก	น	ย	◌ั	ท	◌ี	◌่	ม	◌ี	อ	ย	◌ู	◌่	ณ	ห
◌ี	ห	อ	◌่	อ	น	โ	ย	น	ก	า	◌ั	ม	◌์	◌่
เ	ด	◌ิ	น	แ	บ	บ	อ	◌ิ	ส	ร	ะ	ย	ย	ง
ผ	ล	ก	ร	ะ	ท	บ	ต	◌่	อ	◌ั	◌ู	ม	ม	ร

ในที่ราบ
ผลกระทบต่อ
ร้อนแรง
ฮิลล์
ใบไม้ติด
เดินแบบอิสระ
สุดๆ
เดซี่
ทศวรรษ
ที่มีอยู่

ปานกลาง
หนังเรื่อง
ทางใต้
อ่อนโยน
เงิน
โรงพยาบาลแห่ง
เชื่อใจเธอ
ประเมิ
ต้นไม้
อุปกรณ์

Puzzle 64

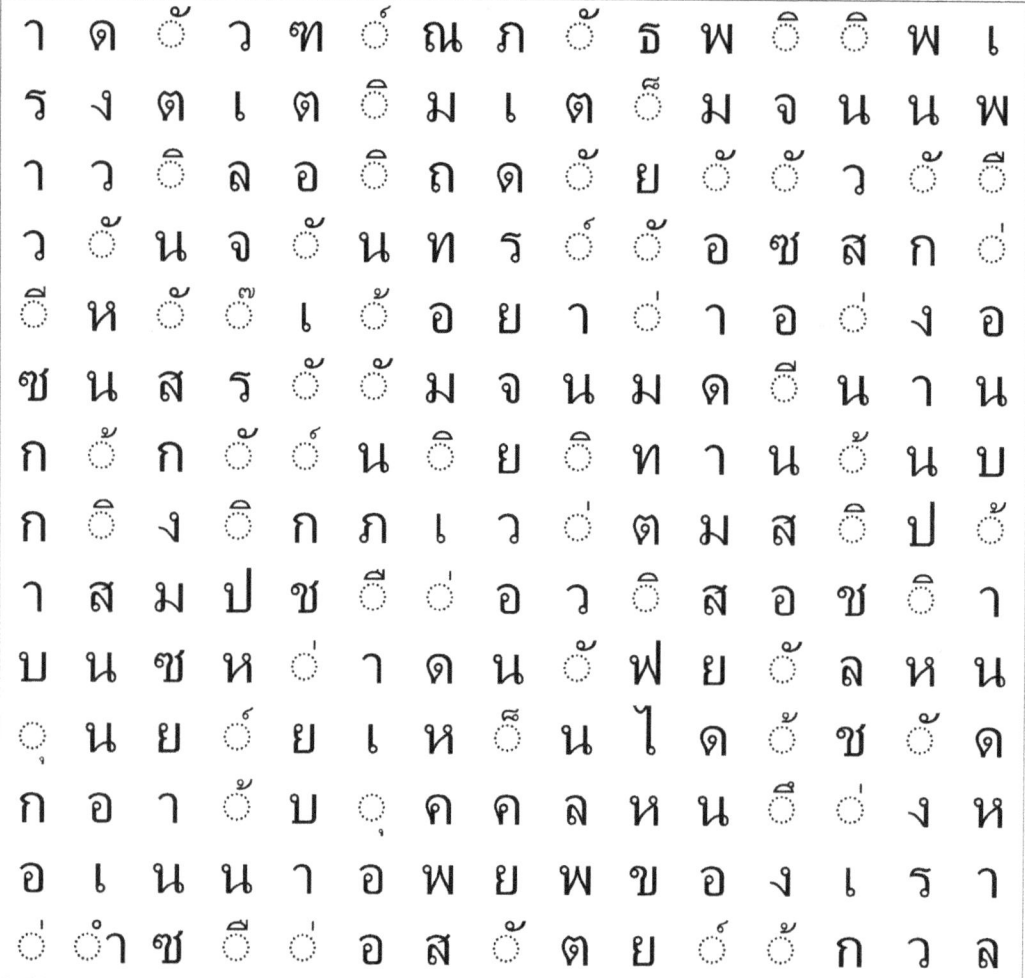

า	ด	◌ั	ว	ฑ	◌์	ณ	ภ	◌ั	ธ	พ	◌ิ	◌ิ	พ	เ
ร	ง	ต	เ	ต	◌ิ	ม	เ	ต	◌็	ม	จ	น	น	พ
า	ว	◌ิ	ล	อ	◌ิ	ถ	ด	◌ั	ย	◌ั	◌ั	ว	◌ั	◌ี
ว	◌ั	น	จ	◌ั	น	ท	ร	◌์	◌ั	อ	ซ	ส	ก	◌่
◌ี	ห	◌ั	◌๊	เ	◌้	อ	ย	า	◌่	า	อ	◌่	ง	อ
ซ	น	ส	ร	◌ั	◌ั	ม	จ	น	ม	ด	◌ี	น	า	น
ก	◌้	ก	◌ั	◌์	น	◌ิ	ย	◌ิ	ท	า	น	◌้	น	บ
ก	◌ิ	ง	◌ิ	ก	ภ	เ	ว	◌่	ต	ม	ส	◌ิ	ป	◌้
า	ส	ม	ป	ช	◌ี	◌่	อ	ว	◌ิ	ส	อ	ช	◌ิ	า
บ	น	ซ	ห	◌่	า	ด	น	◌ั	ฟ	ย	◌ั	ล	ห	น
◌ุ	น	ย	◌์	ย	เ	ห	◌็	น	ไ	ด	◌้	ช	◌ั	ด
ก	อ	า	◌้	บ	◌ุ	ค	ค	ล	ห	น	◌ึ	◌่	ง	ห
อ	เ	น	น	า	อ	พ	ย	พ	ข	อ	ง	เ	ร	า
◌่	◌ำ	ซ	◌ี	◌่	อ	ส	◌ั	ต	ย	◌์	◌้	ก	ว	ล

สิ้นหวัง
วันจันทร์
พนักงาน
เห็นได้ชัด
อพยพ
ของเรา
พิพิธภัณฑ์
นั้น
สอดท่อ
ซื่อสัตย์
บุก
ฟันดา
สันติ
เติมเต็ม
บุคคลหนึ่ง
สามารถ
ชื่อ
ชิ้นส่วน
ว่ายน้ำ
เพื่อนบ้าน

Puzzle 65

โ	ร	ค	เ	◌ี	อ	า	ห	า	ร	ค	◌่	◌ำ	ห	จ
น	ค	ห	ช	จ	ไ	อ	◌่	◌ี	ช	เ	ม	◌ิ	ก	เ
◌์	◌ั	จ	ด	อ	พ	ง	ย	พ	◌ี	เ	น	◌้	◌ั	น
◌์	น	ม	ญ	า	ก	เ	ไ	◌ู	อ	◌ั	เ	ก	◌ิ	น
◌ั	เ	◌ิ	◌ั	◌้	ไ	ก	ภ	ห	◌่	ซ	ส	ค	ช	◌้
ค	ล	า	ว	ด	◌์	◌็	ม	◌่	ก	ร	◌่	ห	◌้	า
ย	อ	ภ	ข	ไ	ร	บ	า	ป	ไ	ล	◌ิ	อ	◌ิ	จ
ย	ร	ย	ง	ล	พ	เ	น	ห	◌่	น	ก	จ	ม	◌้
◌่	ย	น	อ	◌็	ไ	◌็	อ	ถ	จ	น	ก	ม	◌ั	ม
น	ห	ม	ข	ห	ม	ต	◌ั	ว	น	ย	ค	◌็	ไ	◌่
ม	อ	ม	◌่	◌้	ว	า	า	◌ิ	◌้	น	ช	ห	◌๊	◌ั
ก	น	จ	◌ู	ม	แ	ต	◌ั	ว	เ	อ	ง	น	ด	อ
ล	า	ร	อ	า	เ	ค	ร	◌ี	◌่	อ	ง	ม	◌ี	อ
ช	◌ุ	ด	ส	า	ธ	◌ิ	ต	ไ	ห	◌้	ด	◌ู	น	ก

อาหารค่ำ
นั้นเพียงพอ
เชื่อใจ
เก็
เชด
โรค
ไก่
ได้
บนถนน
ชุด
อยู่
ของขวัญ
ซ่อม
ตัว
เครื่องมือ
สาธิตให้ดู
แวมไพร์
ตัวเอง
คลาวด์
ห้า

Puzzle 66

บ	◌ุ	ก	ร	◌ุ	ก	ต	น	ไ	ห	ญ	◌่	น	ป	ย
ร	ข	ล	ย	ต	ะ	โ	ก	น	ม	◌่	ว	◌ั	อ	◌้
พ	อ	◌ั	ด	ซ	ก	ง	ม	◌ู	ง	ง	◌ิ	น	ม	อ
◌่	ผ	ร	ส	อ	◌ู	า	ย	า	ช	า	◌้	จ	เ	น
อ	◌่	ป	ก	ส	ด	า	ล	ข	◌้	◌ี	ข	ก	อ	ก
ข	า	ล	ม	า	◌ั	ก	ค	เ	น	ช	น	ว	ว	ล
อ	น	า	ซ	◌ั	ล	เ	◌ิ	ก	ม	ไ	◌์	อ	ซ	◌ั
ง	ว	ว	ว	า	อ	า	ห	า	ร	ม	◌ื	◌้	อ	บ
ค	◌่	◌ี	บ	น	ว	ส	บ	◌ี	ส	ร	า	ก	ย	ม
ไ	อ	ฐ	ว	น	◌้	ว	ภ	ฐ	ก	ฎ	ห	ม	า	ย
◌ิ	◌ั	ซ	ร	ถ	◌๊	า	ง	ร	◌ั	◌้	ค	ก	◌ี	อ
ร	อ	ย	◌ู	◌่	ไ	ต	◌้	◌๊	ง	ร	ป	อ	ร	น
ก	า	ร	จ	◌ั	ด	เ	ร	◌ี	ย	ง	◌ิ	ไ	ว	ช
เ	ค	น	ท	◌ี	◌่	ส	า	ม	จ	จ	ซ	ป	ห	อ

อยู่ใต้
พ่อของ
ขี้ขลาด
อาหารมื้อ
ขอผ่าน
รัฐบาลกลาง
เจ้าชาย
การจัดเรียง
ย้อนกลับ
ตะโกน
ใหญ่
ถนน
คนที่สาม
ความสูง
บุกรุก
อีกครั้ง
การสืบสวน
กฎหมาย
รัฐบาล
อไป

Puzzle 67

เ	ว	น	อ	เ	◌ี	◌์	า	ไ	ส	◌ั	ส	ข	เ	แ
◌้	ส	อ	◌์	ก	ท	เ	ฟ	ว	◌ำ	◌ั	ล	◌้	ท	จ
ม	◌่	◌ี	อ	◌ิ	◌็	ค	ว	น	ค	ม	ว	า	◌่	◌้
า	ซ	ด	◌่	า	ย	ถ	โ	◌์	◌ั	ว	◌่	ง	า	ง
ย	ก	◌่	ส	ย	เ	ร	◌ี	น	ญ	◌ู	ม	ห	ก	เ
ว	า	ด	น	เ	ง	ง	◌์	น	โ	ว	ย	ล	◌ั	ต
ร	ภ	น	ไ	ก	ส	อ	บ	น	น	ล	ไ	◌ั	บ	◌ี
◌ั	◌ุ	◌่	ม	◌้	◌ู	ข	◌ั	ว	ม	◌ั	ย	ง	เ	อ
น	ว	◌่	ซ	า	น	น	ล	น	น	ไ	เ	◌ี	ด	น
น	◌ั	◌่	น	อ	◌้	◌ิ	ค	◌์	ต	ม	◌่	น	◌็	จ
◌ิ	ภ	ค	ก	◌ี	◌ั	◌ู	◌ั	ฟ	◌้	ร	◌็	◌ิ	ก	ร
◌์	ช	ม	ย	◌้	ช	ร	ก	ฟ	ฟ	◌้	า	ร	ค	ว
ต	อ	บ	ส	น	อ	ง	◌ี	◌์	ว	◌่	ง	ย	น	ด
ข	อ	ง	ร	ะ	บ	บ	ว	ป	ล	อ	บ	โ	ย	น

เสี่ยงอันตราย
เก้าอี้
เรี
รุ่น
ปลอบโยน
ของระบบ
สำคัญ
ตอบสนอง
เทคโนโลยี
เด็กคน
ของรถ
ข้างหลัง
จรวด
เท่ากับ
คลับ
ชั้นสูง
วาด
แจ้งเตือน
หมู
ไวน์

Puzzle 68

◌์	ไ	น	◌็	ซ	เ	ส	า	ย	ร	◌ุ	◌้	ง	พ	ต
◌่	จ	า	◌้	ช	เ	ร	า	ห	า	อ	ต	ว	◌ั	อ
ด	เ	น	ต	◌ำ	ท	◌่	า	น	ค	ร	◌ั	บ	ฒ	ก
ก	ย	ช	ม	ซ	ม	ม	◌๊	า	◌ิ	◌ิ	ต	ซ	น	ส
ภ	◌็	◌ิ	น	ม	ย	ะ	◌ิ	น	◌์	ว	า	น	า	ว
อ	น	ไ	ง	า	◌้	ข	น	ซ	◌์	ย	◌ิ	อ	◌ั	◌ิ
อ	อ	น	ร	ย	◌ิ	จ	ไ	า	◌้	ข	เ	ม	ผ	ง
ก	อ	ม	ป	ท	เ	ไ	◌ิ	จ	ว	ร	ม	ว	อ	ญ
น	◌่	ม	แ	ต	เ	ง	◌ี	ย	บ	ส	ง	บ	◌์	◌ิ
ว	เ	ร	า	ม	น	ฟ	◌่	◌๊	◌ำ	ม	ก	ช	ย	ห
ไ	◌ู	ส	◌ิ	ร	ว	ผ	◌่	า	น	ด	ก	อ	◌ู	น
ห	ง	◌ี	ว	◌่	า	ว	า	น	◌้	ม	◌้	น	โ	า
ค	◌ั	ค	น	ไ	ข	◌้	เ	ม	◌ู	ร	ภ	เ	อ	◌่
น	ว	ก	◌์	◌่	ม	◌่	ง	ต	ผ	ไ	ล	◌้	◌็	ท

พัฒนา
ท่านหญิง
ข้างใน
สวิง
เทป
แมว
ผ่าน
เงียบสงบ
ใจเย็น
แปรง
ท่านครับ
คนไข้
น้ำมะนาว
โน้มน้าว
เซ็น
ผู้นำ
ผมเข้าใจ
สายรุ้ง
หัก
อาหารเช้า

Puzzle 69

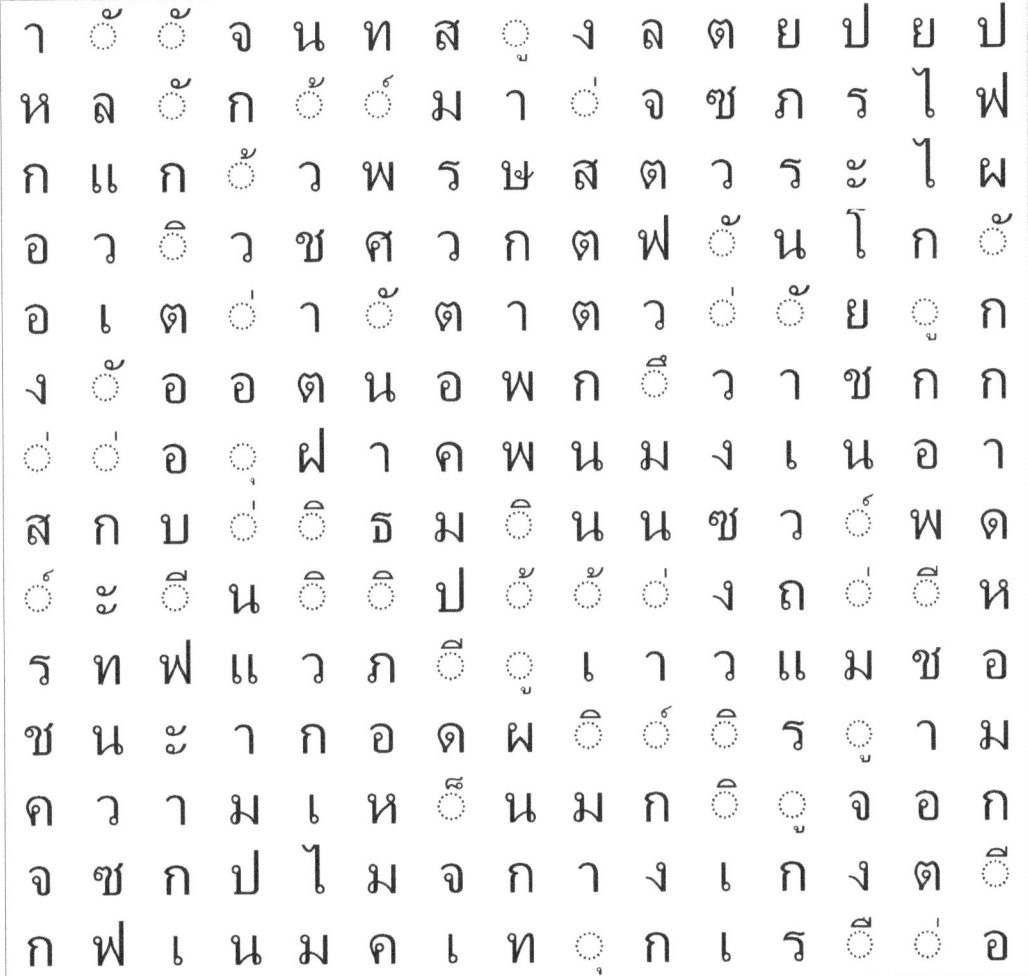

า	◌ั	◌ั	จ	น	ท	ส	◌ู	ง	ล	ต	ย	ป	ย	ป
ห	ล	◌ั	ก	◌้	◌์	ม	า	◌่	จ	ซ	ภ	ร	ไ	ฟ
ก	แ	ก	◌้	ว	พ	ร	ษ	ส	ต	ว	ร	ะ	ไ	ผ
อ	ว	◌ิ	ว	ช	ศ	ว	ก	ต	ฟ	◌ั	น	โ	ก	◌ั
อ	เ	ต	◌่	า	◌ั	ต	า	ต	ว	◌่	◌ั	ย	◌ู	ก
ง	◌ั	อ	อ	ต	น	อ	พ	ก	◌ึ	ว	า	ช	ก	ก
◌่	◌่	อ	◌ุ	ฝ	า	ค	พ	น	ม	ง	เ	น	อ	า
ส	ก	บ	◌่	◌ิ	ธ	ม	◌ิ	น	น	ซ	ว	◌์	พ	ด
◌์	ะ	◌ี	น	◌ิ	◌ิ	ป	◌้	◌้	◌่	ง	ถ	◌่	◌ี	ห
ร	ท	ฟ	แ	ว	ภ	◌ี	◌ู	เ	า	ว	แ	ม	ช	อ
ช	น	ะ	า	ก	อ	ด	ผ	◌ิ	◌์	◌ิ	ร	◌ู	า	ม
ค	ว	า	ม	เ	ห	◌็	น	ม	ก	◌ิ	◌ู	จ	อ	ก
จ	ซ	ก	ป	ไ	ม	จ	ก	า	ง	เ	ก	ง	ต	◌ี
ก	ฟ	เ	น	ม	ค	เ	ท	◌ุ	ก	เ	ร	◌ี	◌่	อ

ประโยชน์
ที่ฝนตก
แถว
แน่
ความเห็น
อภิธานศัพท์
อาชีพ
ผู้พิพากษา
ระบุตัว
กางเกง
ผักกาดหอม
หลัก
เจ็ดปี
เกาะ
ส่งออก
กแก้ว
สูง
ทุกเรือ
ส่ง
ช่วงตึก

Puzzle 70

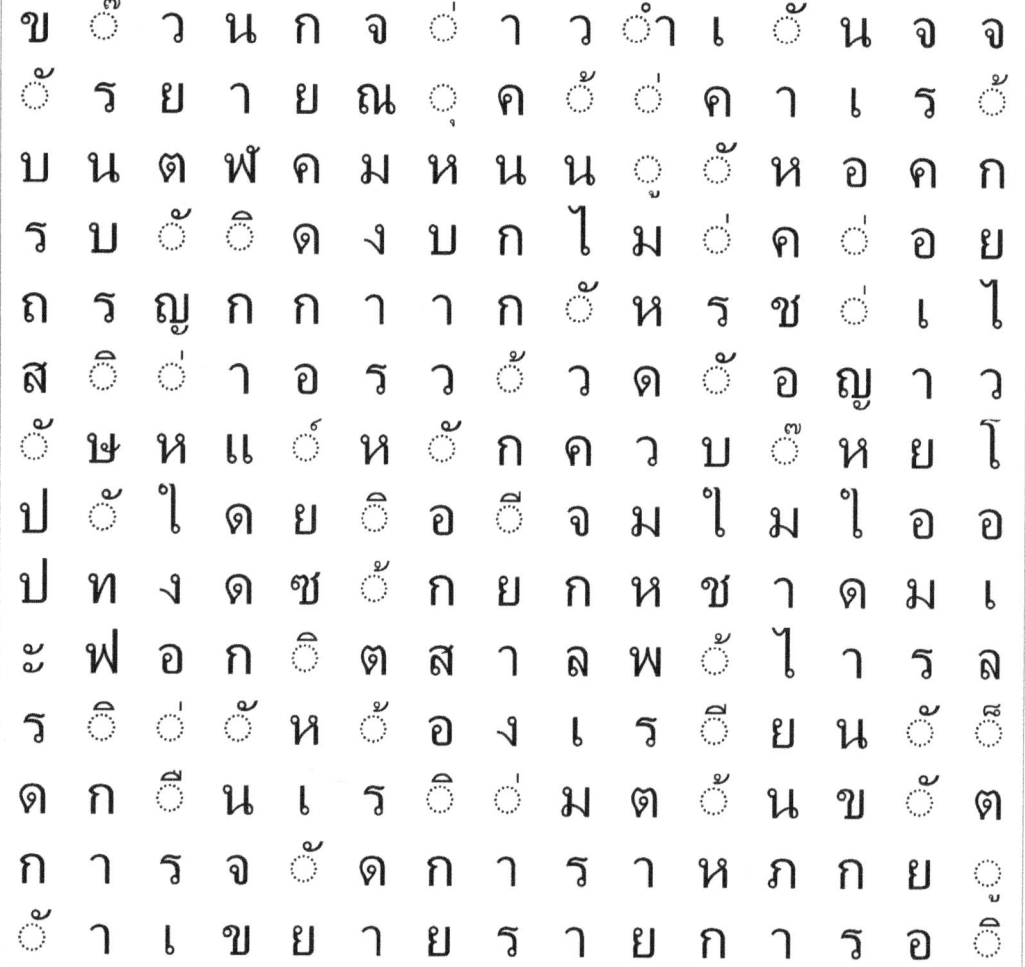

ข	◌๊	ว	น	ก	จ	◌่	า	ว	◌ำ	เ	◌ั	น	จ	จ
◌ั	ร	ย	า	ย	ณ	◌ุ	ค	◌้	◌่	ค	า	เ	ร	◌้
บ	น	ต	ฟ	ค	ม	ห	น	น	◌ู	◌ั	ห	อ	ค	ก
ร	บ	◌ั	◌ิ	ด	ง	บ	ก	ไ	ม	◌่	ค	◌่	อ	ย
ถ	ร	ญ	ก	ก	า	า	ก	◌ั	ห	ร	ช	◌่	เ	ไ
ส	◌ิ	◌่	า	อ	ร	ว	◌้	ว	ด	◌ั	อ	ญ	า	ว
◌ั	ษ	ห	แ	◌์	ห	◌ั	ก	ค	ว	บ	◌๊	ห	ย	โ
ป	◌ั	ใ	ด	ย	◌ิ	อ	◌ี	จ	ม	ใ	ม	ใ	อ	อ
ป	ท	ง	ด	ซ	◌้	ก	ย	ก	ห	ช	า	ด	ม	เ
ะ	ฟ	อ	ก	◌ิ	ต	ส	า	ล	พ	◌้	ไ	า	ร	ล
ร	◌ิ	◌่	◌ั	ห	◌้	อ	ง	เ	ร	◌ี	ย	น	◌ั	◌็
ด	ก	◌ี	น	เ	ร	◌ิ	◌่	ม	ต	◌้	น	ข	◌ั	ต
ก	า	ร	จ	◌ั	ด	ก	า	ร	า	ห	ภ	ก	ย	◌ู
◌ั	า	เ	ข	ย	า	ย	ร	า	ย	ก	า	ร	อ	◌ิ

หมวดหมู่
การ์ด
ไวโอเล็ต
ขยายรายการ
สัปปะรด
ห้องเรียน
คุณยาย
เริ่มต้น
เรื่องใหญ่
บริษัท
ไม่ค่อย
ยอมรั
ขนาดใหญ่
ขับรถ
พลาสติก
การจัดการ
รับใช้
ค้างคาว
อาบน้ำ
นาฬิกาแดดกัน

Puzzle 71

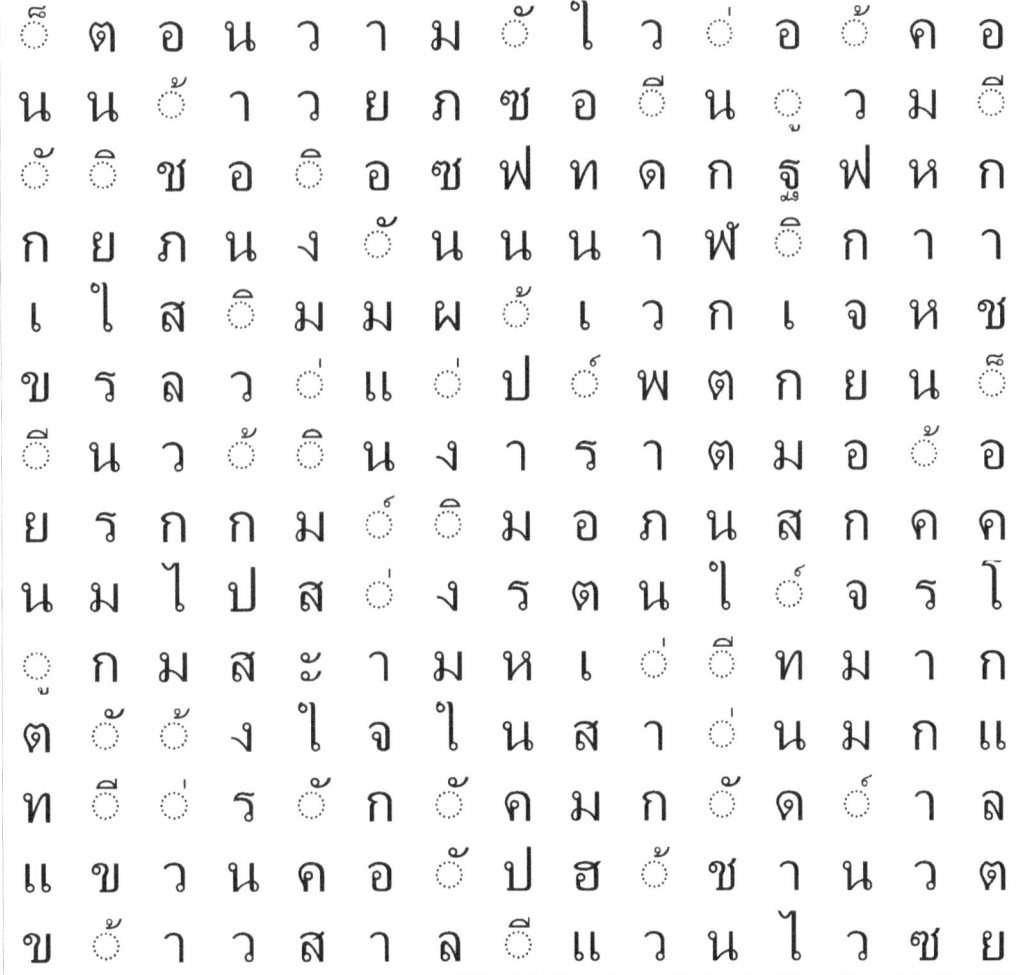

◌็	ต	อ	น	ว	า	ม	◌ั	ไ	ว	◌่	อ	◌้	ค	อ
น	น	◌้	า	ว	ย	ภ	ซ	อ	◌ี	น	◌ู	ว	ม	◌ี
◌ั	◌ิ	ช	อ	◌ิ	อ	ซ	ฟ	ท	ด	ก	ฐ	ฟ	ห	ก
ก	ย	ภ	น	ง	◌ั	น	น	น	า	ฬ	◌ิ	ก	า	า
เ	ไ	ส	◌ิ	ม	ม	ผ	◌้	เ	ว	ก	เ	จ	ห	ช
ข	ร	ล	ว	◌่	แ	◌่	ป	◌์	พ	ต	ก	ย	น	◌็
◌ี	น	ว	◌้	◌ิ	น	ง	า	ร	า	ต	ม	อ	◌้	อ
ย	ร	ก	ก	ม	◌์	◌ิ	ม	อ	ภ	น	ส	ก	ค	ค
น	ม	ไ	ป	ส	◌่	ง	ร	ต	น	ไ	◌์	จ	ร	โ
◌ุ	ก	ม	ส	ะ	า	ม	ห	เ	◌่	◌ี	ท	ม	า	ก
ต	◌ั	◌้	ง	ไ	จ	ไ	น	ส	า	◌่	น	ม	ก	แ
ท	◌ี	◌่	ร	◌ั	ก	◌ั	ค	ม	ก	◌ั	ด	◌์	า	ล
แ	ข	ว	น	ค	อ	◌ั	ป	ฮ	◌้	ช	า	น	ว	ต
ข	◌้	า	ว	ส	า	ล	◌ี	แ	ว	น	ไ	ว	ซ	ย

ตั้งใจ
ที่รัก
นาฬิกา
ต้อง
ข้าวสาลี
รสนิยม
แฮมสเตอร์
ช็อคโกแลต
ไปส่ง
น่าสนใจ
ตารางนิ้ว
แขวนคอ
มที่เหมาะสม
เกมส์
แผนที่
อีกา
นักเขียน
ภาพวาด
การค้นหา
อูฐ

Puzzle 72

ห	◌์	ร	◌์	น	ม	◌ั	ว	ห	◌ั	า	◌้	จ	เ	า
เ	◌ั	ง	า	ว	ฟ	◌๊	◌ั	จ	◌ิ	น	◌้	◌ั	ห	น
น	ค	อ	ค	น	ซ	น	น	ย	ถ	◌ู	ก	ย	◌ิ	ง
◌ั	◌ั	ร	ไ	◌่	◌ั	ย	ศ	ช	ส	◌ิ	อ	ต	ค	ร
ก	จ	บ	◌ื	◌์	◌ิ	น	◌ุ	ซ	◌ั	ต	ย	พ	ว	โ
ด	ซ	◌ั	◌้	◌่	ร	◌์	ก	ย	น	ส	◌์	◌ี	า	ล
◌ั	า	ร	ะ	ว	อ	◌ั	ร	ก	า	า	ต	◌้	ม	◌ุ
บ	น	ไ	ล	ห	ร	ง	◌์	ร	ง	ป	◌ิ	น	เ	ก
เ	ท	◌ั	◌่	ว	◌ั	ห	ค	◌ิ	า	◌ั	ท	ฐ	ง	ข
พ	ต	◌่	ต	ว	ส	ช	ญ	◌ิ	◌ู	ก	า	า	◌ี	◌ึ
ล	ต	◌ำ	แ	ห	น	◌่	ง	ว	ด	น	อ	น	ย	◌้
◌ิ	น	◌้	◌ำ	ต	า	ล	ก	◌็	ป	เ	◌ำ	จ	บ	น
ง	ร	◌ุ	ป	บ	◌ั	ร	ป	ม	ว	น	ล	น	◌ั	ต
โ	ค	ร	ง	ก	ร	ะ	ด	◌ู	ก	อ	อ	ข	◌็	◌ิ

น้ำตาล
ตำแหน่ง
พื้นฐาน
นิตยสาร
รับรอง
ปรับปรุง
โรงนา
อาทิตย์
ญิง
จำเป็
เจ้าหัวมัน
ทั่ว
เครื่องคิดเลข
วันศุกร์
ถูกยิง
โครงกระดูก
ลุกขึ้น
แต่ละ
นักดับเพลิง
ความเงียบ

Puzzle 73

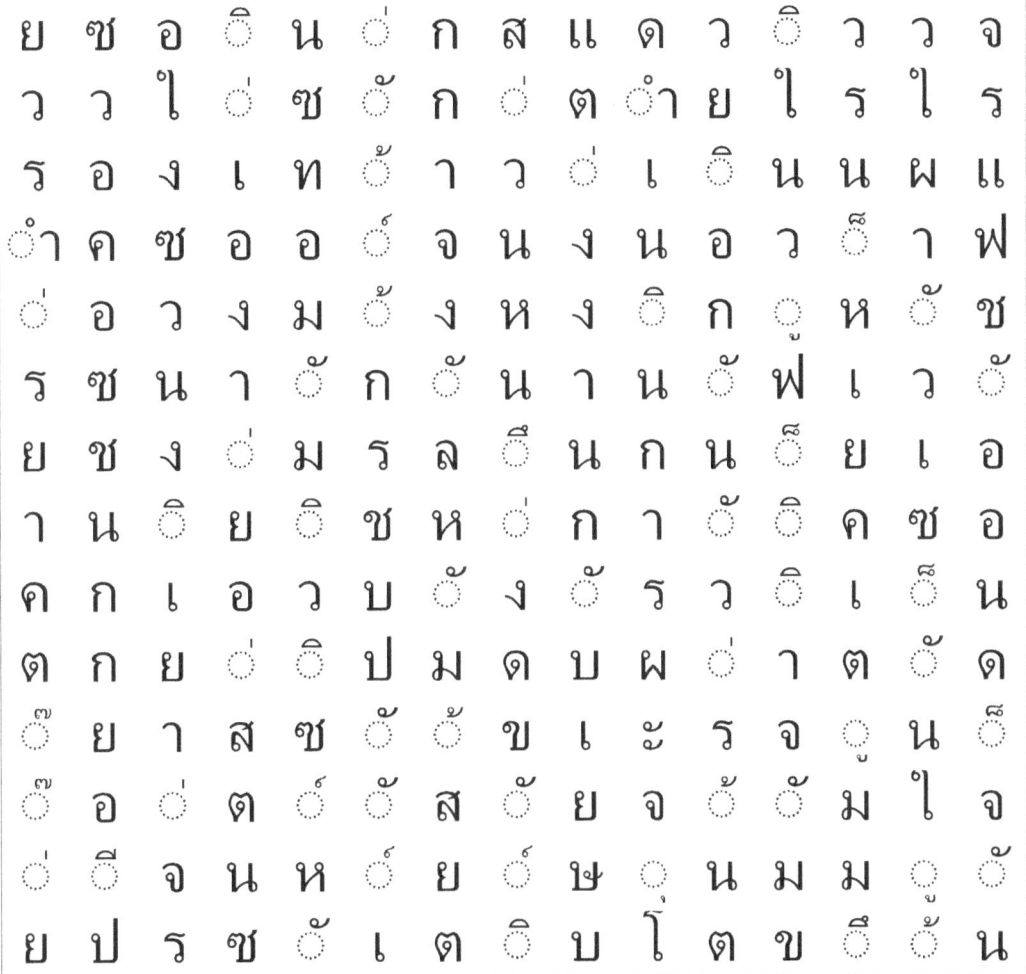

ย	ซ	อ	◌ิ	น	◌่	ก	ส	แ	ด	ว	◌ิ	ว	ว	จ
ว	ว	ไ	◌่	ซ	◌ั	ก	◌่	ต	◌ำ	ย	ไ	ร	ไ	ร
ร	อ	ง	เ	ท	◌้	า	ว	◌่	เ	◌ิ	น	น	ผ	แ
◌ำ	ค	ซ	อ	อ	◌์	จ	น	ง	น	อ	ว	◌็	า	ฟ
◌่	อ	ว	ง	ม	◌้	ง	ห	ง	◌ิ	ก	◌ู	ห	◌ั	ช
ร	ซ	น	า	◌ั	ก	◌ั	น	า	น	◌ั	ฟ	เ	ว	◌ั
ย	ช	ง	◌่	ม	ร	ล	◌ื	น	ก	น	◌็	ย	เ	อ
า	น	◌ิ	ย	◌ิ	ช	ห	◌่	ก	า	◌ั	◌ิ	ค	ซ	อ
ค	ก	เ	อ	ว	บ	◌ั	ง	◌ั	ร	ว	◌ิ	เ	◌็	น
ต	ก	ย	◌่	◌ิ	ป	ม	ด	บ	ผ	◌่	า	ต	◌ั	ด
◌๊	ย	า	ส	ซ	◌ั	◌้	ข	เ	◌ะ	ร	จ	◌ู	น	◌็
◌๊	อ	◌่	ต	◌์	◌ั	ส	◌ั	ย	จ	◌้	◌ั	ม	ไ	จ
◌่	◌ี	จ	น	ห	◌์	ย	◌์	ษ	◌ุ	น	ม	ม	◌ู	◌ั
ย	ป	ร	ซ	◌ั	เ	ต	◌ิ	บ	โ	ต	ข	◌ื	◌้	น

กวนใจ
ความชัดเจน
เย็น
ส่วนหนึ่ง
จระเข้
แผน
เติบโตขึ้น
มนุษย์
เคยเห็น
ผ่าตัด
หลังจาก
ต่อ
ยี่สิบ
จ่ายเงิน
ฟัน
ดำเนินการ
รองเท้า
ร่ำรวย
อย่าง
แต่งงานกับ

Puzzle 74

ท	ส	◌ุ	ด	ส	◌ั	ป	ด	า	ห	◌์	◌ั	ง	ส	ร
น	◌ั	จ	ส	า	ม	ค	น	ก	น	◌ิ	า	ต	อ	ป
ว	ล	◌้	แ	พ	า	ภ	◌ุ	ส	ป	◌่	ร	◌ั	ง	◌้
า	◌์	ค	ง	ส	ะ	ร	ป	ด	อ	ก	◌ั	ม	เ	า
◌่	◌ั	น	ด	ห	◌่	ย	อ	◌ั	ไ	◌ั	ก	◌้	ท	ย
ข	ง	อ	ค	ส	ม	ร	ร	ก	◌ิ	ต	ฤ	พ	◌่	ท
ม	อ	น	อ	ม	น	ด	◌ิ	◌ำ	น	ต	า	ก	า	ะ
น	◌ี	◌ุ	น	น	า	◌่	อ	จ	◌์	◌่	◌่	า	า	เ
◌้	◌่	ญ	า	ไ	ง	◌้	ร	◌ั	ว	ว	ว	ร	า	บ
จ	น	า	ม	ย	จ	ย	ล	ก	ย	ว	ะ	ผ	ซ	◌ี
ว	◌ั	ต	ง	◌ั	ล	◌ำ	ก	ก	อ	อ	า	ล	◌ั	ย
ย	จ	◌ั	◌ิ	ว	น	า	ง	เ	ก	น	ร	◌ิ	อ	◌้
ว	◌้	ห	อ	เ	ม	ภ	า	ย	ไ	น	พ	ต	ม	ว
แ	ต	◌่	ง	ง	า	น	ก	◌ั	น	า	เ	◌ั	น	น

การผลิต
ภายใน
อ่าง
ทั้งหมด
พฤติกรรม
จำกัด
สุดสัปดาห์
สามคน
ข่าว
ออกกำลั
ดประสงค์
ป้ายทะเบีย
มากกว่า
งานวิจัย
อนุญาต
เพราะว่า
อื่น
สองเท่า
สุภาพแล้ว
แต่งงานกัน

Puzzle 75

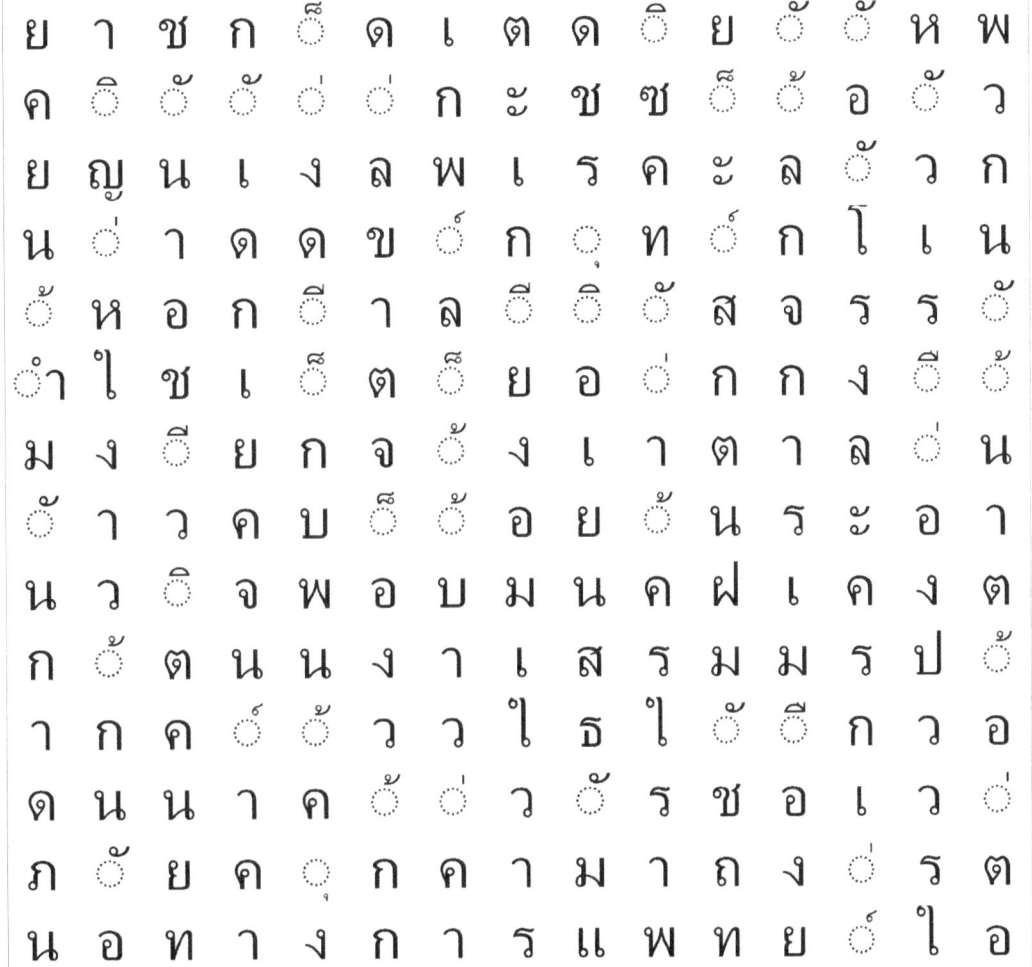

ย	า	ช	ก	◌็	ด	เ	ต	ด	◌ิ	ย	◌ั	◌ั	ห	พ
ค	◌ิ	◌ั	◌ั	◌่	◌่	ก	ะ	ช	ซ	◌็	◌้	อ	◌ั	ว
ย	ญ	น	เ	ง	ล	พ	เ	ร	ค	ะ	ล	◌ั	ว	ก
น	◌่	า	ด	ด	ข	◌์	ก	◌ุ	ท	◌์	ก	โ	เ	น
◌้	ห	อ	ก	◌ี	า	ล	◌ี	◌ิ	◌ั	ส	จ	ร	ร	◌ั
◌ำ	ไ	ช	เ	◌็	ต	◌็	ย	อ	◌่	ก	ก	ง	◌ี	◌้
ม	ง	◌ี	ย	ก	จ	◌้	ง	เ	า	ต	า	ล	◌่	น
◌ั	า	ว	ค	บ	◌็	◌้	อ	ย	◌้	น	ร	ะ	อ	า
น	ว	◌ิ	จ	พ	อ	บ	ม	น	ค	ฝ	เ	ค	ง	ต
ก	◌้	ต	น	น	ง	า	เ	ส	ร	ม	ม	ร	ป	◌้
า	ก	ค	◌์	◌้	ว	ว	ไ	ธ	ไ	◌ั	◌ี	ก	ว	อ
ด	น	น	า	ค	◌้	◌่	ว	◌ั	ร	ช	อ	เ	ว	◌่
ภ	◌ั	ย	ค	◌ุ	ก	ค	า	ม	า	ถ	ง	◌่	ร	ต
น	อ	ท	า	ง	ก	า	ร	แ	พ	ท	ย	◌์	ไ	อ

ยินดีต้อนรั
เด็กชาย
ฝนตก
อันกว้างใหญ่
น้ำมัน
ทางการแพทย์
ละครเพลง
ต่อต้าน
พวกนั้น
หัวเรื่อง
การเมือง
ตะเกียง
ภัยคุกคาม
ถาม
ค้นพบ
ชีวิตคน
ย่อเก็บเธร
ความยากจ
ทุกข์
โรงละคร

Puzzle 76

น	◌ั	ค	ห	ก	ล	า	ง	เ	ม	◌ื	อ	อ	◌์	◌ั
จ	น	◌ี	ว	ห	จ	น	ไ	น	ก	◌็	น	ห	ซ	◌ิ
ไ	◌ั	ว	◌ั	ก	ว	ต	ร	ว	อ	ล	จ	ม	น	น
น	ค	บ	ง	ช	ด	◌์	อ	◌ิ	ร	ว	◌ิ	◌ู	ร	ค
◌่	◌่	◌์	ว	ถ	◌ู	ก	ม	◌ั	ด	า	จ	◌่	บ	◌ั
◌ั	า	า	◌่	ม	อ	◌ู	ซ	ห	◌ั	ร	◌ี	บ	แ	ร
ม	เ	ก	า	น	ด	ก	◌ิ	ค	ม	ห	ธ	◌้	ก	ช
ย	ป	ย	า	ง	◌ิ	น	ว	า	◌ั	ว	ร	า	ว	น
ท	◌็	า	◌ั	ร	ป	ห	น	ว	ย	◌ู	ก	น	น	◌๊
◌์	น	ฟ	ย	ป	เ	น	อ	บ	ป	ภ	โ	◌ี	◌ิ	◌ั
น	บ	อ	า	น	ส	ว	า	อ	ภ	◌์	ค	◌ั	◌ั	◌์
◌็	ว	ง	ก	น	เ	ซ	า	ย	ท	ว	◌ิ	ว	◌ี	ช
ต	ก	ม	◌ี	ป	ร	ะ	โ	ย	ช	น	◌์	ว	◌้	◌์
เ	ล	◌่	เ	ห	◌้	ม	ร	ว	ไ	ม	◌่	เ	ค	ย

ฟังดู
เปิด
มั่นใจ
เล่
ชีววิทยา
ไม่เคย
ครู
หวังว่า
จับ
มีประโยชน์

หมวก
โกรธ
หมู่บ้าน
กลางเมือ
แบรนซ์
ถูกมัด
คาวบอย
ค่าเป็นบวก
เต็นท์
หวี

Puzzle 77

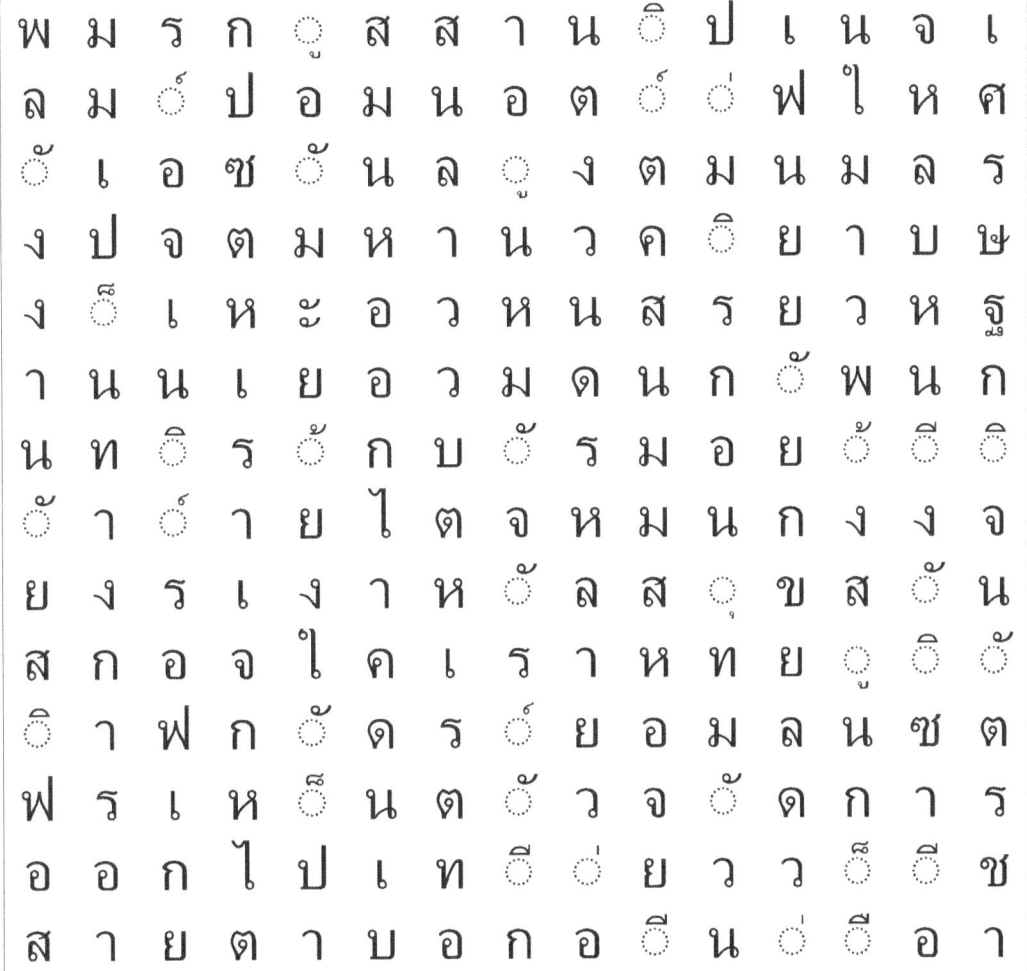

พ	ม	ร	ก	◌ู	ส	ส	า	น	◌ิ	ป	เ	น	จ	เ
ล	ม	◌์	ป	อ	ม	น	อ	ต	◌์	◌่	ฟ	ไ	ห	ศ
◌ั	เ	อ	ซ	◌ั	น	ล	◌ู	ง	ต	ม	น	ม	ล	ร
ง	ป	จ	ต	ม	ห	า	น	ว	ค	◌ิ	ย	า	บ	ษ
ง	◌็	เ	ห	ะ	อ	ว	ห	น	ส	ร	ย	ว	ห	ฐ
า	น	น	เ	ย	อ	ว	ม	ด	น	ก	◌ั	พ	น	ก
น	ท	◌ิ	ร	◌้	ก	บ	◌ั	ร	ม	อ	ย	◌้	◌ี	◌ิ
◌ั	า	◌์	า	ย	ไ	ต	จ	ห	ม	น	ก	ง	ง	จ
ย	ง	ร	เ	ง	า	ห	◌ั	ล	ส	◌ุ	ข	ส	◌ั	น
ส	ก	อ	จ	ไ	ค	เ	ร	า	ห	ท	ย	◌ู	◌ิ	◌ั
◌ิ	า	ฟ	ก	◌ั	ด	ร	◌์	ย	อ	ม	ล	น	ซ	ต
ฟ	ร	เ	ห	◌็	น	ต	◌ั	ว	จ	◌ั	ด	ก	า	ร
อ	อ	ก	ไ	ป	เ	ท	◌ี	◌่	ย	ว	ว	◌็	◌ี	ช
ส	า	ย	ต	า	บ	อ	ก	อ	◌ี	น	◌่	◌ื	อ	า

เป็นทางการ
อะตอม
เศรษฐกิจ
เงา
สองครั้ง
เห็น
ยอมรับ
พลังงาน
สายตา
สุขสันต์

ออกไปเที่ยว
หลบหนี
ทหาร
หลาย
อื่นอีก
ตัวจัดการ
บอก
ตัดสินใจ
เฟอร์นิเจอร์
พัก

Puzzle 78

ข	ม	ล	จ	ห	ก	ม	◌ิ	ค	ส	ส	แ	◌ิ	เ	น
◌้	ง	ง	◌ู	◌ั	ว	ต	ฟ	◌ั	◌ิ	น	บ	ง	ท	ย
อ	ว	อ	ล	ก	อ	ร	ไ	◌ั	ท	ธ	บ	ร	◌ี	ม
เ	ม	ข	◌์	◌ู	ก	ห	ม	ม	ธ	◌ิ	ส	แ	ย	ก
ส	อ	อ	น	ถ	ร	ว	จ	◌ั	◌ิ	ส	◌ุ	น	น	◌ั
น	◌้	◌ี	ย	า	ม	อ	า	อ	พ	◌ั	◌่	◌ุ	ม	ด
อ	ค	ม	◌ิ	ค	า	จ	า	ด	◌ิ	ญ	ม	ร	◌ี	◌ี
ว	ฟ	ว	ต	า	น	า	ห	◌ู	เ	ญ	◌ิ	ม	ม	◌่
ก	า	ร	ป	ร	ะ	ช	◌ุ	ม	ศ	า	น	า	◌ั	◌ี
◌์	า	ว	◌ั	ไ	เ	อ	ห	◌้	ษ	า	อ	ว	ก	ท
ซ	อ	า	◌์	ก	เ	◌้	า	ไ	◌้	ส	◌์	ค	ค	ซ
จ	ว	ต	◌ิ	า	ช	บ	◌ั	ด	ะ	ร	◌่	◌้	◌ู	ห
เ	ย	◌็	บ	า	ก	◌ำ	ล	◌ั	ย	◌้	า	ย	ณ	ม
ท	◌ี	◌่	ด	◌ี	ท	◌ี	◌่	ส	◌ุ	ด	◌๊	◌์	◌์	◌ี

ย้าย
ที่ดี
เย็บ
ด้านมืด
มือของ
เทียน
คูณ
คืน
ราคาถูก
สนธิสัญญา
กำลั
ที่ดีที่สุด
ข้อเสนอ
แบบสุ่ม
ระดับชาติ
หมี
ลูกกวาด
การประชุม
ความรุนแรง
สิทธิพิเศษ

Puzzle 79

ว	ภ	ไ	เ	ป	◌์	ร	น	ป	เ	เ	อ	อ	เ	ห
◌ั	◌ู	ช	จ	ย	ร	ต	◌ั	ร	จ	ก	◌ุ	อ	จ	ย
น	ม	◌่	อ	น	◌ิ	น	ด	◌ั	◌้	ล	ต	น	◌้	◌ุ
ว	◌ิ	แ	ก	อ	◌ั	ด	า	บ	า	◌็	ส	ท	า	ด
า	ศ	ล	◌ั	◌ั	แ	◌์	ซ	ไ	ต	ด	า	◌ุ	ต	ช
เ	า	◌้	น	ง	ร	ด	ก	ช	◌ุ	ห	ห	ก	◌ั	◌ั
ล	ส	ว	ส	า	ะ	◌ี	ร	◌้	◌๊	◌ิ	ก	ๆ	◌๊	◌่
น	ต	แ	บ	ษ	◌ั	ล	เ	ซ	ก	ม	ร	ก	ก	ว
ไ	ร	◌ู	ก	น	◌ู	ค	◌ิ	อ	ต	ะ	ร	ว	แ	ค
ท	◌์	◌ั	น	ก	◌ั	น	ด	◌ั	า	◌์	ม	◌ั	ต	ร
น	ท	เ	ป	◌็	น	ข	อ	ง	ห	น	◌ั	ว	น	า
◌์	ท	◌ำ	ง	า	น	ล	น	◌ั	◌ิ	ว	ก	ไ	น	ว
โ	ป	ร	ด	ข	อ	ง	า	ฟ	ม	า	ก	น	◌้	น
ส	ะ	พ	า	น	จ	ย	ง	◌์	ะ	ว	ภ	ก	อ	ว

งานอดิเรก
ภูมิศาสตร์
บาร์
เกล็ดหิมะ
หยุดชั่วคราว
ทักษะ
ทำงาน
วันวาเลนไทน์
โปรดของ
แสงแดด
เจ้าตั๊กแตนน้อ
สะพาน
เจ้าตุ๊กตาหิมะ
ใช่แล้ว
เจอกัน
ทุกๆ
อุตสาหกรรม
เป็นของ
ปรับใช้
วัว

Puzzle 80

ห	◌ั	ว	ว	ค	ห	ก	ภ	ห	น	อ	น	ห	ส	จ
ก	◌ั	ว	◌่	ช	ร	ม	ฟ	อ	ป	◌ี	ด	◌ั	ด	◌ำ
า	า	ล	า	ก	◌์	ต	จ	ป	ล	น	ง	◌ี	ด	น
ร	ธ	◌ุ	ร	ก	◌ิ	จ	ต	◌ั	◌ุ	เ	จ	น	ต	ว
อ	ก	◌่	ว	เ	◌ี	น	ช	◌ั	ก	◌์	ง	◌ั	ฟ	น
เ	า	ม	ก	อ	อ	ว	◌ั	ต	ก	ย	แ	ว	ย	ม
ห	◌ำ	ไ	ภ	จ	ไ	ม	ก	ก	ม	◌์	◌่	ก	◌ู	า
น	ด	แ	น	◌ิ	ด	า	ค	จ	น	น	ป	ม	◌่	ก
ล	◌ี	ม	น	◌่	ร	ต	◌์	ส	ห	ว	น	เ	อ	ว
น	ส	◌ิ	ย	◌์	พ	◌ั	ร	ท	จ	◌ิ	ย	ย	ง	◌๊
ม	น	ว	ณ	ส	◌่	า	า	า	ช	◌่	เ	า	◌่	ค
◌์	ซ	น	◌์	อ	น	น	ม	เ	◌่	◌้	◌ี	◌่	◌ุ	น
ล	ะ	เ	อ	◌ี	ย	ด	อ	◌่	อ	ย	า	ส	ย	จ
อ	น	◌ุ	โ	ล	ม	ไ	ห	◌้	ไ	ช	◌้	ง	◌ิ	ล

ทรัพย์สิน
ยุ่งอยู่
มาร์ค
ค่าเช่า
อนุโลมให้ใช้
อดีต
แยกตัวออกมา
ปลุก
ไม่
ละเอียดอ่อ
จำนวนมาก
สีดำ
หนอน
ช้า
ธุรกิจ
สังเกตการณ์
ดินแดน
ตาม
การอ
ฟังก์ชัน

Puzzle 81

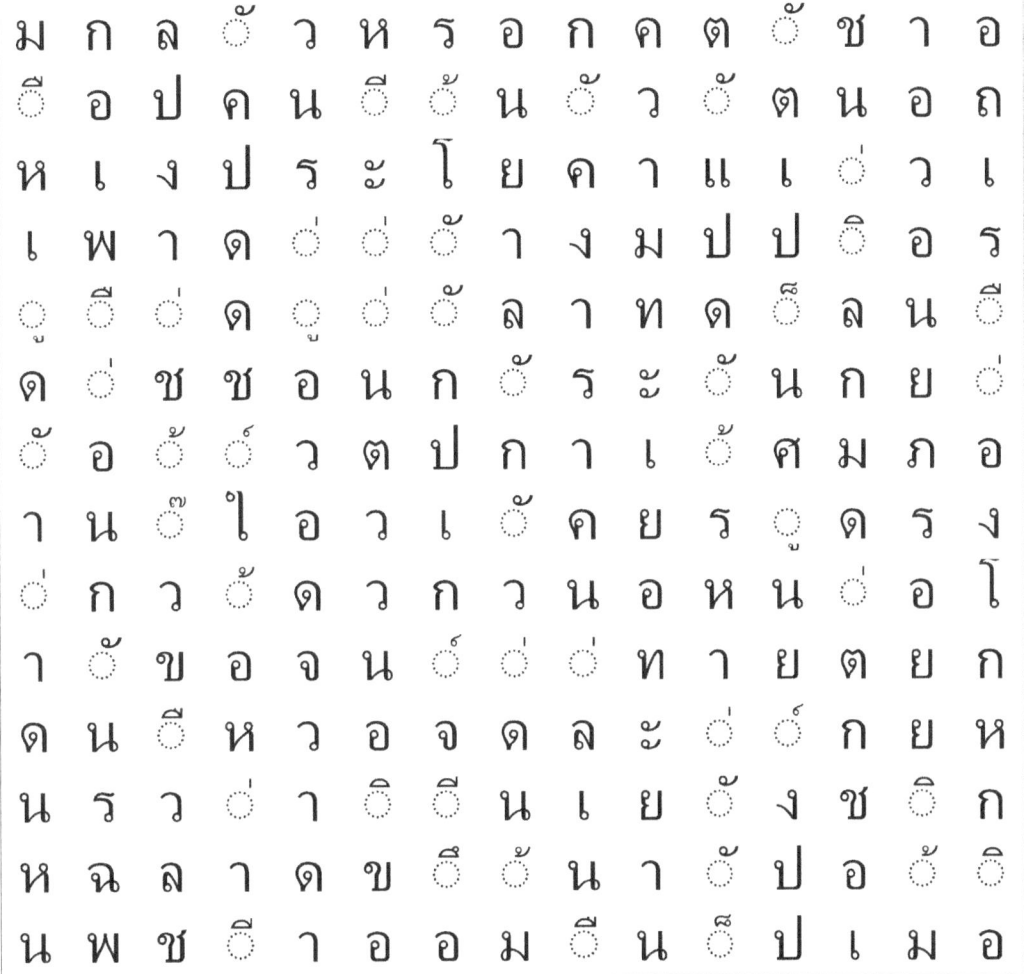

ม	ก	ล	◌ั	ว	ห	ร	อ	ก	ค	ต	◌ั	ช	า	อ
◌ี	อ	ป	ค	น	◌ี	◌้	น	◌ั	ว	◌ั	ต	น	อ	ถ
ห	เ	ง	ป	ร	ะ	โ	ย	ค	า	แ	เ	◌่	ว	เ
เ	พ	า	ด	◌่	◌่	◌ั	า	ง	ม	ป	ป	◌ิ	อ	ร
◌ู	◌ี	◌่	ด	◌ู	◌่	◌ั	ล	า	ท	ด	◌็	ล	น	◌ี
ด	◌่	ช	ช	อ	น	ก	◌ั	ร	ะ	◌ั	น	ก	ย	◌่
◌ั	อ	◌้	◌์	ว	ต	ป	ก	า	เ	◌้	ศ	ม	ภ	อ
า	น	◌๊	ไ	อ	ว	เ	◌ั	ค	ย	ร	◌ู	ด	ร	ง
◌่	ก	ว	◌้	ด	ว	ก	ว	น	อ	ห	น	◌่	อ	โ
า	◌ั	ข	อ	จ	น	◌์	◌่	◌่	ท	า	ย	ต	ย	ก
ด	น	◌ี	ห	ว	อ	จ	ด	ล	ะ	◌่	◌์	ก	ย	ห
น	ร	ว	◌่	า	◌ิ	◌ี	น	เ	ย	◌ั	ง	ช	◌ิ	ก
ห	ฉ	ล	า	ด	ข	◌ื	◌้	น	า	◌ั	ป	อ	◌้	◌ิ
น	พ	ช	◌ี	า	อ	อ	ม	◌ี	น	◌็	ป	เ	ม	อ

เล่นคารา
เป็นศูนย์
ช่าง
กลัวหรอก
เพื่อนกัน
ความทะเยอทะยาน
ฉลาดขึ้น
แปด
ถอนตัว
วันนี้
เรื่องโกหก
รอยยิ้ม
ข้อตกลง
หรือ
ดมกลิ่น
ประโยค
รัก
มองดู
ดูเหมี
เป็นมืออาชีพ

Puzzle 82

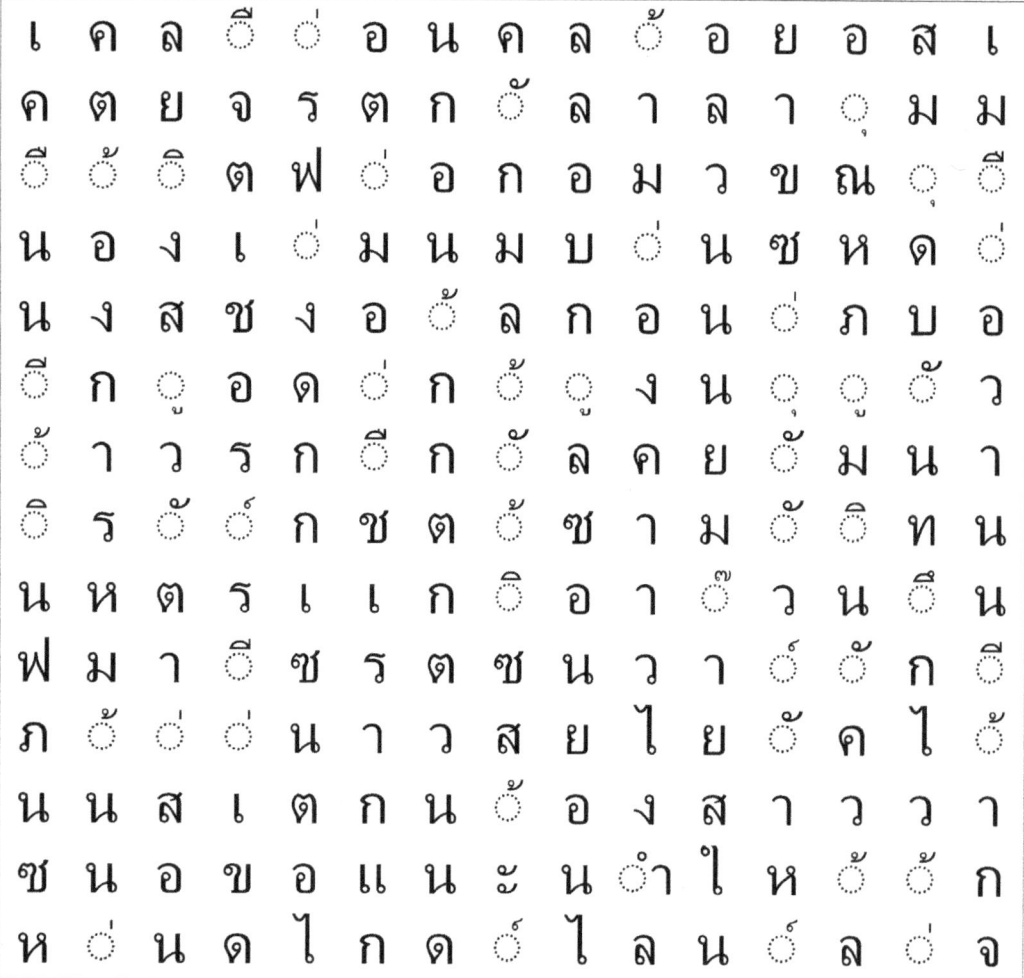

เ	ค	ล	◌ี	◌่	อ	น	ค	ล	◌้	อ	ย	อ	ส	เ
ค	ต	ย	จ	ร	ต	ก	◌ั	ล	า	ล	า	◌ุ	ม	ม
◌ี	◌้	◌ิ	ต	ฟ	◌่	อ	ก	อ	ม	ว	ข	ณ	◌ุ	◌ี
น	อ	ง	เ	◌่	ม	น	ม	บ	◌่	น	ซ	ห	ด	◌่
น	ง	ส	ช	ง	อ	◌้	ล	ก	อ	น	◌่	ภ	บ	อ
◌ี	ก	◌ู	อ	ด	◌่	ก	◌้	◌ู	ง	น	◌ุ	◌ู	◌ั	ว
◌้	า	ว	ร	ก	◌ื	ก	◌ั	ล	ค	ย	◌ั	ม	น	า
◌ิ	ร	◌ั	◌์	ก	ช	ต	◌้	ซ	า	ม	◌ั	◌ิ	ท	น
น	ห	ต	ร	เ	เ	ก	◌ิ	อ	า	◌๊	ว	น	◌ื	น
ฟ	ม	า	◌ี	ซ	ร	ต	ซ	น	ว	า	◌์	◌ั	ก	◌ี
ภ	◌้	◌่	◌่	น	า	ว	ส	ย	ไ	ย	◌ั	ค	ไ	◌้
น	น	ส	เ	ต	ก	น	◌้	อ	ง	ส	า	ว	ว	า
ซ	น	อ	ข	อ	แ	น	ะ	น	◌ำ	ไ	ห	◌้	◌้	ก
ห	◌่	น	ด	ไ	ก	ด	◌์	ไ	ล	น	◌์	ล	◌่	จ

เชอร์รี่
ไกด์ไลน์
ต่อกั
การเชื่อมต่อ
ตัวสูง
กล้อง
ลูกบอล
ขาย
ขอแนะนำให้
น้องสาว
สมุดบันทึกไว้
อายุ
คืนนี้
อุณหภูมิ
ยิง
ต้องการ
เคลื่อนคล้อย
สอน
เมื่อวานนี้
สนาม

Puzzle 83

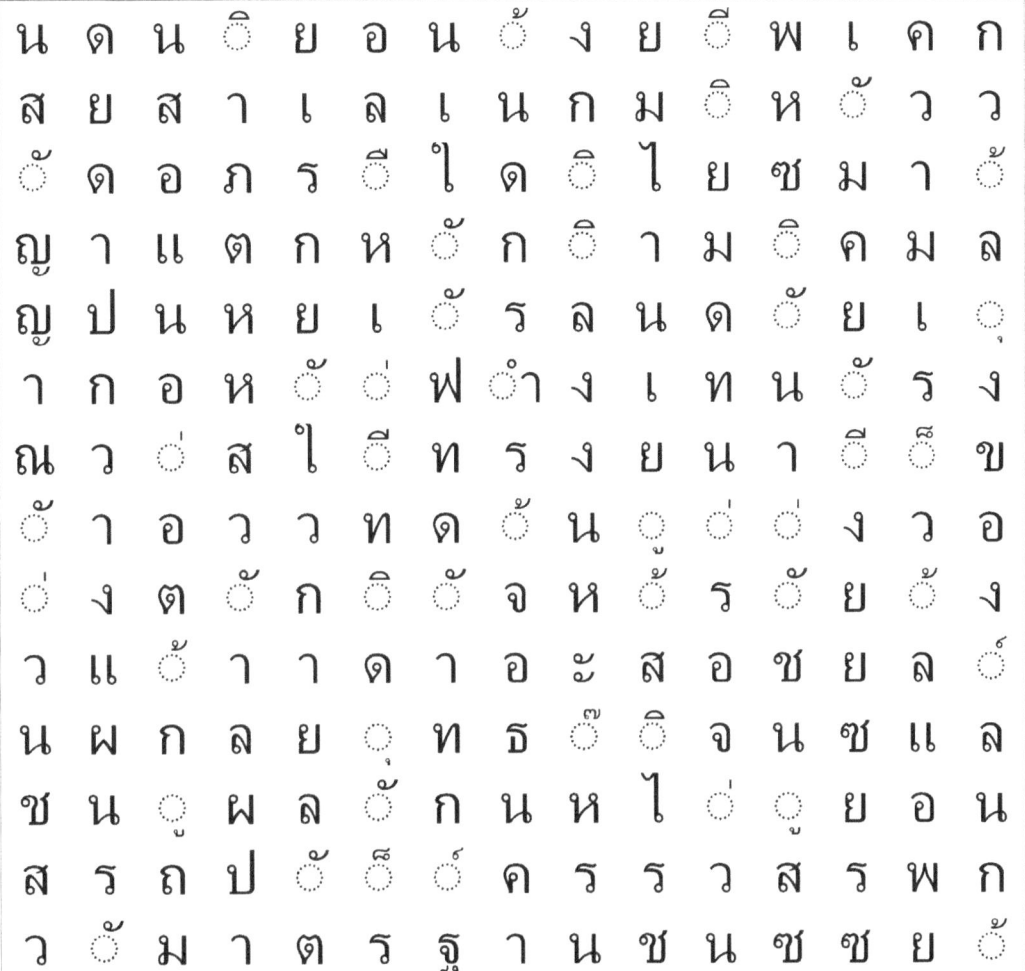

น	ด	น	◌ิ	ย	อ	น	◌้	ง	ย	◌ี	พ	เ	ค	ก
ส	ย	ส	า	เ	ล	เ	น	ก	ม	◌ิ	ห	◌ั	ว	ว
◌ั	ด	อ	ภ	ร	◌ี	ไ	ด	◌ิ	ไ	ย	ซ	ม	า	◌้
ญ	า	แ	ต	ก	ห	◌ั	ก	◌ิ	า	ม	◌ิ	ค	ม	ล
ญ	ป	น	ห	ย	เ	◌ั	ร	ล	น	ด	◌ั	ย	เ	◌ุ
า	ก	อ	ห	◌ั	◌่	ฟ	◌ำ	ง	เ	ท	น	◌ั	ร	ง
ณ	ว	◌่	ส	ไ	◌ี	ท	ร	ง	ย	น	า	◌ี	◌็	ข
◌ั	า	อ	ว	ว	ท	ด	◌้	น	◌ู	◌่	◌่	ง	ว	อ
◌่	ง	ต	◌ั	ก	◌ิ	◌ั	จ	ห	◌้	ร	◌ั	ย	◌้	ง
ว	แ	◌้	า	า	ด	า	อ	ะ	ส	อ	ช	ย	ล	◌์
น	ผ	ก	ล	ย	◌ุ	ท	ธ	◌๊	◌ิ	จ	น	ซ	แ	ล
ช	น	◌ู	ผ	ล	◌ั	ก	น	ห	ไ	◌่	◌ู	ย	อ	น
ส	ร	ถ	ป	◌ั	◌็	◌์	ค	ร	ร	ว	ส	ร	พ	ก
ว	◌ั	ม	า	ต	ร	ฐ	า	น	ช	น	ซ	ซ	ย	◌้

พอแล้ว
เพียงน้อยนิด
วางแผน
ลุงของ
สะอาด
อยู่ไหน
ความเร็ว
ถูกต้อ
ใส่
แตกหัก
ที่เหลือ
กลยุทธ
สัญญาณ
ทำลาย
พรสวรรค์
เดินทาง
มาตรฐาน
อ่อนแอ
ผลัก
ดั้งเดิม

Puzzle 84

ๆ	ท	า	ง	ต	ะ	ว	◌ั	น	อ	อ	ก	อ	◌ั	ฝ
บ	ง	อ	เ	น	อ	◌้	ป	ม	◌้	ซ	ล	บ	◌้	เ
อ	ย	◌ู	◌่	เ	ห	น	◌ื	อ	◌ี	ด	น	ข	า	เ
ร	◌่	แ	า	◌ู	ก	น	◌ั	ม	ช	ป	◌์	น	ด	◌ั
า	◌ี	จ	ห	น	◌์	◌ู	น	ก	ง	ว	◌ั	ม	◌์	น
ส	ส	◌ั	◌ิ	ล	ก	ต	น	◌ั	ว	ะ	ต	ญ	น	ม
โ	เ	ว	◌์	อ	◌่	◌ิ	า	ค	◌้	ก	◌ู	ล	ห	◌ิ
น	บ	ช	ห	ม	ป	ง	า	ย	◌่	อ	ก	◌ี	อ	า
ว	อ	ว	น	ล	ห	า	ข	◌ั	จ	◌ื	า	น	ไ	ต
◌์	ช	ง	◌ิ	น	ก	◌่	◌ั	◌่	ค	ล	ม	ย	น	◌ิ
◌ั	ย	ศ	ท	เ	ะ	ร	ป	◌็	า	เ	ก	◌่	◌ี	ว
น	◌้	◌ำ	ผ	ล	ไ	ม	◌้	◌ั	เ	ว	า	ซ	น	ซ
เ	ร	◌ี	ย	น	จ	บ	ค	◌ั	◌ิ	ซ	ย	ร	◌ู	◌ั
ด	า	◌ั	ว	◌่	ไ	ส	จ	ต	ไ	เ	ป	◌ี	ย	ก

อยู่เหนือ
สโนว์
รอบๆ
ป้อนเอง
มีปัญหา
อบขนม
ชอบเสี่ยง
วิตามิน
เรียนจบ
ทางตะวันออก
แหล่งข่าว
ตะวันตก
อีกอย่าง
ยากมาก
ลูกค้า
เปียก
ประเทศ
เลือก
ศิลปิน
น้ำผลไม้

Puzzle 85

ก	อ	ร	ว	เ	ท	◌้	า	ค	า	ฟ	ล	โ	◌่	า
ร	◌ิ	ย	◌ั	ง	ไ	ง	ก	◌็	ต	า	ค	◌ั	ช	อ
ถ	า	น	◌ุ	น	ห	า	◌้	ซ	จ	ร	า	า	ไ	น
ย	น	อ	ไ	น	น	ห	◌์	ต	ง	ด	◌ิ	ข	◌ั	น
น	ย	ผ	เ	ด	◌ิ	ป	เ	ก	า	◌่	ต	เ	◌ั	◌้
ต	ก	ว	น	ร	◌้	◌ั	า	◌้	ก	เ	จ	ก	◌ั	◌ั
◌์	ช	ง	ค	ป	ษ	ร	ร	ว	ต	ศ	น	ว	ก	◌ั
ท	◌้	น	ป	โ	ร	◌ู	◌ื	ง	เ	อ	น	พ	บ	◌์
◌ี	อ	ไ	ร	◌้	ภ	ต	◌ิ	ป	◌ี	◌ั	บ	ง	◌่	ร
◌่	น	ล	ย	ด	◌ั	◌ั	ห	ม	◌่	ต	า	อ	ง	ว
ร	จ	า	◌ี	ไ	ก	ศ	ห	เ	ช	า	ส	ข	บ	◌ั
◌้	ส	า	ย	ล	ม	เ	เ	ฟ	◌้	ก	ว	◌ั	อ	ง
า	ไ	ส	◌้	ก	ร	อ	ก	ด	◌้	ว	ย	น	ก	ซ
ย	อ	ย	◌่	า	ง	ม	◌ี	เ	ก	◌ี	ย	ร	ต	◌ิ

เหมือนกัน
ไส้กรอกด้วย
โครงการ
ศัตรู
อย่างมีเกียรติ
ช้อน
รถยนต์ที่ร้าย
สายลม
หนุน
ยังไงก็ตา
บ่งบอก
เก้า
ของพวกเขา
บาส
ศตวรรษ
กินได้รึป่าว
เต่า
ได้โปรด
เท้า
เปิดเผย

Puzzle 86

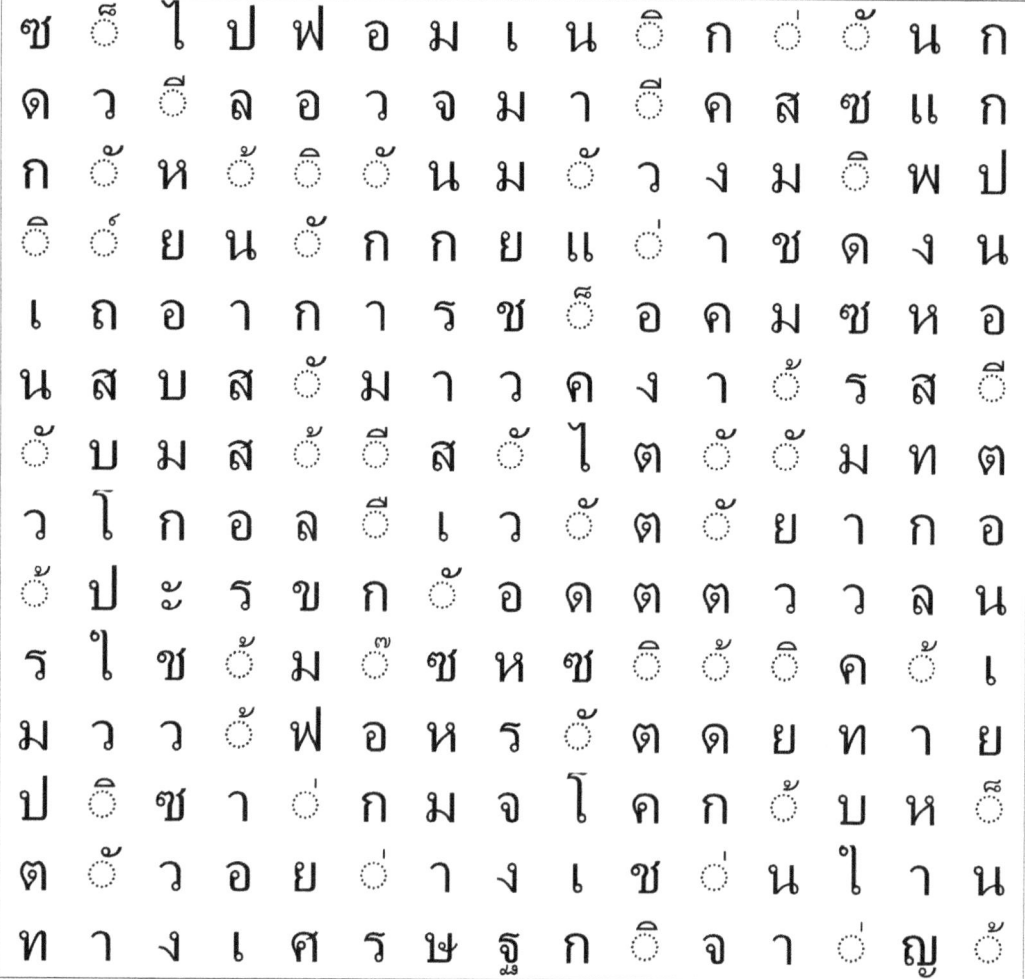

ซ	◌็	ไ	ป	ฟ	อ	ม	เ	น	◌ิ	ก	◌่	◌ั	น	ก
ด	ว	◌ี	ล	อ	ว	จ	ม	า	◌ี	ค	ส	ซ	แ	ก
ก	◌ั	ห	◌้	◌ิ	◌ั	น	ม	◌ั	ว	ง	ม	◌ิ	พ	ป
◌ิ	◌์	ย	น	◌ั	ก	ก	ย	แ	◌่	า	ช	ด	ง	น
เ	ถ	อ	า	ก	า	ร	ช	◌็	อ	ค	ม	ซ	ห	อ
น	ส	บ	ส	◌ั	ม	า	ว	ค	ง	า	◌้	ร	ส	◌ี
◌ั	บ	ม	ส	◌ั	◌ี	ส	◌ั	ไ	ต	◌ั	◌ั	ม	ท	ต
ว	โ	ก	อ	ล	◌ี	เ	ว	◌ั	ต	◌ั	ย	า	ก	อ
◌้	ป	ะ	ร	ข	ก	◌ั	อ	ด	ต	ต	ว	ว	ล	น
ร	ไ	ช	◌้	ม	◌๊	ซ	ห	ซ	◌ิ	◌้	◌ิ	ค	◌้	เ
ม	ว	ว	◌้	ฟ	อ	ห	ร	◌ั	ต	ด	ย	ท	า	ย
ป	◌ิ	ซ	า	◌่	ก	ม	จ	โ	ค	ก	◌้	บ	ห	◌็
ต	◌ั	ว	อ	ย	◌่	า	ง	เ	ช	◌่	น	ไ	า	น
ท	า	ง	เ	ศ	ร	ษ	ฐ	ก	◌ิ	จ	า	◌่	ญ	◌ั

ตัวเลือก
ก๊อก
คางคก
วันเกิด
โต้วาที
บทความ
ตัวอย่างเช่น
เสมอ
แพง
ตอนเย็น
ปล้น
อาการช็อค
อักขระ
โบสถ์
สร้างความสับสน
กล้าหาญ
ยัง
ทางเศรษฐกิจ
สีส้ม
แยกกัน

Puzzle 87

ว	ก	จ	ย	◌ั	ง	ท	ล	ค	แ	ล	◌้	ว	ส	ร
ก	◌๊	◌ั	ต	ว	ด	น	◌่	ะ	◌ั	ว	น	า	◌ี	◌่
ซ	ภ	ช	ด	ว	ค	า	อ	แ	ต	อ	เ	ม	ข	◌ำ
◌ั	จ	ว	ม	ล	ย	ย	ง	น	◌ี	ป	น	ภ	า	ร
แ	า	ข	เ	ก	ว	พ	ห	น	◌่	ว	แ	ว	ว	ว
ด	ต	า	ห	ย	◌ั	◌ิ	น	◌ิ	ร	◌์	ล	ม	ไ	ย
ค	ม	◌่	ม	น	ว	ฟ	ไ	า	ไ	ห	ไ	ย	น	ท
น	ไ	ส	◌้	อ	ม	ด	◌็	จ	เ	น	ห	ว	ต	◌ี
◌็	จ	ย	อ	อ	ไ	ส	น	ม	◌ั	◌ี	ล	ด	ย	◌่
ภ	ห	ซ	ว	ว	อ	อ	◌้	ว	◌้	า	◌่	ป	◌ิ	ส
อ	◌ิ	◌ั	ก	ป	◌ิ	ล	ค	ว	น	◌้	◌ั	ห	น	◌ุ
ค	ว	า	ม	ส	◌ำ	เ	ร	◌็	จ	ร	ว	อ	น	ด
ค	ว	า	ม	พ	ย	า	ย	า	ม	อ	ช	ย	น	ซ
ก	ย	ร	◌์	ส	ช	ก	◌ั	ว	◌้	ห	ฟ	◌ั	◌้	ป

ไหล่
ดาวดวง
สีขาว
แต่
ล่องหน
ทนาย
คะแนน
พวกเขา
ล้มเหลว
ความพยายาม

ความสำเร็จ
แว่น
แล้ว
ส้อม
เจ็ด
ปีน
ริน
คลิป
ไมล์
ร่ำรวยที่สุด

Puzzle 88

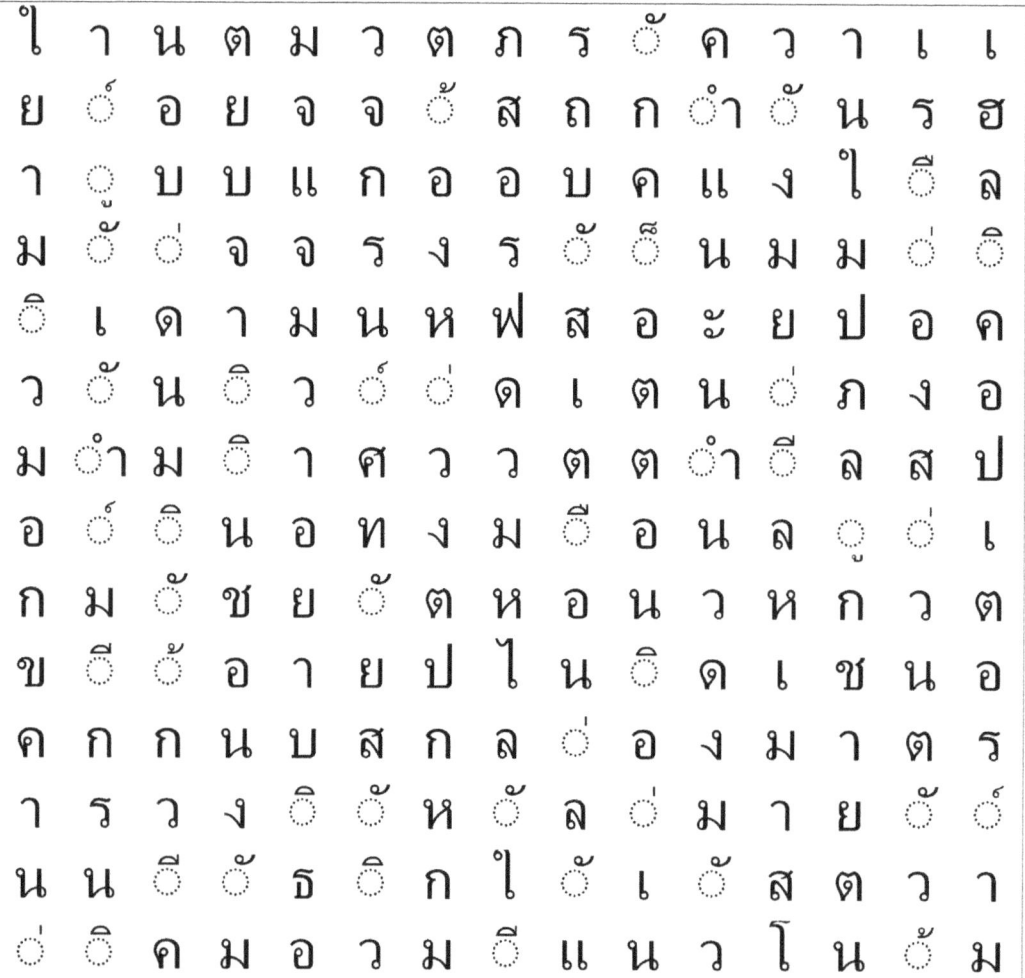

ไ	า	น	ต	ม	ว	ต	ภ	ร	◌ั	ค	ว	า	เ	เ
ย	◌์	อ	ย	จ	จ	◌้	ส	ถ	ก	◌ำ	◌ั	น	ร	ฮ
า	◌ู	บ	บ	แ	ก	อ	อ	บ	ค	แ	ง	ไ	◌ี	ล
ม	◌ั	◌่	จ	จ	ร	ง	ร	◌ั	◌็	น	ม	ม	◌่	◌ิ
◌ิ	เ	ด	า	ม	น	ห	ฟ	ส	อ	ะ	ย	ป	อ	ค
ว	◌ั	น	◌ิ	ว	◌์	◌่	ด	เ	ต	น	◌่	ภ	ง	อ
ม	◌ำ	ม	◌ิ	า	ศ	ว	ว	ต	ต	◌ำ	◌ี	ล	ส	ป
อ	◌์	◌ิ	น	อ	ท	ง	ม	◌ี	อ	น	ล	◌ู	◌่	เ
ก	ม	◌ั	ช	ย	◌ั	ต	ห	อ	น	ว	ห	ก	ว	ต
ข	◌ี	◌้	อ	า	ย	ป	ไ	น	◌ิ	ด	เ	ช	น	อ
ค	ก	ก	น	บ	ส	ก	ล	◌่	อ	ง	ม	า	ต	ร
า	ร	ว	ง	◌ิ	◌ั	ห	◌ั	ล	◌่	ม	า	ย	◌ั	◌์
น	น	◌ี	◌ั	ธ	◌ิ	ก	ไ	◌ั	เ	◌ั	ส	ต	ว	า
◌่	◌ิ	ค	ม	อ	ว	ม	◌ี	แ	น	ว	โ	น	◌้	ม

เตือน
ขี้อาย
ออกแบบ
เฮลิคอปเตอร์
กล่อง
ค็อตตอน
มีแนวโน้ม
เดินไป
อธิบาย
เรื่องส่วนตัว
อำนาจ
ต้องห่วง
คำแนะนำ
ลูกชาย
หมวดฟรอส
สามเหลี่ยม
ยู่
ครีม
รถบัส
วิสัยทัศน์

Puzzle 89

ค	◌ู	◌่	ห	ภ	ว	◌ู	◌์	ส	ห	น	เ	า	แ	ว
◌ี	ว	ช	◌์	ย	ท	พ	แ	◌ั	ย	เ	น	ว	ค	◌ิ
ห	◌้	◌ู	ร	ม	า	ว	ค	ต	น	ไ	◌่	น	ว	ท
จ	◌ั	ย	◌์	ร	อ	บ	เ	ว	ซ	น	ข	แ	า	ย
ท	ม	ก	ก	ค	ว	น	ค	◌์	ต	ย	ห	ถ	ม	า
ล	◌่	ม	ห	ไ	ต	ด	บ	า	า	ข	อ	◌ู	ก	น
◌์	◌ุ	า	◌้	◌ิ	น	◌ิ	◌ั	ป	ย	◌ี	ภ	ก	ว	◌ิ
◌๊	ล	ย	น	ต	ส	ก	ร	◌ั	เ	เ	า	ก	◌้	พ
ว	ก	◌ู	◌ิ	ป	น	อ	ห	า	◌้	◌้	ถ	ฎ	า	น
◌ั	ก	อ	ร	แ	ร	◌ั	◌ำ	ห	ย	◌ู	◌ู	ห	ง	ธ
ถ	อ	ย	ด	◌ั	ว	ะ	ส	◌ิ	ร	ผ	ก	ม	◌่	◌์
ต	ก	ด	จ	ด	◌ั	◌ี	ธ	ภ	ซ	◌ี	จ	า	◌ิ	ย
ก	ล	◌ู	ก	โ	ป	◌่	ง	า	ส	◌ั	◌ั	ย	ส	◌็
แ	ส	ด	ง	ไ	◌ั	ว	ภ	ว	น	อ	บ	ม	◌ิ	ซ

ความกว้าง
แว่นตากันแดด
เบอร์
วิทยานิพนธ์
แขน
ผู้เขียน
ใคร
แพทย์
ท่านประธาน
หยาบคาย

สิ่ง
ถูกจับ
ถูกกฎหมาย
สำหรับ
กลูกโป่ง
ความรู้
กลุ่ม
ถอย
แสดง
สัตว์

Puzzle 90

ภ	◌ั	ฟ	◌ั	ต	ท	จ	ค	◌ุ	ณ	◌ิ	ต	◌้	น	ท
า	น	ต	◌๊	◌ั	◌ำ	◌ำ	ย	◌้	ก	◌ิ	น	ย	◌์	◌ี
ษ	ภ	ป	ม	◌ั	ร	เ	น	◌ู	ว	ง	◌ี	ศ	ก	◌่
า	ม	ไ	โ	เ	◌้	ป	ต	◌ี	ซ	ร	ส	◌ั	า	ท
◌ั	ล	ะ	อ	ค	า	◌็	ช	◌ั	เ	ค	อ	า	ร	◌ำ
ผ	โ	จ	ก	ร	ย	น	◌ี	ท	แ	ไ	ง	อ	ท	ง
◌้	ช	เ	า	◌่	ก	ห	บ	◌ี	ห	ม	ส	ย	◌ำ	า
ง	ค	◌ั	ส	ง	ม	ร	ไ	◌่	ล	◌ี	า	◌ู	ล	น
อ	ด	◌้	ท	ศ	า	อ	ค	ณ	◌่	◌่	ม	◌่	า	อ
ข	◌ี	ไ	◌ี	า	◌ั	ร	◌ั	◌ุ	ง	ม	น	อ	ย	ย
น	น	ส	◌่	ส	ก	◌ั	ก	ค	ป	ไ	ช	◌่	ล	◌ู
◌้	ะ	น	ด	น	น	ซ	ส	บ	◌้	◌ั	ว	◌ี	◌้	◌่
◌ุ	ห	ไ	◌ี	า	ว	ย	ย	อ	อ	า	น	ท	า	เ
ห	น	◌้	า	ต	◌่	า	ง	ข	น	า	น	ฟ	ง	ก

บทเรียน
โชคดีนะ
ผลไม้
สองสาม
การทำลายล้าง
เคร่งศาสนา
คุณ
ขอบคุณที่
โอกาสที่ดี
จำเป็นหรอ
ทำร้าย
ภาษา
แหล่งป้อน
หุ้นของ
ที่อยู่อาศัย
ที่ทำงานอยู่
จะไป
ชีวิต
ไม่มีใคร
หน้าต่าง

Puzzle 91

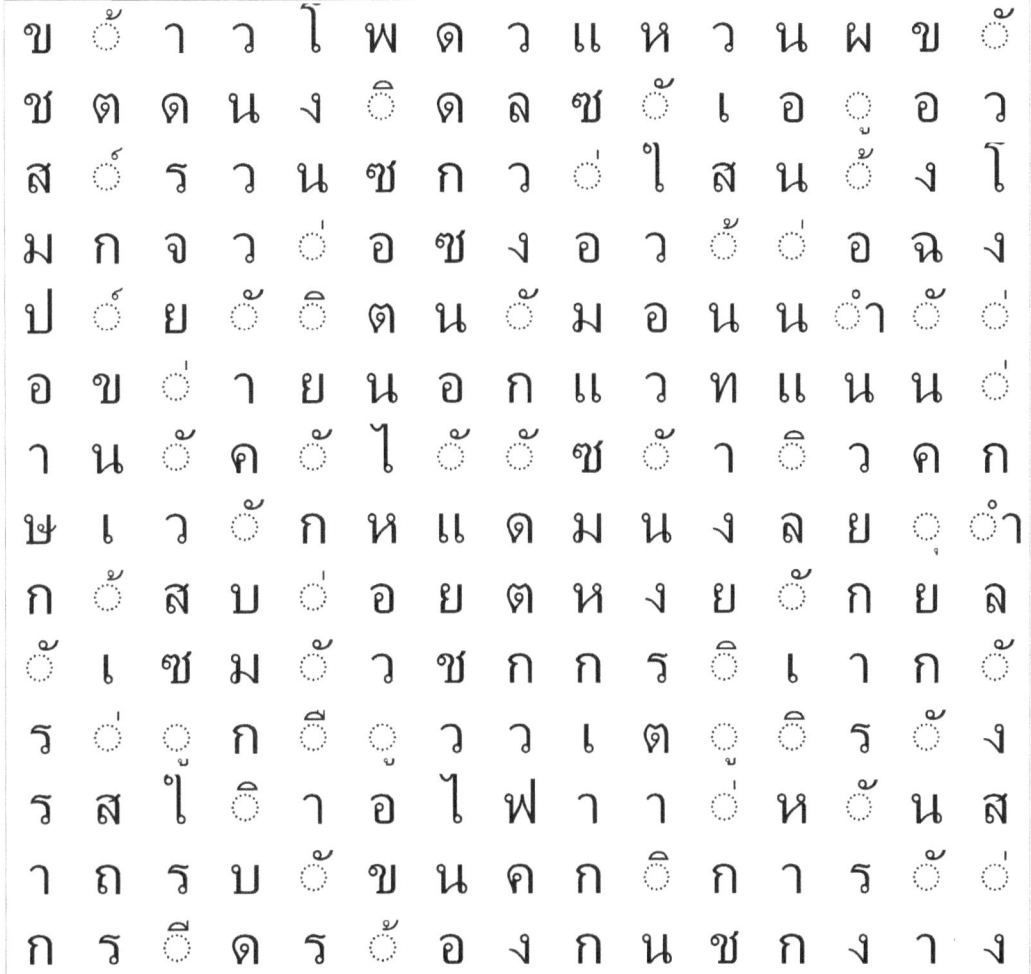

ข	◌้	า	ว	โ	พ	ด	ว	แ	ห	ว	น	ผ	ข	◌ั
ช	ต	ด	น	ง	◌ิ	ด	ล	ซ	◌ั	เ	อ	◌ู	อ	ว
ส	◌์	ร	ว	น	ซ	ก	ว	◌่	ไ	ส	น	◌้	ง	โ
ม	ก	จ	ว	◌่	อ	ซ	ง	อ	ว	◌้	◌่	อ	ฉ	ง
ป	◌์	ย	◌ั	◌ิ	ต	น	◌ั	ม	อ	น	น	◌ำ	◌ั	◌่
อ	ข	◌่	า	ย	น	อ	ก	แ	ว	ท	แ	น	น	◌่
า	น	◌ั	ค	◌ั	ไ	◌ั	◌ั	ซ	◌ั	า	◌ิ	ว	ค	ก
ษ	เ	ว	◌ั	ก	ห	แ	ด	ม	น	ง	ล	ย	◌ุ	◌ำ
ก	◌้	ส	บ	◌่	อ	ย	ต	ห	ง	ย	◌ั	ก	ย	ล
◌ั	เ	ซ	ม	◌ั	ว	ช	ก	ก	ร	◌ิ	เ	า	ก	◌ั
ร	◌่	◌ู	ก	◌ี	◌ู	ว	ว	เ	ต	◌ู	◌ิ	ร	◌ั	ง
ร	ส	ไ	◌ิ	า	อ	ไ	ฟ	า	า	◌่	ห	◌ั	น	ส
า	ถ	ร	บ	◌ั	ข	น	ค	ก	◌ิ	ก	า	ร	◌ั	◌่
ก	ร	◌ี	ด	ร	◌้	อ	ง	ก	น	ช	ก	ง	า	ง

เสมือน
โง่
กำลังส่ง
ผู้อำนวยการ
ซ่อมแซม
เส้นทาง
กรีดร้อง
บ่อย
ข้าวโพด
การรักษา

อข่ายนอก
แน่นอน
แตกต่าง
หรูหรา
แหวน
กังวล
ของฉัน
วัน
คนขับรถ
คุยกัน

Puzzle 92

ก	ป	า	ร	ง	บ	ส	ถ	◌ั	◌่	ม	ว	ข	ว	ท
ล	◌้	◌ั	ม	ซ	◌ั	ห	◌ู	ร	น	ย	ผ	◌้	น	◌ี
า	◌ั	◌ั	◌ั	ม	ก	◌ำ	ก	จ	ก	◌ู	เ	า	ส	◌่
ง	า	ว	ร	ฟ	น	อ	ก	◌ั	◌้	ข	เ	ง	า	อ
เ	ด	ก	น	ะ	ท	ส	ฏ	ไ	◌้	ว	อ	ห	ธ	ย
ม	◌ั	◌ั	น	ต	ฟ	ต	ห	า	ว	ร	◌ั	ล	า	◌ู
◌ื	ง	แ	◌ิ	น	า	◌่	ม	ไ	เ	ฟ	ช	◌ั	ร	◌่
อ	◌ำ	◌้	ม	อ	ญ	า	า	น	ห	ย	า	ง	ณ	อ
ค	ด	ส	◌ุ	ท	◌ี	◌่	ย	◌่	แ	◌่	◌ี	ท	ะ	า
◌้	ช	ด	ท	◌่	า	น	น	า	ย	พ	ล	ว	ก	ศ
า	ช	ว	ว	ย	น	อ	◌ั	ต	ร	า	ก	า	ร	◌ั
ช	ร	◌่	◌ำ	ร	ว	ย	ท	◌ี	◌่	ส	◌ุ	ด	ส	ย
ว	◌ั	ห	◌์	ป	ส	ป	ห	ว	◌์	ต	◌ั	ส	◌ี	ก
เ	ข	◌้	า	ร	◌่	ว	ม	ห	น	า	ต	ฟ	◌่	ว

ที่แย่ที่สุด
เข้าร่วม
ดัง
รัช
เข้ามา
สี่
สวน
ท่านนายพล
อัตราการ
วนสาธารณะ

ทนกับ
ผู้ใหญ่
ข้างหลัง
หวี
กลางเมือ
ร่ำรวยที่สุด
คำแนะนำ
สัตว์
ถูกกฎหมาย
ที่อยู่อาศัย

Puzzle 93

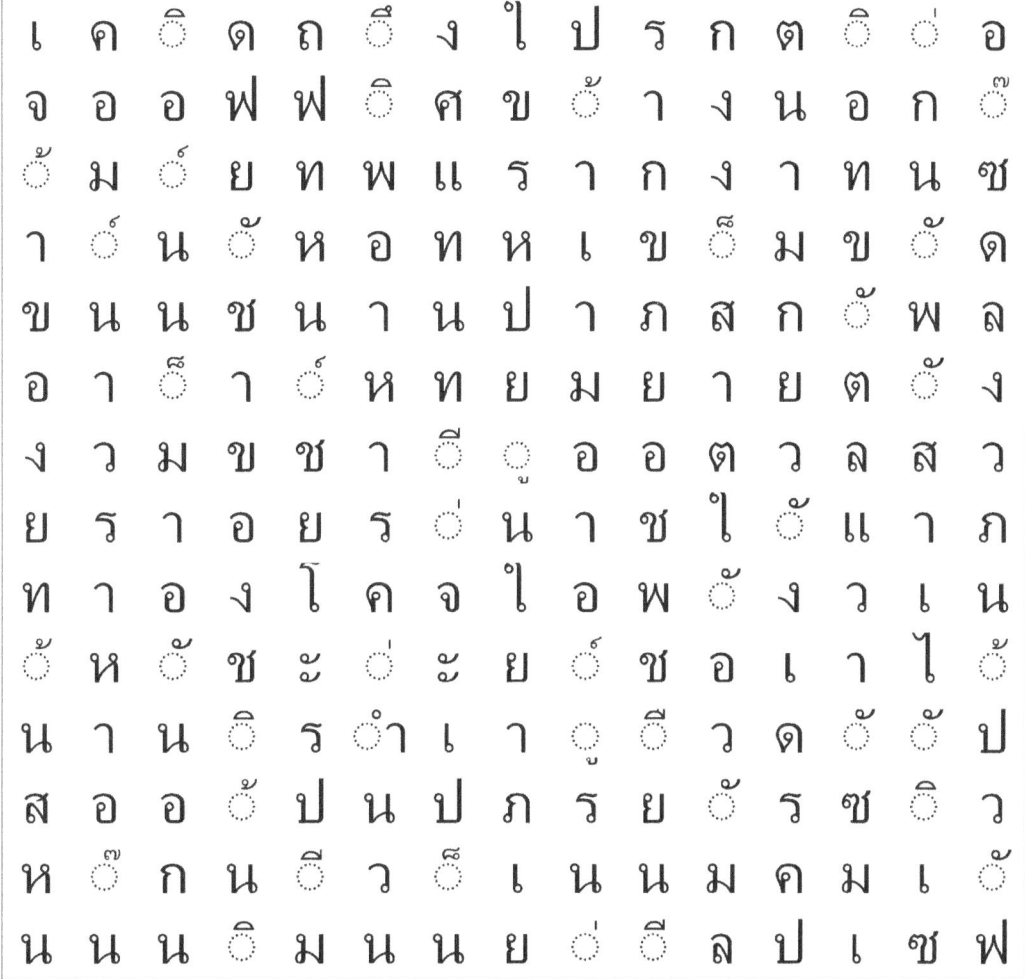

เ	ค	ิ	ด	ถ	ึ	ง	ไ	ป	ร	ก	ต	ิ	่	อ
จ	อ	อ	ฟ	ฟ	ิ	ศ	ข	้	า	ง	น	อ	ก	๊
้	ม	์	ย	ท	พ	แ	ร	า	ก	ง	า	ท	น	ซ
า	์	น	ั	ห	อ	ท	ห	เ	ข	็	ม	ข	ั	ด
ข	น	น	ช	น	า	น	ป	า	ภ	ส	ก	ั	พ	ล
อ	า	็	า	์	ห	ท	ย	ม	ย	า	ย	ต	ั	ง
ง	ว	ม	ข	ช	า	ี	ู	อ	อ	ต	ว	ล	ส	ว
ย	ร	า	อ	ย	ร	่	น	า	ช	ไ	ั	แ	า	ภ
ท	า	อ	ง	โ	ค	จ	ไ	อ	พ	ั	ง	ว	เ	น
้	ห	ั	ช	ะ	่	ะ	ย	์	ช	อ	เ	า	ไ	้
น	า	น	ิ	ร	ำ	เ	า	ุ	ี	ว	ด	ั	ั	ป
ส	อ	อ	้	ป	น	ป	ภ	ร	ย	ั	ร	ซ	ิ	ว
ห	๊	ก	น	ี	ว	็	เ	น	น	ม	ค	ม	เ	ั
น	น	น	ิ	ม	น	น	ย	่	ี	ล	ป	เ	ซ	ฟ

ออฟฟิศ
พัน
ของชิ้น
หายตัวไป
เจ้าของ
เข็มขัด
เดรค
ปรกติ
เปลี่ยน
ทรมาน

แทนที่จะเป็น
เรืองแสง
พอใจ
ข้างนอก
อาหาร
คิดถึง
อาหารค่ำ
ภายใน
ทางการแพทย์
มีประโยชน์

Puzzle 94

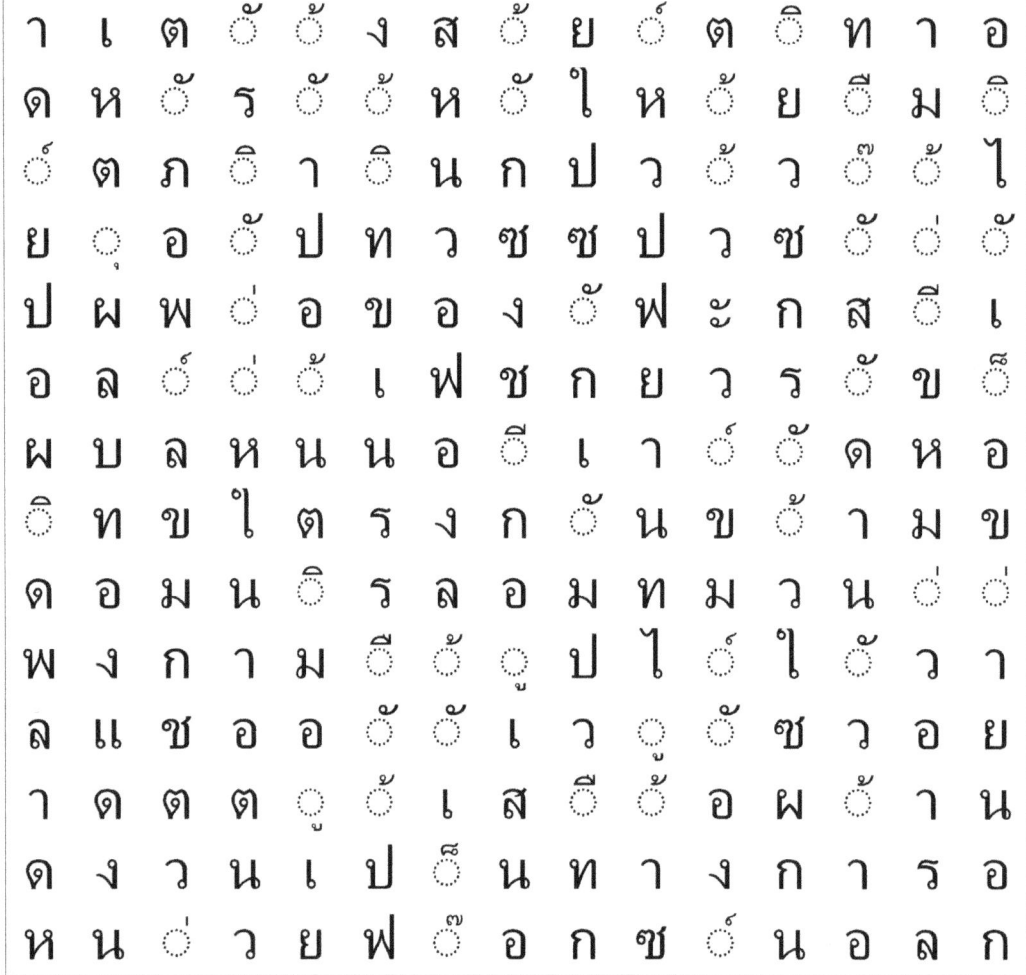

า	เ	ต	◌ั	◌้	ง	ส	◌้	ย	◌์	ต	◌ิ	ท	า	อ
ด	ห	◌ั	ร	◌ั	◌้	ห	◌ั	ไ	ห	◌้	ย	◌ี	ม	◌ิ
◌์	ต	ภ	◌ิ	า	◌ิ	น	ก	ป	ว	◌้	ว	◌๊	◌้	ไ
ย	◌ุ	อ	◌ั	ป	ท	ว	ซ	ซ	ป	ว	ซ	◌ั	◌่	◌ั
ป	ผ	พ	◌่	อ	ข	อ	ง	◌ั	ฟ	ะ	ก	ส	◌ี	เ
อ	ล	◌์	◌่	◌้	เ	ฟ	ช	ก	ย	ว	ร	◌ั	ข	◌็
ผ	บ	ล	ห	น	น	อ	◌ี	เ	า	◌์	◌ั	ด	ห	อ
◌ิ	ท	ข	ไ	ต	ร	ง	ก	◌ั	น	ข	◌้	า	ม	ข
ด	อ	ม	น	◌ิ	ร	ล	อ	ม	ท	ม	ว	น	◌่	◌่
พ	ง	ก	า	ม	◌ี	◌้	◌ู	ป	ไ	◌์	ไ	◌ั	ว	า
ล	แ	ช	อ	อ	◌ั	◌ั	เ	ว	◌ู	◌ั	ซ	ว	อ	ย
า	ด	ต	ต	◌ู	◌้	เ	ส	◌ี	◌้	อ	ผ	◌้	า	น
ด	ง	ว	น	เ	ป	◌็	น	ท	า	ง	ก	า	ร	อ
ห	น	◌่	ว	ย	ฟ	◌๊	อ	ก	ซ	◌์	น	อ	ล	ก

เหตุผล
เกลือ
ตรงกันข้าม
ให้ยืม
ทองแดง
หน่วยฟ๊อกซ์
ผิดพลาด
หลบ
ตั้ง
ทิ้ง
ตู้เสื้อผ้า
ขี่ม้า
พ่อของ
สัปปะรด
อาทิตย์
เป็นทางการ
อบขนม
ริน
ทนาย
อข่ายนอก

Puzzle 95

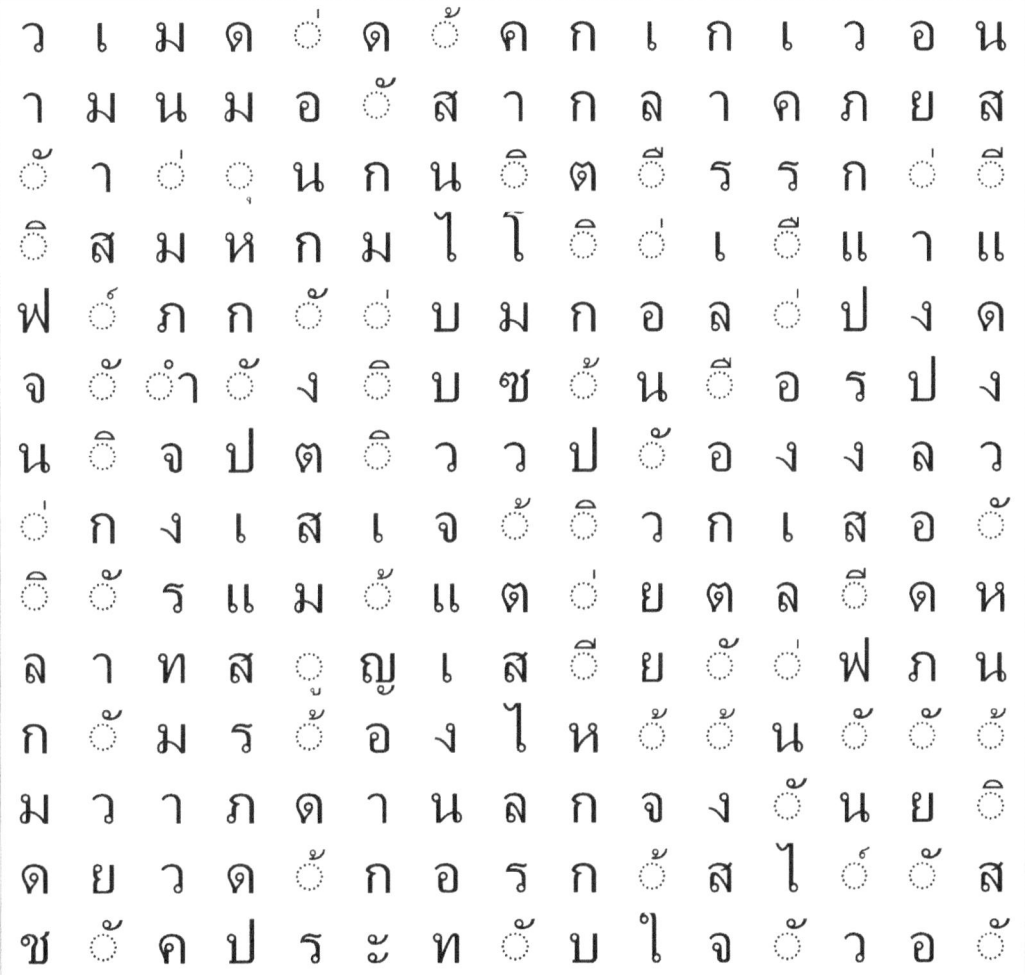

ว	เ	ม	ด	◌่	ด	◌้	ค	ก	เ	ก	เ	ว	อ	น
า	ม	น	ม	อ	◌ั	ส	า	ก	ล	า	ค	ภ	ย	ส
◌ั	า	◌่	◌ุ	น	ก	น	◌ิ	ต	◌ี	ร	ร	ก	◌่	◌ี
◌ิ	ส	ม	ห	ก	ม	ไ	โ	◌ิ	◌่	เ	◌ี	แ	า	แ
ฟ	◌์	ภ	ก	◌ั	◌่	บ	ม	ก	อ	ล	◌่	ป	ง	ด
จ	◌ั	◌ำ	◌ั	ง	◌ิ	บ	ซ	◌้	น	◌ี	อ	ร	ป	ง
น	◌ิ	จ	ป	ต	◌ิ	ว	ว	ป	◌ั	อ	ง	ง	ล	ว
◌่	ก	ง	เ	ส	เ	จ	◌้	◌ิ	ว	ก	เ	ส	อ	◌ั
◌ิ	◌ั	ร	แ	ม	◌้	แ	ต	◌่	ย	ต	ล	◌ี	ด	ห
ล	า	ท	ส	◌ู	ญ	เ	ส	◌ี	ย	◌ั	◌่	ฟ	ภ	น
ก	◌ั	ม	ร	◌้	อ	ง	ไ	ห	◌้	◌้	น	◌ั	◌ั	◌้
ม	ว	า	ภ	ด	า	น	ล	ก	จ	ง	◌ั	น	ย	◌ิ
ด	ย	ว	ด	◌้	ก	อ	ร	ก	◌้	ส	ไ	◌์	◌ั	ส
ช	◌ั	ค	ป	ร	ะ	ท	◌ั	บ	ใ	จ	◌ั	ว	อ	◌ั

สูญเสีย
การเติบโต
แปรงสีฟัน
เครื่องเล่น
ดอกไม้
แม้แต่
ประทับใจ
เมาส์
ปักหมุด
สีแดง

เลื่อน
ความทรงจำ
อย่างปลอดภัย
การเลือกตั้ง
สิบ
ร้องไห้
สิ้นหวัง
ดมกลิ่น
ไส้กรอกด้วย
วัน

Puzzle 96

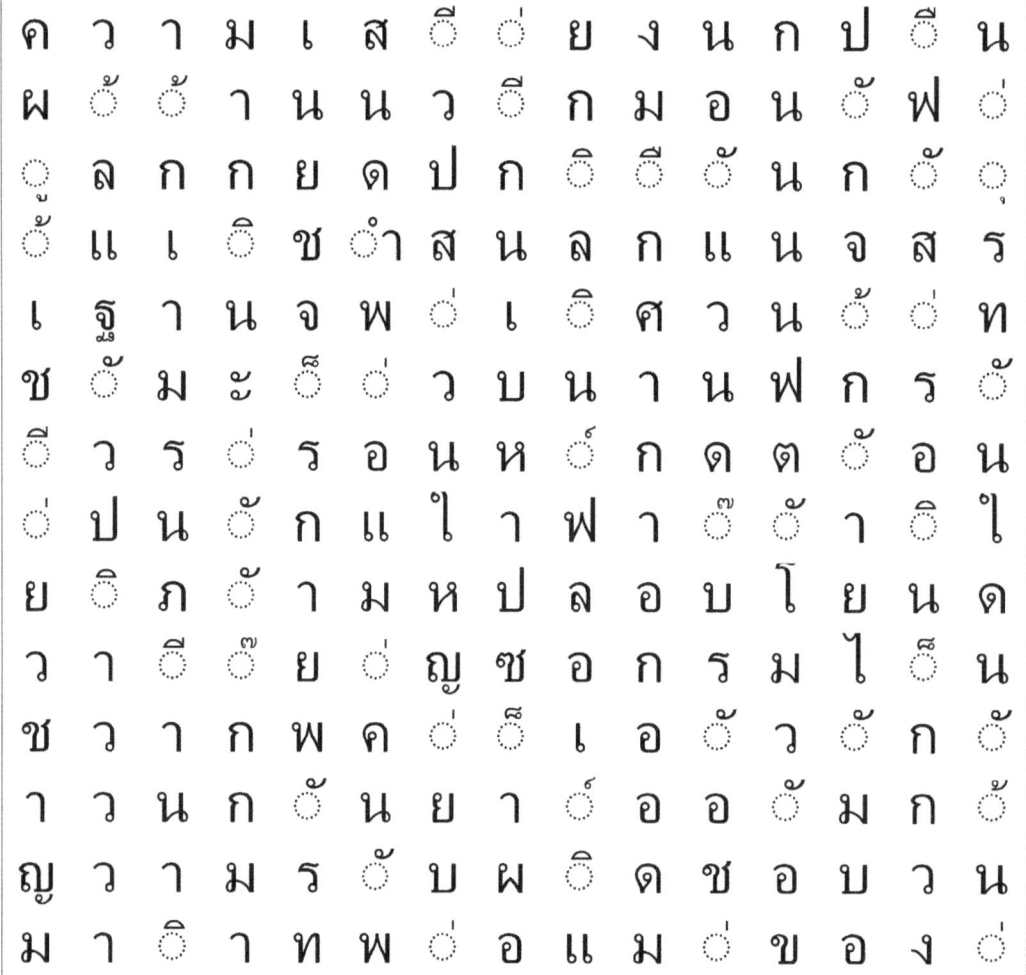

ค	ว	า	ม	เ	ส	◌ี	◌่	ย	ง	น	ก	ป	◌ื	น
ผ	◌้	◌้	า	น	น	ว	◌ี	ก	ม	อ	น	◌ั	ฟ	◌่
◌ู	ล	ก	ก	ย	ด	ป	ก	◌ิ	◌ี	◌ั	น	ก	◌ั	◌ุ
◌้	แ	เ	◌ิ	ช	◌ำ	ส	น	ล	ก	แ	น	จ	ส	ร
เ	ฐ	า	น	จ	พ	◌่	เ	◌ิ	ศ	ว	น	◌้	◌่	ท
ช	◌ั	ม	ะ	◌็	◌่	ว	บ	น	า	น	ฟ	ก	ร	◌ั
◌ี	ว	ร	◌่	ร	อ	น	ห	◌์	ก	ด	ต	◌ั	อ	น
◌่	ป	น	◌ั	ก	แ	ไ	า	ฟ	า	◌๊	◌ั	า	◌ิ	ไ
ย	◌ิ	ภ	◌ั	า	ม	ห	ป	ล	อ	บ	โ	ย	น	ด
ว	า	◌ี	◌๊	ย	◌่	ญ	ซ	อ	ก	ร	ม	ไ	◌็	น
ช	ว	า	ก	พ	ค	◌่	◌็	เ	อ	◌ั	ว	◌ั	ก	◌ั
า	ว	น	ก	◌ั	น	ย	า	◌์	อ	อ	◌ั	ม	ก	◌้
ญ	ว	า	ม	ร	◌ั	บ	ผ	◌ิ	ด	ช	อ	บ	ว	น
ม	า	◌ิ	า	ท	พ	◌่	อ	แ	ม	◌่	ข	อ	ง	◌่

พ่อแม่คน
แวน
วามรับผิดชอบ
ส่วนใหญ่
พ่อแม่ของ
นักบิน
เอลฟ์
ทันใดนั้น
ผู้เชี่ยวชาญ
ความเสี่ยง
ประจำปี
ออกอากาศ
ทรัพยากร
ฐาน
ปลอบโยน
รุ่น
เลือก
เก้า
ปีน
แล้ว

Puzzle 97

ป	จ	น	อ	ต	◌ี	เ	ง	◌้	จ	แ	◌ั	ก	ม	ง
เ	ป	น	อ	น	◌ี	◌้	า	น	◌้	ห	น	อ	◌่	ก
ย	ส	◌่	◌่	อ	◌่	◌ั	ล	ค	แ	◌ั	ต	◌ั	◌ู	ย
ม	◌์	◌ี	น	ค	ร	น	ก	ง	เ	ป	ส	◌ิ	ย	จ
ก	ไ	น	◌้	ก	อ	น	น	อ	พ	ส	ร	น	อ	◌ั
ล	◌็	◌ั	ฟ	อ	ฟ	ย	า	ส	◌ี	◌ิ	ช	ง	ห	◌ิ
ร	◌ั	ก	ษ	า	ผ	◌่	ป	◌ี	◌่	ท	ง	ว	ย	ว
◌ิ	ไ	ซ	◌ั	ว	ช	◌้	ร	โ	อ	ธ	ข	ช	า	น
ห	น	◌ั	ก	ม	า	ก	า	อ	น	◌ิ	◌็	เ	ไ	า
ก	ล	◌ั	ว	◌ี	ล	ย	ฬ	ก	ก	พ	แ	ส	ด	ง
อ	อ	น	ม	ม	ป	ไ	◌ี	า	◌ั	◌ิ	◌ำ	า	◌์	า
ส	◌ำ	ค	◌ั	ญ	ก	ว	ก	ส	น	เ	◌้	◌่	า	◌์
ว	◌์	ว	ม	ภ	ต	ป	ย	น	◌้	ศ	น	ย	◌ั	เ
น	ห	น	ว	ก	า	◌์	ห	ด	เ	ษ	◌ั	◌ี	า	ย

สั่ง
กีฬา
เสื้อผ้า
น้ำแข็ง
หนักมาก
โอกาส
สองคน
ตกปลา
รักษา
กลัว

ก่อนหน้านี้
ปานกลาง
อยู่
แจ้งเตือน
สำคัญ
แปรง
งานวิจัย
สิทธิพิเศษ
เพื่อนกัน
แสดง

Puzzle 98

ค	ม	ง	◌็	า	ส	น	ก	อ	ร	ห	ว	◌ั	ล	ก
า	ค	◌ุ	◌้	ม	ค	◌่	า	ย	อ	ม	ร	◌ั	า	ว
ด	น	น	ห	◌็	ช	◌ั	ป	ต	◌้	อ	ง	ก	า	ร
ก	โ	ร	◌ู	◌์	ฟ	น	ฝ	◌ั	ม	◌ั	ไ	น	◌่	ค
า	ก	ซ	◌่	◌้	ด	ย	◌ี	ล	ก	เ	◌ิ	ง	ห	ว
ร	า	า	ฟ	◌่	ก	ช	ม	ซ	ล	ว	อ	ร	เ	า
ณ	ร	ไ	น	า	ก	ภ	◌ิ	น	อ	ส	ว	◌ั	อ	ม
◌์	ส	◌๊	เ	◌้	ค	า	ร	ย	บ	◌็	◌ั	ก	◌่	จ
◌ั	◌ี	น	ช	◌๊	◌ู	◌่	ร	◌ิ	ก	ภ	ว	ง	น	ร
ย	บ	◌ั	◌๊	า	ย	ย	ส	เ	◌ู	◌ิ	ย	◌้	◌ั	◌ิ
ห	ส	ม	ง	า	ค	◌์	ค	◌ั	ล	ป	ร	ห	◌ั	ง
น	ว	◌ั	ว	◌ั	◌่	◌ั	อ	ก	อ	◌่	◌์	แ	◌้	ม
ก	น	◌่	◌ี	อ	น	ช	ว	◌ิ	◌์	ด	น	ซ	แ	◌่
ท	ร	◌ั	พ	ย	◌์	ส	◌ิ	น	เ	อ	ด	ว	◌่	ต

แห้งกรัง
คุ้มค่า
คาดการณ์
เห่า
สิบสอง
แซนด์วิช
ริมฝีปาก
การเล่น
ความจริง
โซฟา
เกลียด
นั่น
การสืบสวน
ยอมรั
อื่น
วัว
ทรัพย์สิน
กลัวหรอก
ต้องการ
ลูกบอล

Puzzle 99

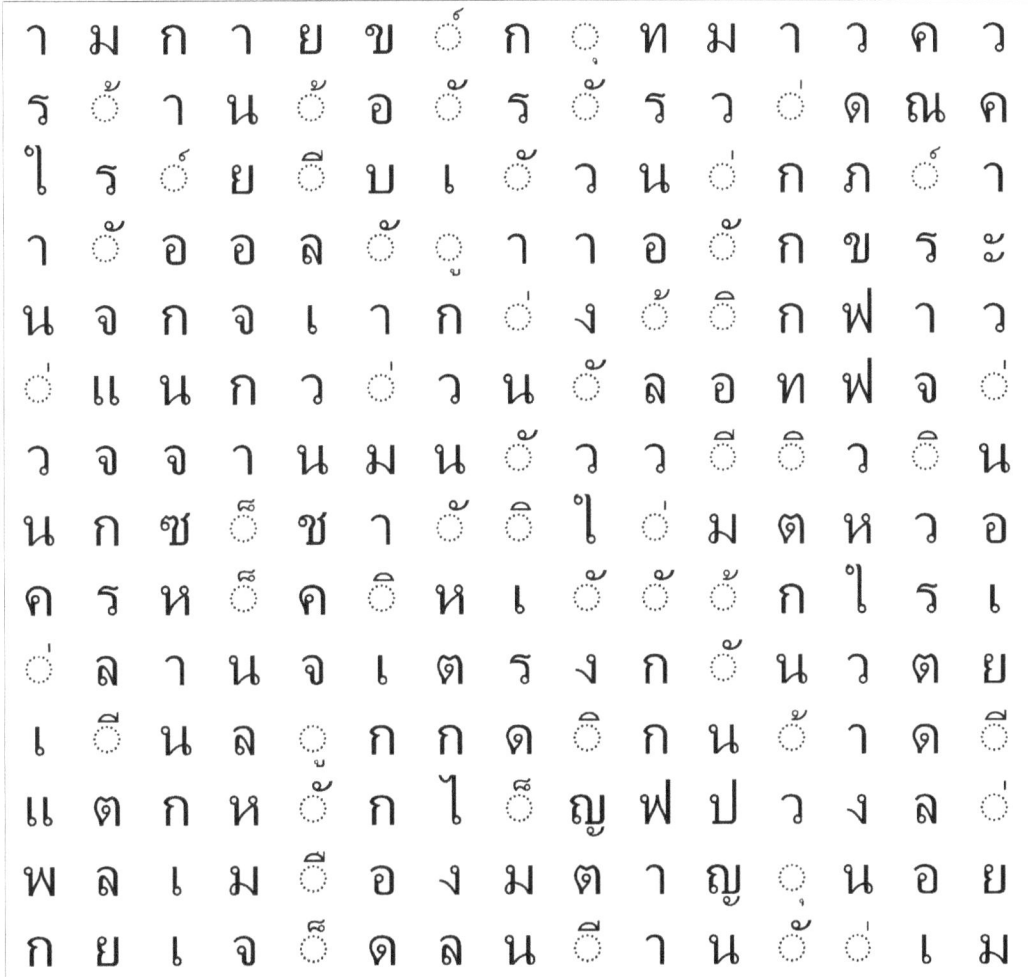

า	ม	ก	า	ย	ข	◌์	ก	◌ุ	ท	ม	า	ว	ค	ว
ร	◌้	า	น	◌้	อ	◌ั	ร	◌ั	ร	ว	◌่	ด	ณ	ค
ไ	ร	◌์	ย	◌ี	บ	เ	◌ั	ว	น	◌่	ก	ภ	◌์	า
า	◌ั	อ	อ	ล	◌ั	◌ู	า	า	อ	◌ั	ก	ข	ร	ะ
น	จ	ก	จ	เ	า	ก	◌่	ง	◌้	◌ิ	ก	ฟ	า	ว
◌่	แ	น	ก	ว	◌่	ว	น	◌ั	ล	อ	ท	ฟ	จ	◌่
ว	จ	จ	า	น	ม	น	◌ั	ว	ว	◌ี	◌ิ	ว	◌ิ	น
น	ก	ซ	◌็	ช	า	◌ั	◌ิ	ไ	◌่	ม	ต	ห	ว	อ
ค	ร	ห	◌็	ค	◌ิ	ห	เ	◌ั	◌ั	◌้	ก	ไ	ร	เ
◌่	ล	า	น	จ	เ	ต	ร	ง	ก	◌ั	น	ว	ต	ย
เ	◌ี	น	ล	◌ู	ก	ก	ด	◌ิ	ก	น	◌้	า	ด	◌ี
แ	ต	ก	ห	◌ั	ก	ไ	◌็	ญ	ฟ	ป	ว	ง	ล	◌่
พ	ล	เ	ม	◌ี	อ	ง	ม	ต	า	ญ	◌ุ	น	อ	ย
ก	ย	เ	จ	◌็	ด	ล	น	◌ี	า	น	◌ั	◌่	เ	ม

ตรงกัน
ร้าน
เยี่ยม
รวิจารณ์
เลี้ย
น่ารัก
ลูก
เบียร์
กัน
ความทุกข์ยาก

กิ้งก่า
วาง
แจ็คเก็ต
พลเมือง
ที่รัก
ญิง
อนุญาต
แตกหัก
อักขระ
เจ็ด

Puzzle 100

◌ั	◌่	◌้	ม	น	บ	ส	ว	ย	ง	า	ม	า	ไ	ก
ล	ก	ล	า	◌ั	บ	ก	ล	◌้	ว	ย	◌่	ว	ก	า
ภ	ร	ห	ร	◌ั	แ	า	ล	ค	ล	ว	◌ี	ง	◌่	ร
ด	◌ั	ห	น	◌๊	ง	บ	ม	◌ู	ด	◌็	น	ก	ง	ก
◌ุ	◌ำ	◌ั	◌่	ต	า	◌ำ	◌๊	◌ั	ก	◌ั	◌ิ	ล	ว	ร
ส	◌ิ	น	◌ี	ด	น	ล	ช	ม	◌่	ห	ส	ม	ง	ะ
◌ั	เ	◌์	◌ั	ว	ร	◌้	ห	◌๊	◌์	อ	ม	ด	เ	ท
ว	ภ	◌่	ด	ซ	ด	◌ู	ย	ไ	อ	◌์	า	า	ห	◌ำ
ย	ช	ก	จ	ไ	น	ต	น	ไ	ม	ส	ต	ไ	◌็	ฟ
อ	ร	ว	น	ถ	◌ึ	ง	แ	ม	◌้	ว	◌่	า	น	◌้
ว	จ	◌็	ล	ส	เ	น	ว	อ	อ	เ	ล	◌ั	ด	◌่
น	ห	เ	ห	ล	◌ื	อ	เ	ฟ	◌ื	อ	ไ	เ	◌้	ว
เ	ห	น	◌ึ	◌่	ง	ส	◌่	ว	น	ส	◌ี	◌่	ว	น
ก	า	ร	ท	◌ำ	ต	◌ั	ว	เ	น	◌้	น	ไ	ย	า

ถึงแม้ว่า
การกระทำ
วงกลม
กล้วย
ไก่งวง
ไล่ตาม
เหลือเฟือ
สวยงาม
เห็นได้ชัดว่า
ตู้
นางแบบ
เห็นด้วย
หนึ่งส่วนสี่
วัสดุ
นี่
การทำตัวเน้น
ลูกหมา
เสล็จ
ลำบาก
สำหรับ

Puzzle 1

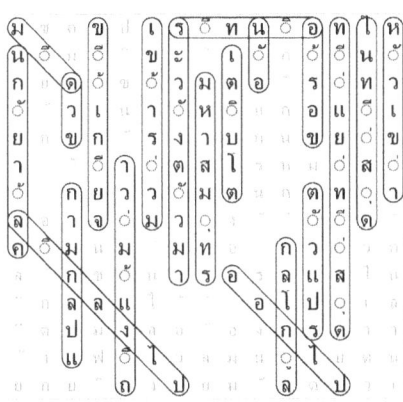

Puzzle 2

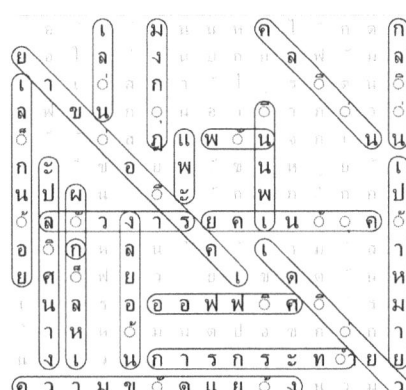

Puzzle 3

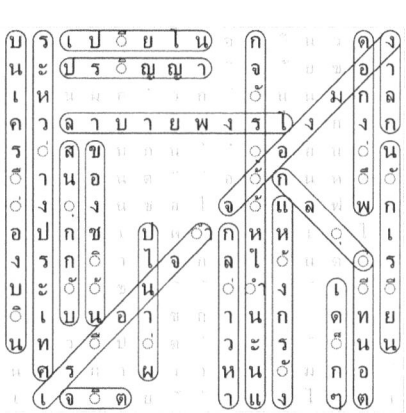

Puzzle 4

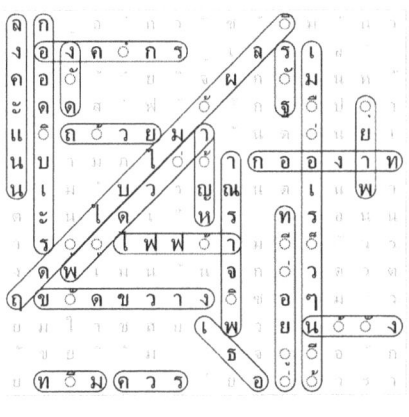

Puzzle 5

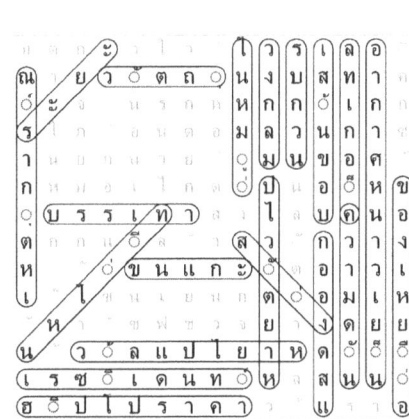

Puzzle 6

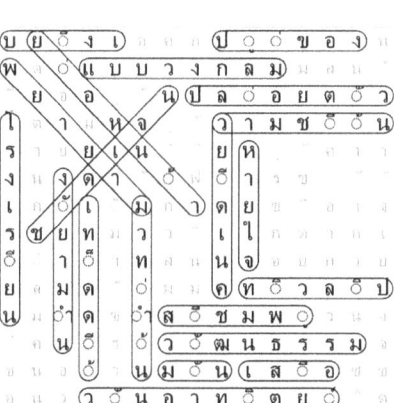

Puzzle 7

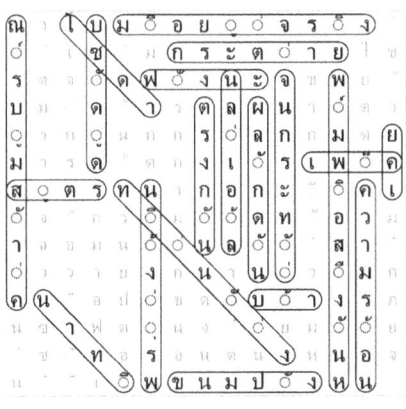

Puzzle 8

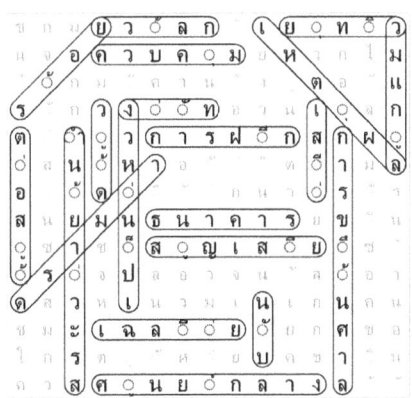

Puzzle 9

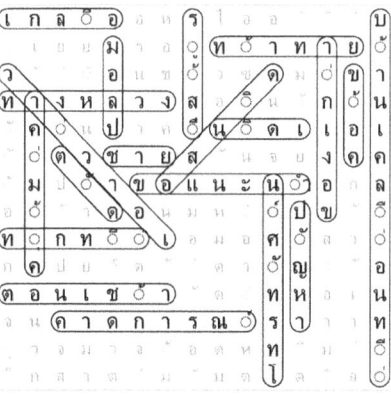

Puzzle 10

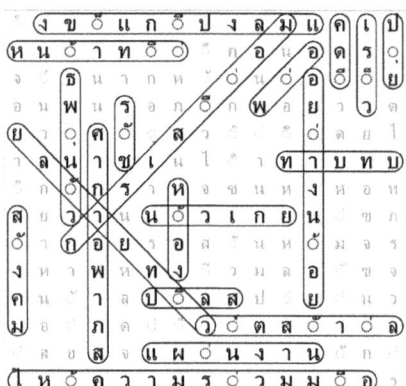

Puzzle 11

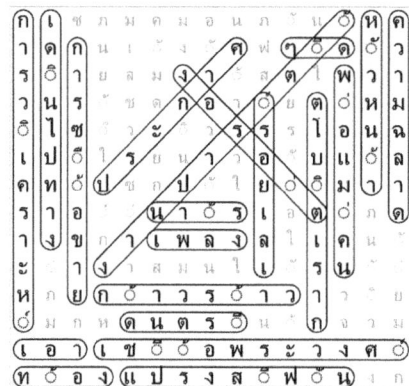

Puzzle 12

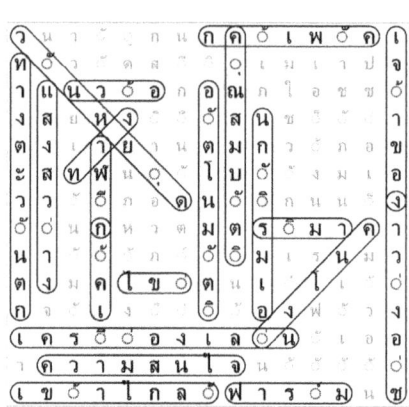

Puzzle 13

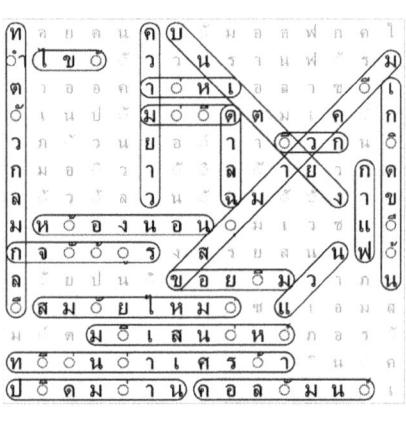

Puzzle 14

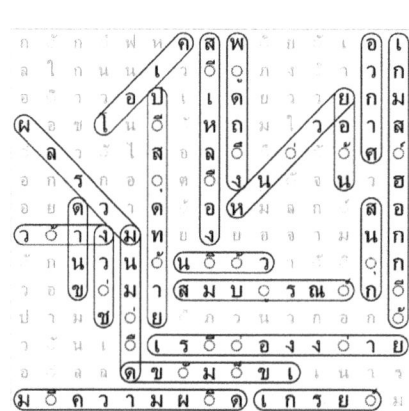

Puzzle 15

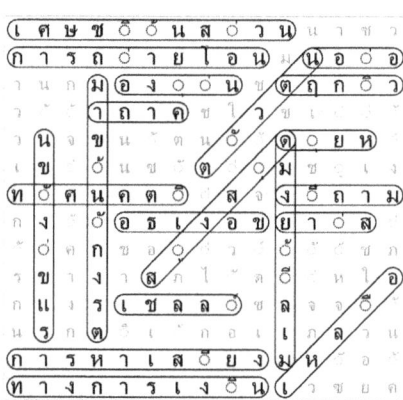

Puzzle 16

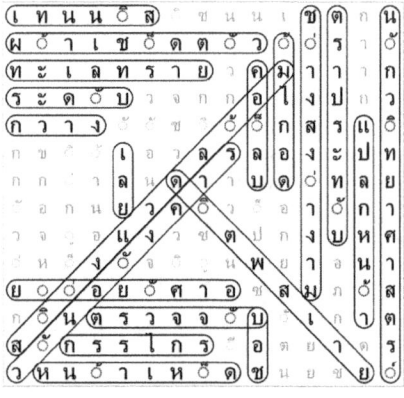

Puzzle 17

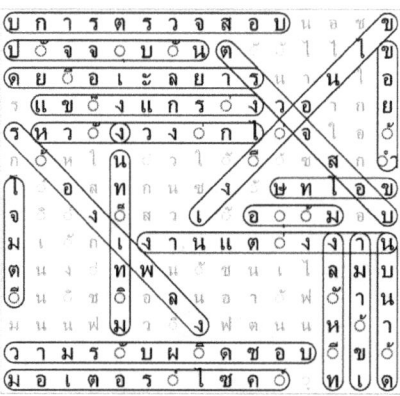

Puzzle 18

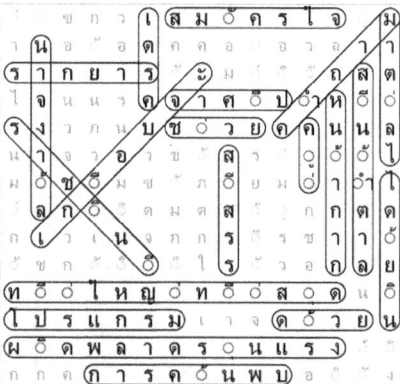

Puzzle 19

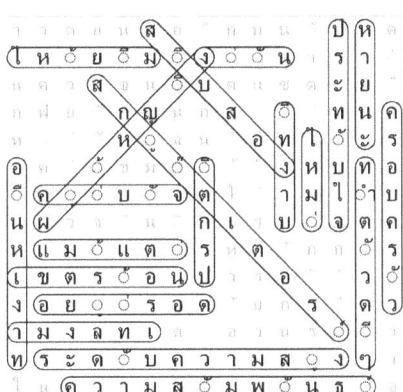

Puzzle 20

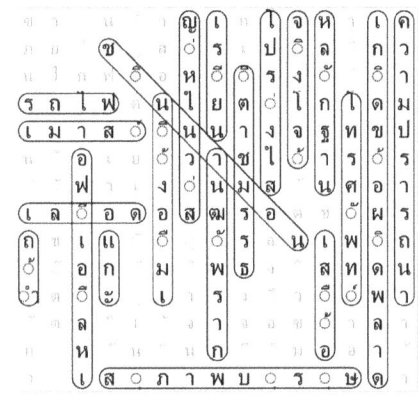

Puzzle 21

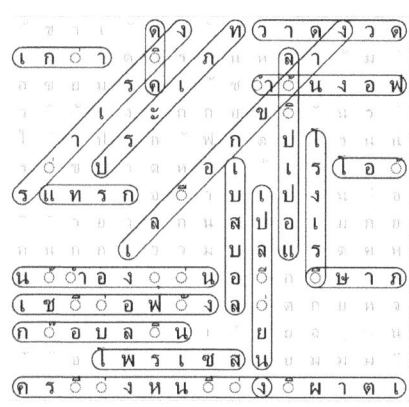

Puzzle 22

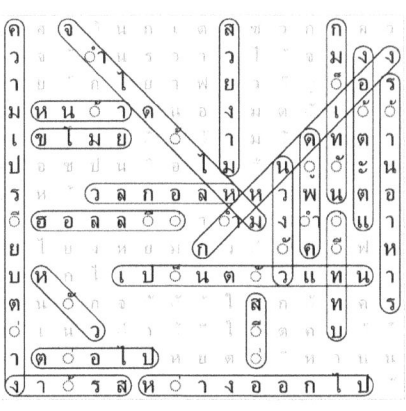

Puzzle 23

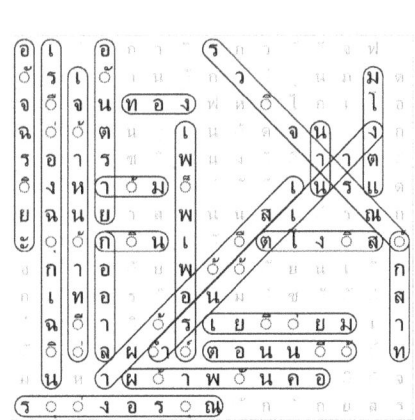

Puzzle 24

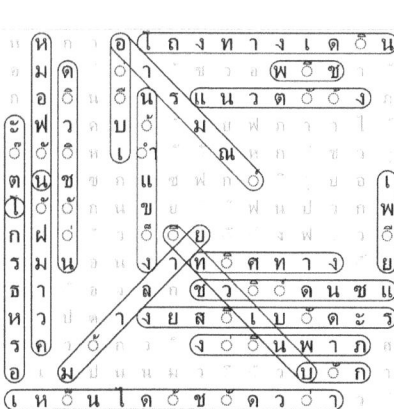

Puzzle 25

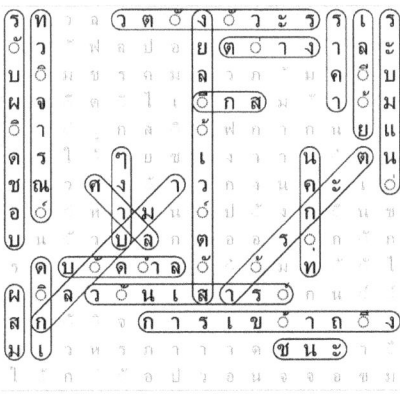

Puzzle 26

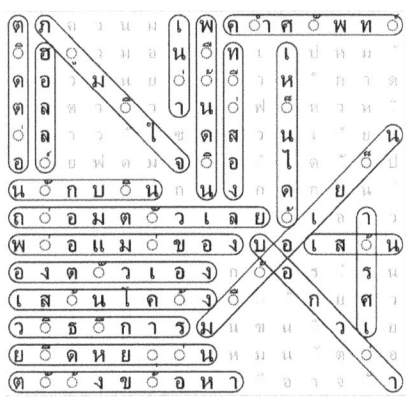

Puzzle 27

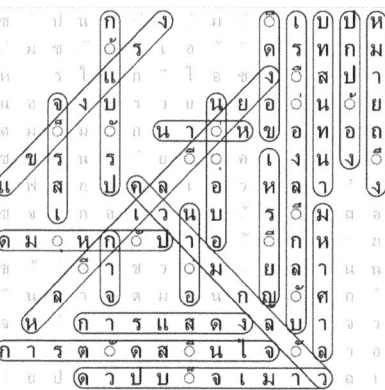

Puzzle 28

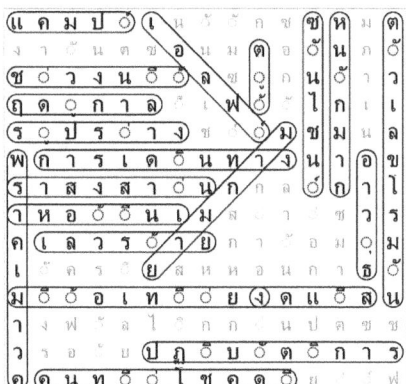

Puzzle 29

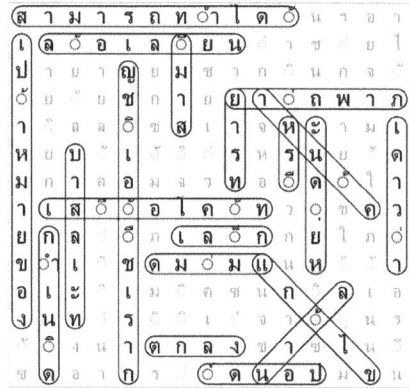

Puzzle 30

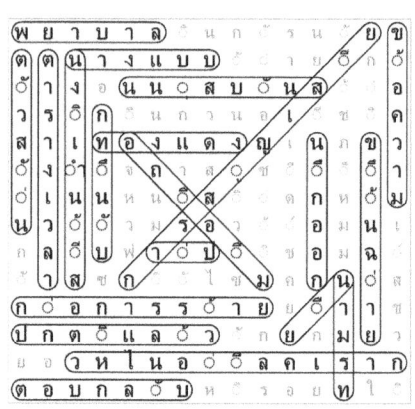

Puzzle 31

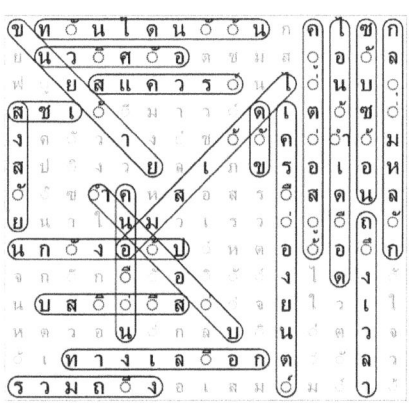

Puzzle 32

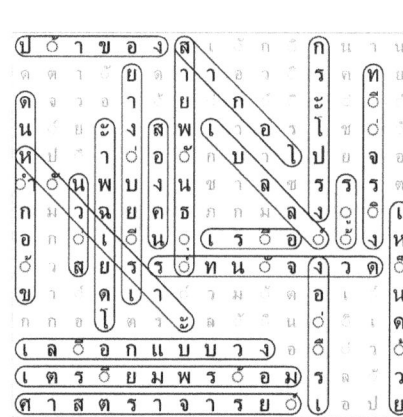

Puzzle 33

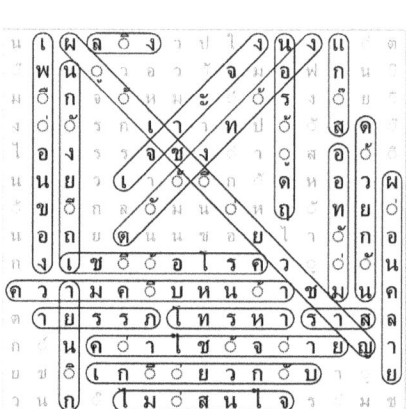

Puzzle 34

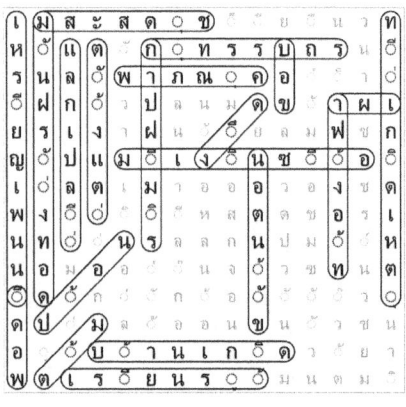

Puzzle 35

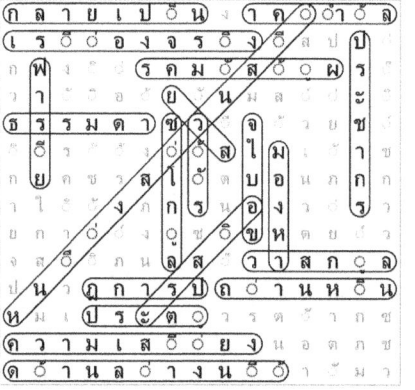

Puzzle 36

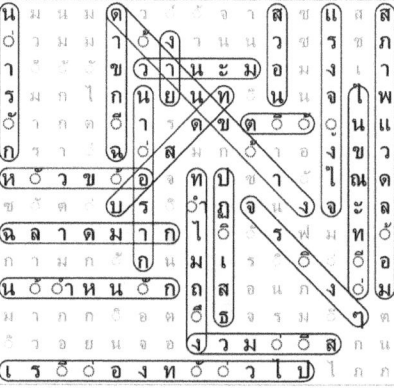

Puzzle 37

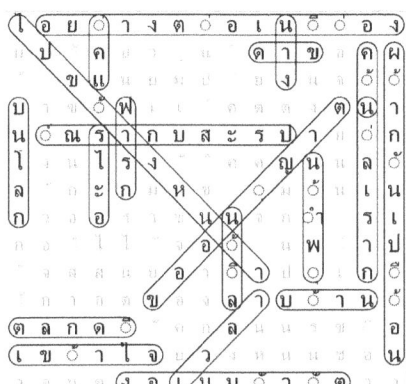

Puzzle 38

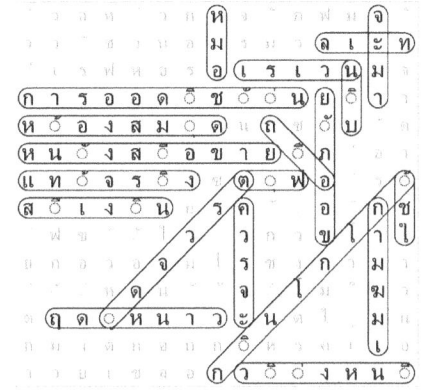

Puzzle 39

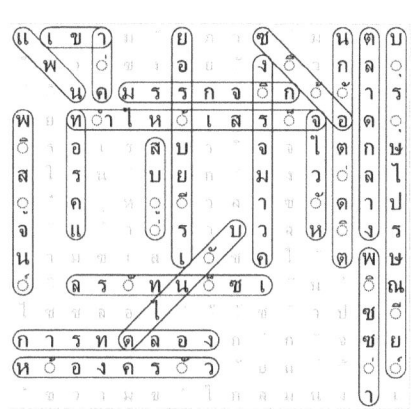

Puzzle 40

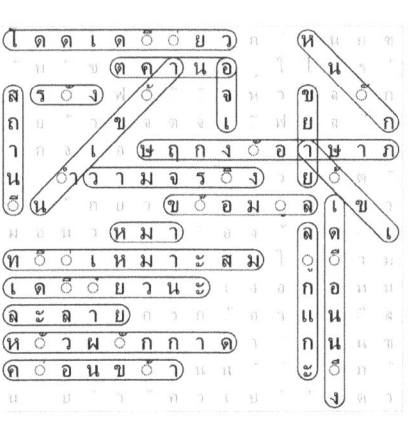

Puzzle 41

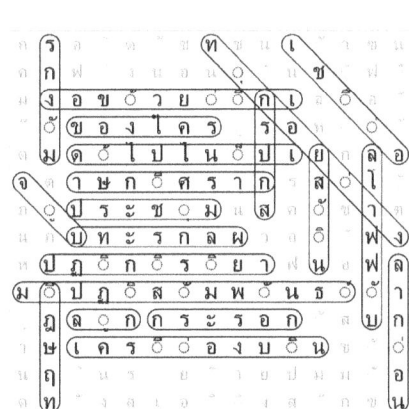

Puzzle 42

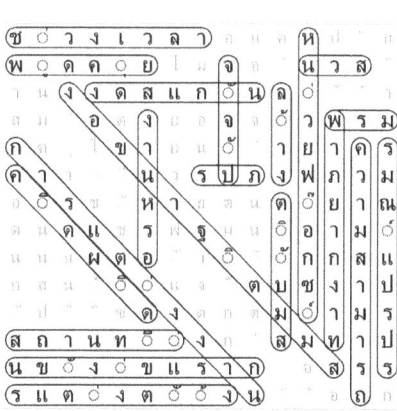

Puzzle 43

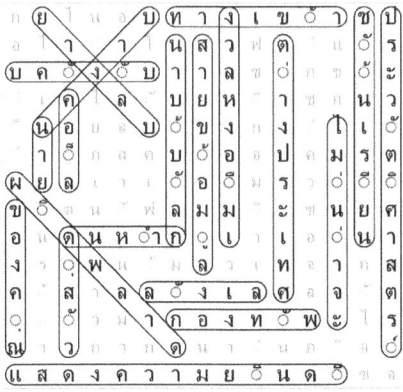

Puzzle 44

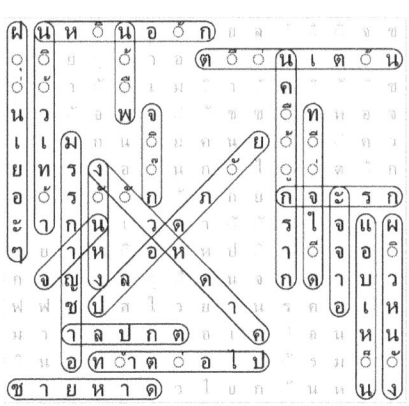

Puzzle 45

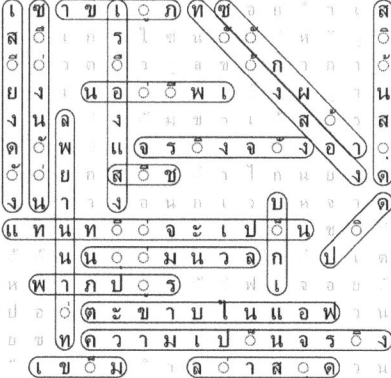

Puzzle 46

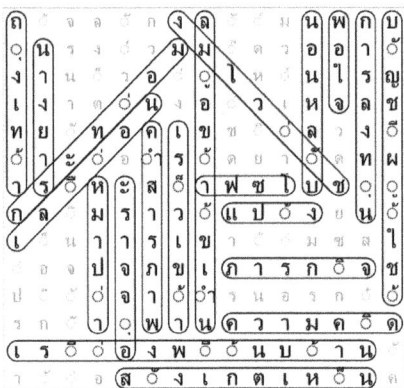

Puzzle 47

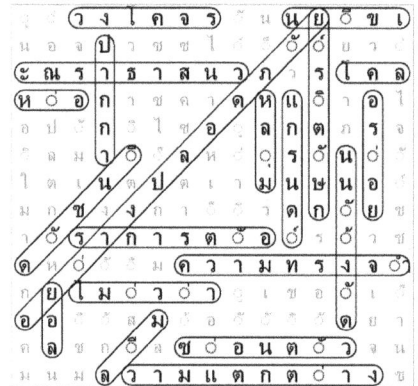

Puzzle 48

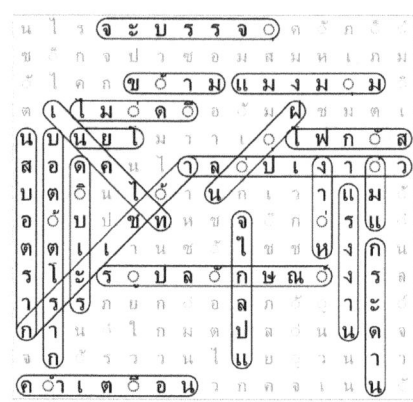

Puzzle 49

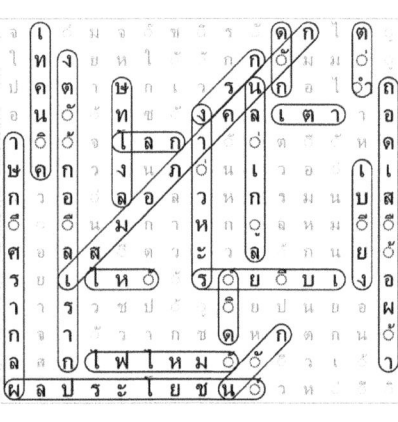

Puzzle 50

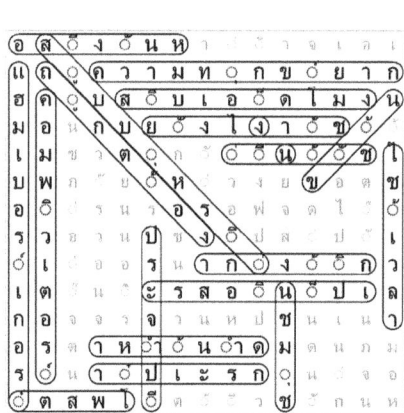

Puzzle 51

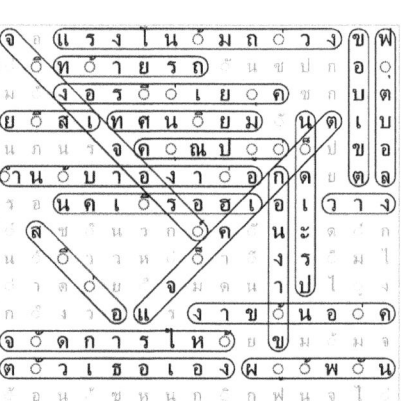

Puzzle 52

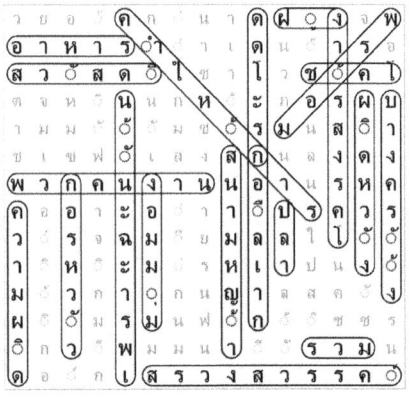

Puzzle 53

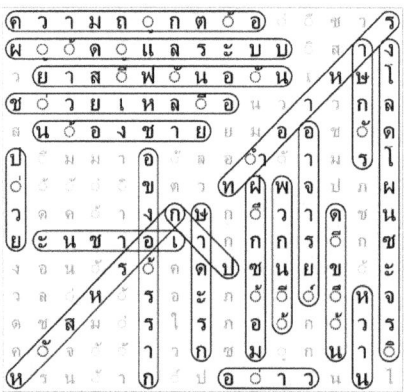

Puzzle 54

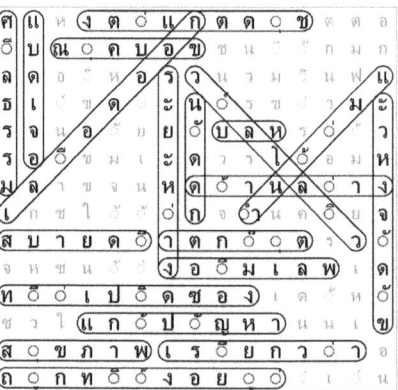

Puzzle 55

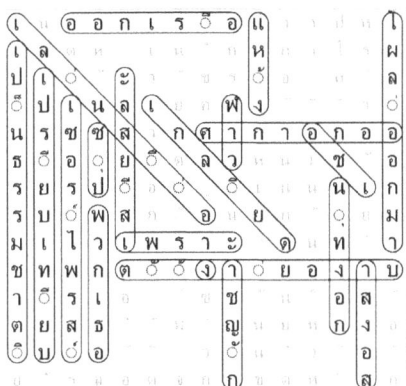

Puzzle 56

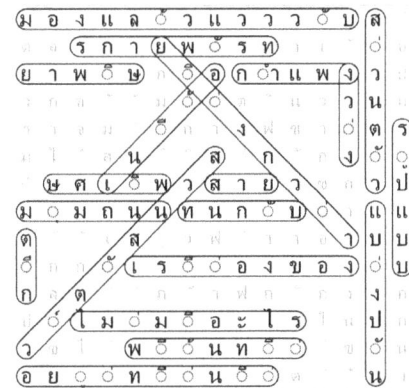

Puzzle 57

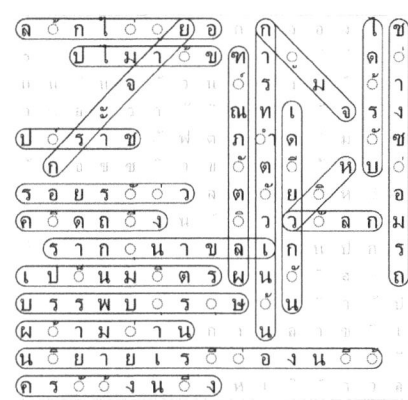

Puzzle 58

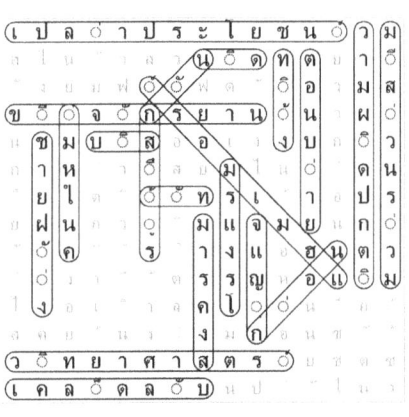

Puzzle 59

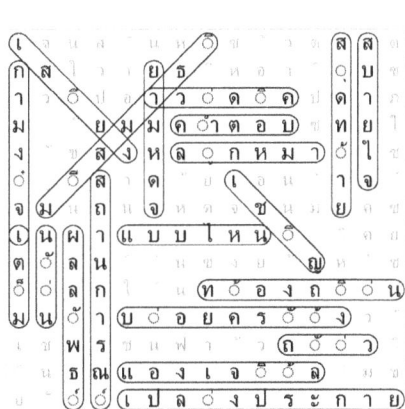

Puzzle 60

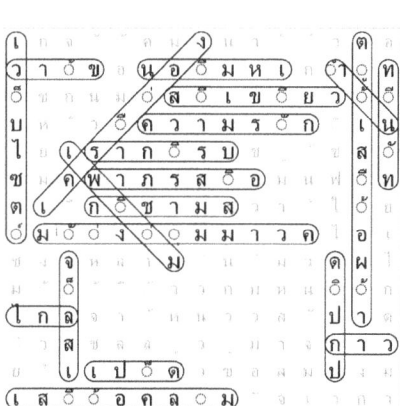

Puzzle 61

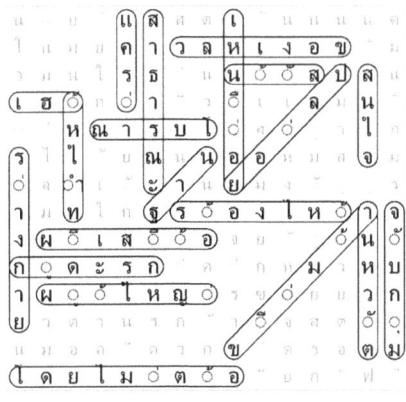

Puzzle 62

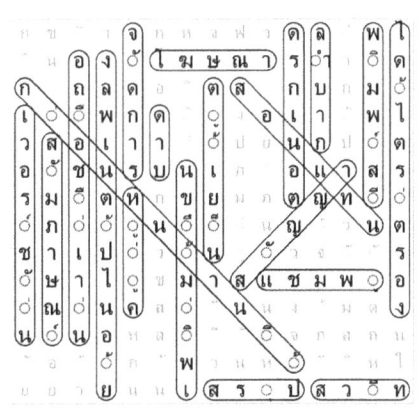

Puzzle 63

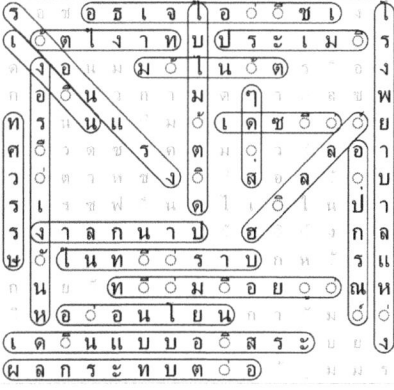

Puzzle 64

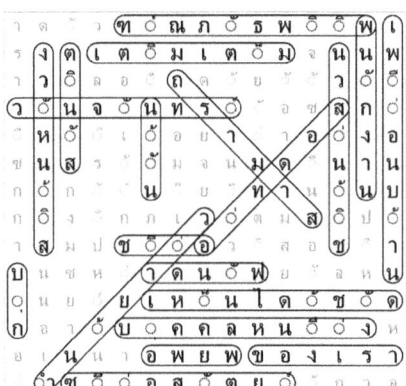

Puzzle 65

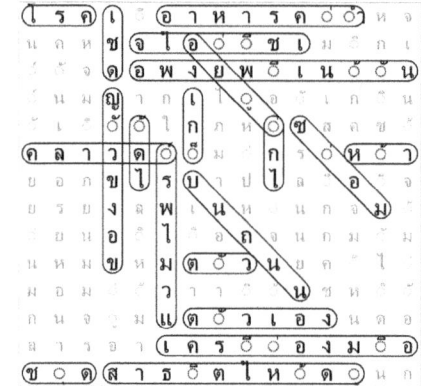

Puzzle 66

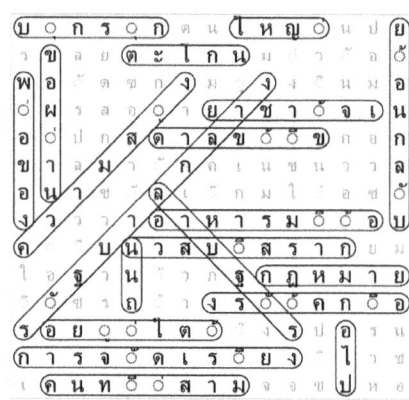

Puzzle 67

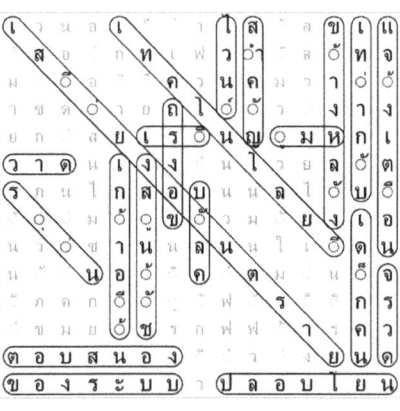

Puzzle 68

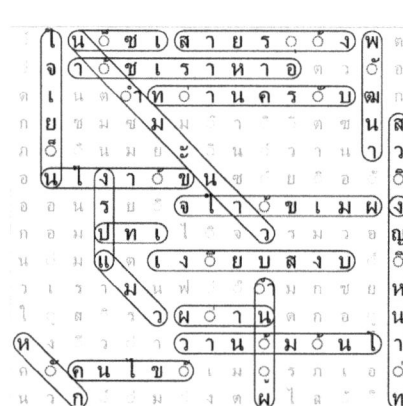

Puzzle 69

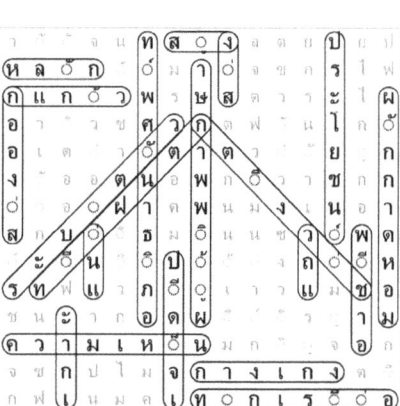

Puzzle 70

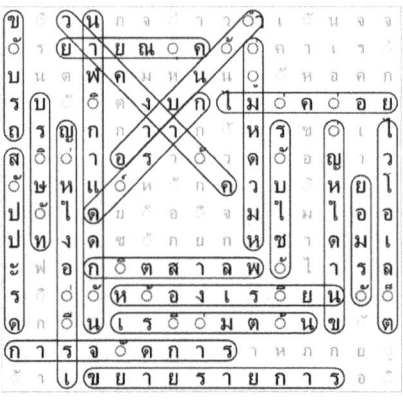

Puzzle 71

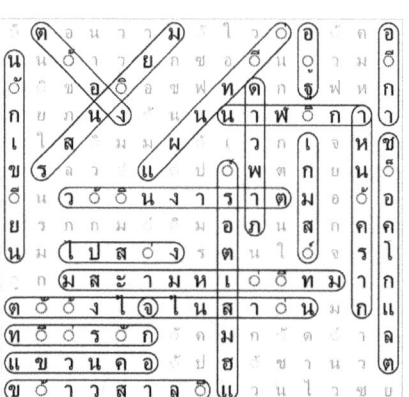

Puzzle 72

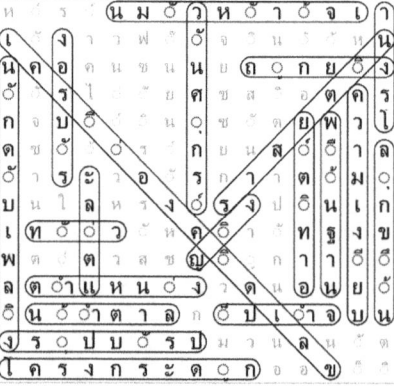

Puzzle 73

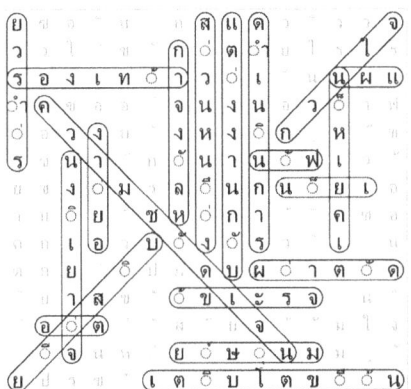

Puzzle 74

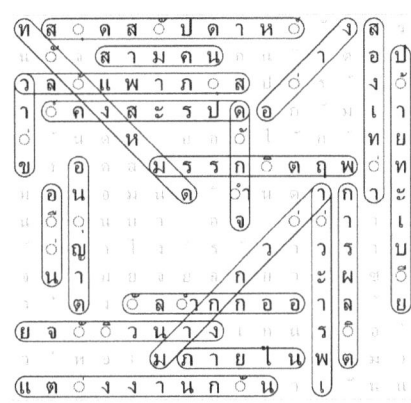

Puzzle 75

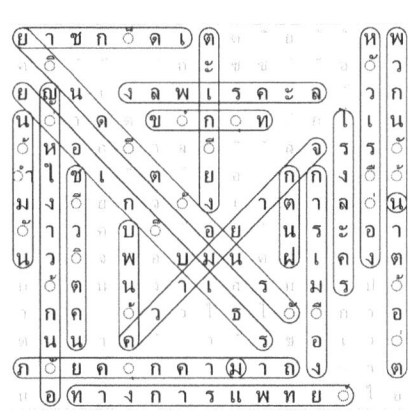

Puzzle 76

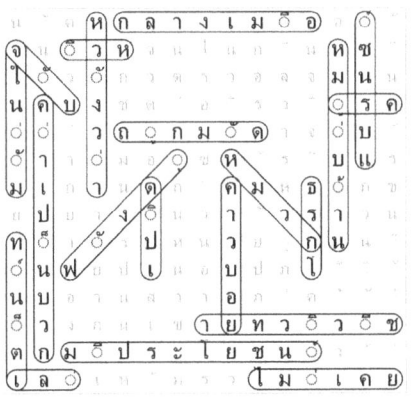

Puzzle 77

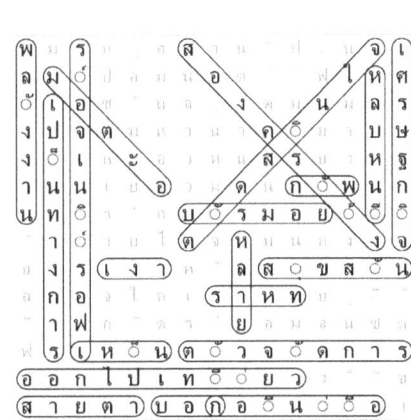

Puzzle 78

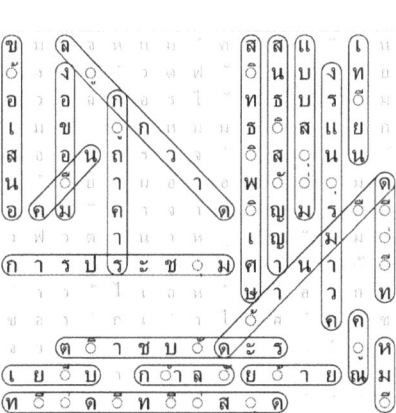

Puzzle 79

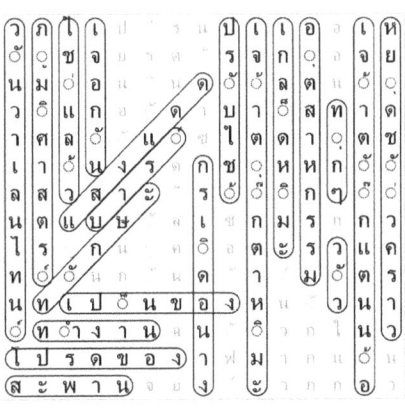

Puzzle 80

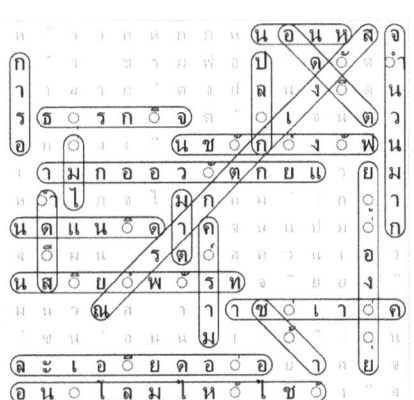

Puzzle 81

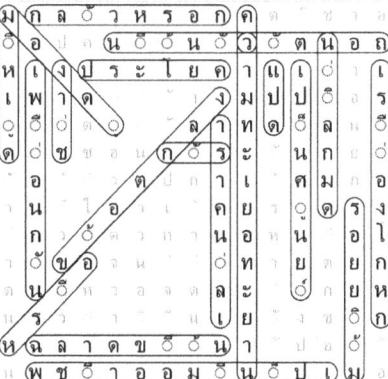

Puzzle 82

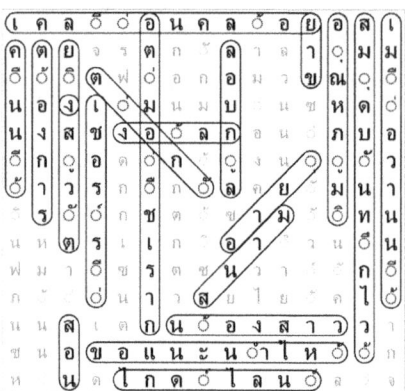

Puzzle 83

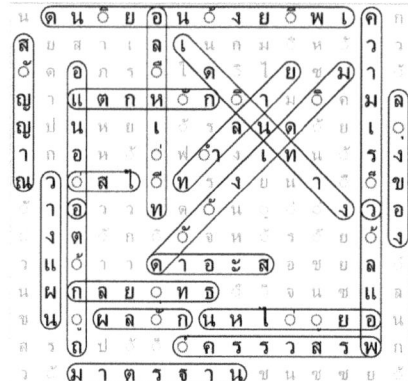

Puzzle 84

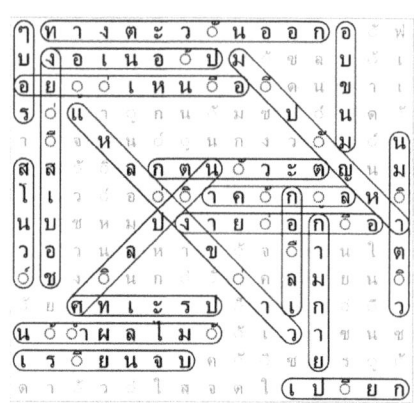

Puzzle 85

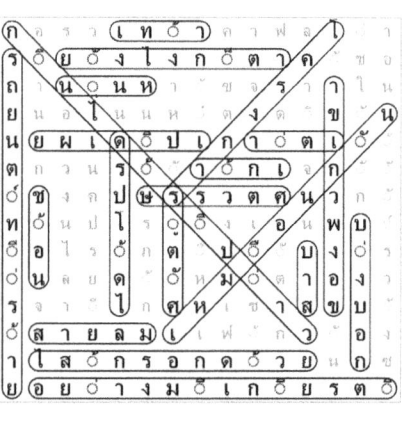

Puzzle 86

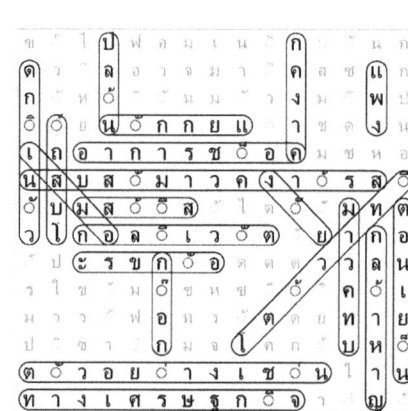

Puzzle 87

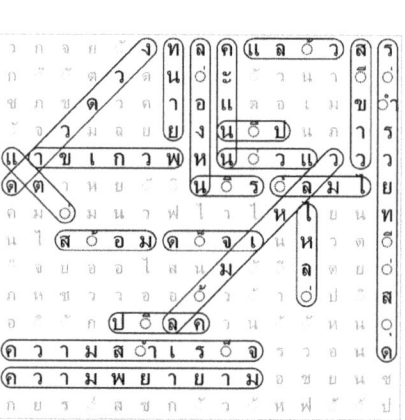

Puzzle 88

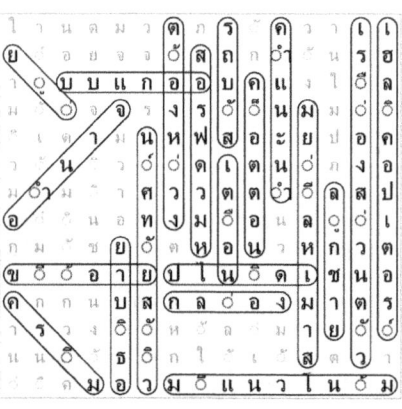

Puzzle 89

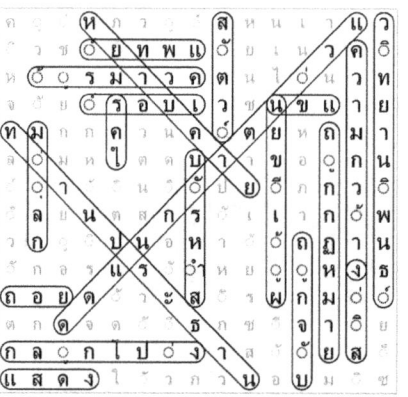

Puzzle 90

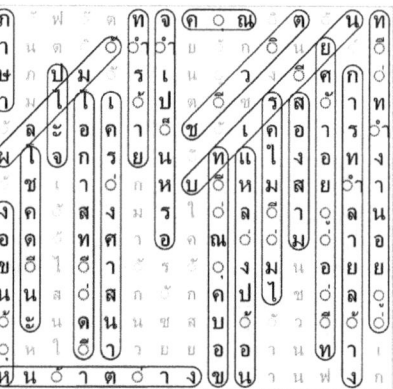

Puzzle 91

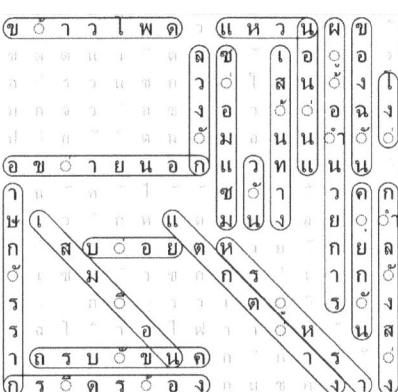

Puzzle 92

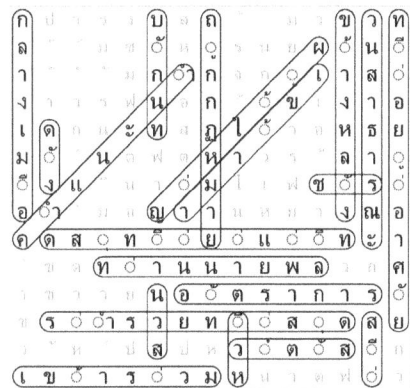

Puzzle 93

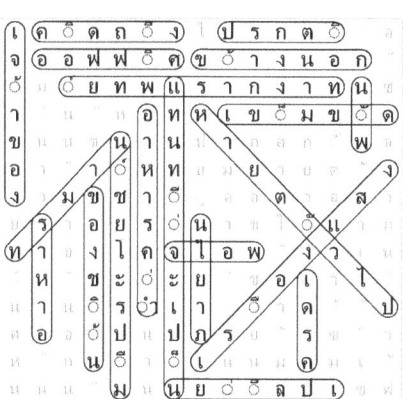

Puzzle 94

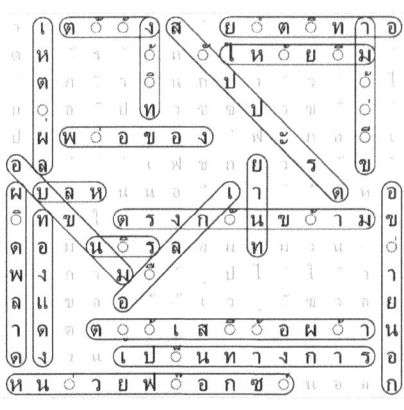

Puzzle 95

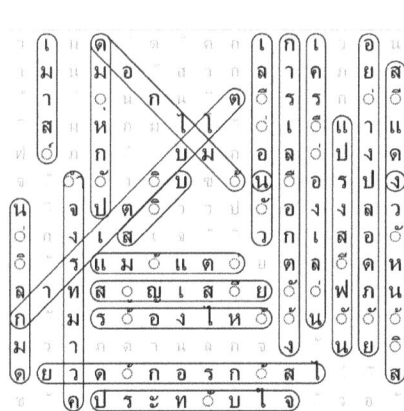

Puzzle 96

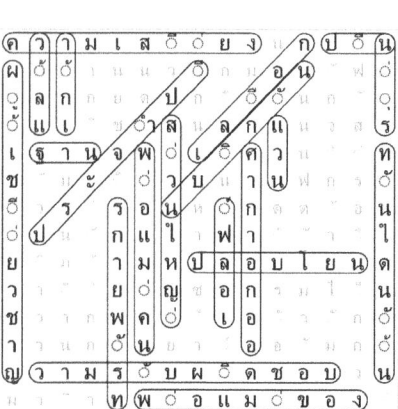

Puzzle 97

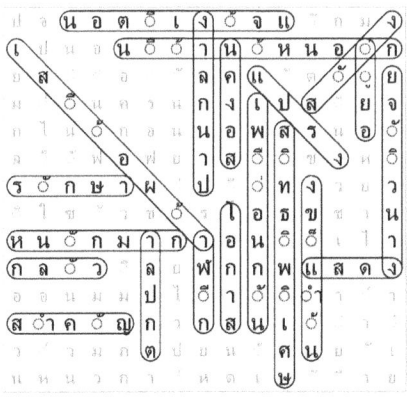

Puzzle 98

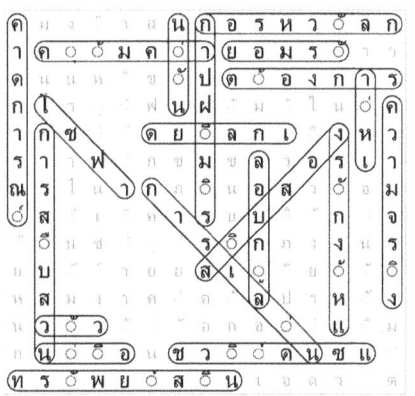

Puzzle 99

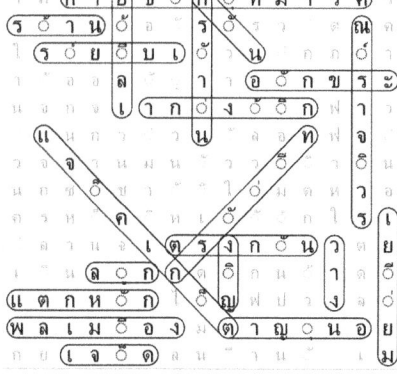

Puzzle 100

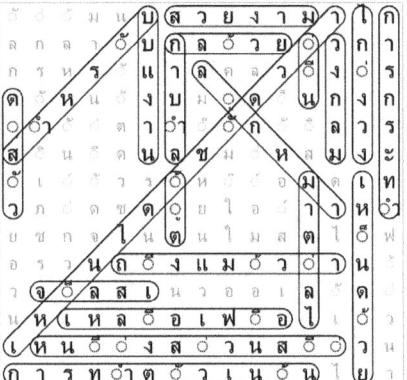

Congratulations

You made it!

We hope you enjoyed this book as much as we enjoyed making it. We do our best to make high quality games.

These puzzles are designed in a clever way to actively spark the brain and make it sharp and quick!
Did you love them?

A Simple Request

Our books exist thanks to the reviews you post on Amazon. Could you help us by leaving a review now?

Here is a short link which will take you to your Amazon orders review page.

BestBooksActivity.com/Review50

MONSTER CHALLENGE!

Challenge #1

Ready for Your Bonus Game? We use them all the time but they are not so easy to find. Here are **Synonyms**!

Note 5 words you discovered in each of the Puzzles noted below (#21, #36, #76) and try to find 2 synonyms for each word.

Note 5 Words from *Puzzle 21*

Words	Synonym 1	Synonym 2

Note 5 Words from *Puzzle 36*

Words	Synonym 1	Synonym 2

Note 5 Words from *Puzzle 76*

Words	Synonym 1	Synonym 2

Challenge #2

Now that you are warmed-up, note 5 words you discovered in each Puzzle noted below (#9, #17, #25) and try to find 2 antonyms for each word. How many lines can you do in 20 minutes?

Note 5 Words from **Puzzle 9**

Words	Antonym 1	Antonym 2

Note 5 Words from **Puzzle 17**

Words	Antonym 1	Antonym 2

Note 5 Words from **Puzzle 25**

Words	Antonym 1	Antonym 2

Challenge #3

Wonderful, this monster challenge is nothing to you!

Ready for the last one? Choose your 10 favorite words discovered in any of the Puzzles and note them below.

1.	6.
2.	7.
3.	8.
4.	9.
5.	10.

Now, using these words and within a maximum of six sentences, your challenge is to compose a text about a person, animal or place that you love!

Tip: You can use the last blank page of this book as a draft!

Your Writing:

Explore a Unique Store
Set Up **FOR YOU!**

BestActivityBooks.com/**TheStore**

Designed for **Entertainment**!

Light Up Your Brain With Unique **Gift Ideas**.

Access **Surprising** And **Essential Supplies!**

CHECK OUT OUR MONTHLY SELECTION NOW!

- Expertly Crafted Products -

NOTEBOOK:

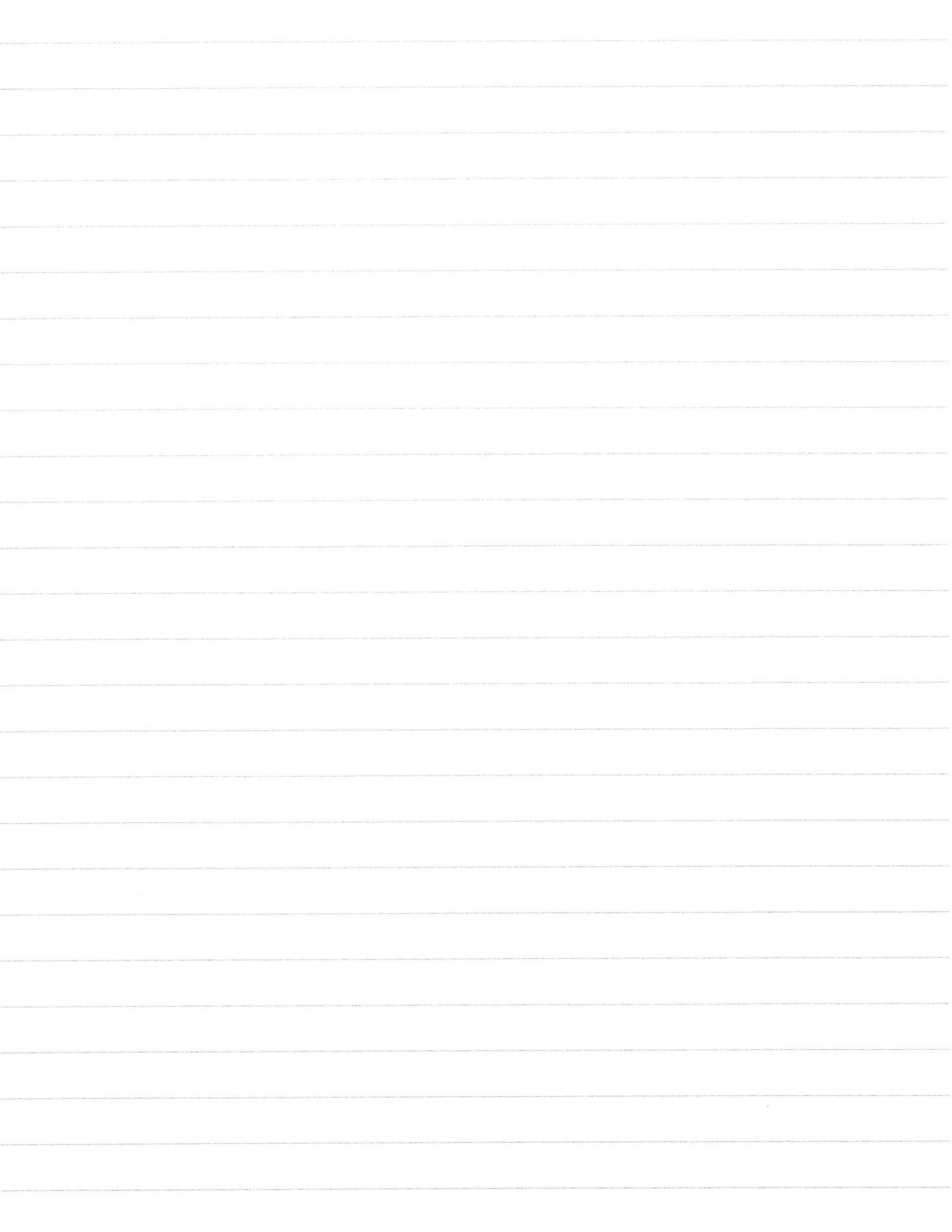

SEE YOU SOON!

Delta Classics Team

ENJOY FREE GAMES

NOW ON

↓

BESTACTIVITYBOOKS.COM/FREEGAMES